조선 비화

朝鮮秘話

조선 비화

배상열 지음

초판 1쇄 발행 2008. 3. 31.
초판 3쇄 발행 2010. 12. 30.

발행처 · 청아출판사
발행인 · 이상용 이성훈

등록번호 · 제 9-84호
등록일자 · 1979. 11. 13.
경기도 파주시 교하읍 문발리 출판문화정보산업단지 507-7
대표 031-955-6031 편집부 031-955-6032 팩시밀리 031-955-6036

ISBN 978-89-368-0373-5 03910

: 값은 뒤표지에 있습니다.
: 잘못된 책은 구입한 서점에서 바꾸어 드립니다.
: 독자 의견에 항상 귀 기울이고 있습니다.

: 홈페이지 www.chungabook.co.kr
: E-mail chunga@chungabook.co.kr

조선비화

朝鮮秘話

조선왕조실록에서 찾은 뜻밖의 조선사 이야기

배상열 지음

청아출판사

내가 나를 거칠고 살벌한 야생으로 몰아세운 이유를 지금도 알지 못한다. 의미를 알 수 없는 결승문자結繩文字의 군락과 난해한 기호와 도형으로 이루어진 난수표亂數表의 광야에서 좌충우돌하기를 이미 10년이다. 최소한의 설정조차도 없이 야생에서도 3D 업종으로 소문난 바닥에 뛰어든 것은 맨주먹으로 콜로세움에 뛰어든 것만큼이나 어리석고 무모했다. 아무리 좋게 보려 해도 화석화된 지질의 발굴현장에 달랑 모종삽 하나 들고 뛰어든 것 이상은 아니었다. 정신이 그리 온전하지 못할 때였지만, 그렇게라도 하지 않으면 그만 미칠 것만 같았다.

모든 것을 스스로 해결해야 하는 야생에서 10년간을 부대끼다 보니 별별 일을 다 겪었다. 며칠이나 날밤을 새워가며 캐낸 것이 진실의 외피로 포장된 허섭스레기이거나, 흔한 뼈 부스러기라고 생각하여 던져버린 것이 미발견의 신종으로 판명되기도 여러 차례였다. 그런 것이 반복되고 피로가 더해지자 사막에 내던져진 물고기처럼 널브러졌다.

나에게 구형된 형량은 애초부터 만기출소가 불가능한 것이었다. 더 이상 아무런 희망이 집히지 않았을 때 나의 눈을 뜨이게 한 것은 임계질량 이상으로 누적된 시행착오와 오류의 결정結晶이었다. 그때 나는 아는 만큼 보이는 것이 아니라 보이는 만큼 알게 된다는 것을 뼈아프게 체감했다.

아주 중요한 것을 놓치고 있거나 결정적인 증거를 확보하지 못한 것이 분명하다고 확신이 든 것은 세 번째 작품이 끝날 무렵이었다. 답답하다 못해 머리가 포맷될 지경이었지만 생계가 급박하던 무렵이라 우선순위에서 배제되어야 했다. 마침내 그것을 알게 된 때는 진짜 야생으로 내몰려 강제로 전업작가가 된 다음이었다.

생계를 유지하기 위해 글을 쓰던 어느 날 인터넷을 하다가 우연히 중학생 아이들의 숙제방에 들어가게 되었는데, 마침 내가 거의 10년을 공부한 임진왜란壬辰倭亂이 테마였다. 심심파적으로 몇 글자 가르쳐주려다가 크게 놀랐다. 어이없게도 아이들이 《조선왕조실록》을 논하는 것이 아닌가? 게다가 예전에 공부하면서 중요하다고 체크한 내용을 아이들이 논하고 있으니 기가 막힐 노릇이었다. 그제야 디지털로 번역된 《조선왕조실록》이 인터넷에 공개되었다는 것을 알게 되었는데, 그때의 허탈감은 이루 말로 표현할 수 없었다. 힘들게 정상에 오른 등반가가 어느새 케이블카가 설치된 것을 발견했다면 아마 흡사한 기분이 될 것 같다.

그날 새벽 늘 그렇듯이 밤 새워 글을 쓴 다음 라면을 끓여놓고 소주를 꺼내려다 정신이 번쩍 들었다. 다시 컴퓨터를 켜고 검색하다 미친 듯이 웃었다. 내가 놓친 것은 바로 실록이었던 것이다. 그때까지 실록의 용도는 지극히 부분적이며 제한적이었다. 내가 실록이라는 무한한 광맥에서 채굴한 것은 전쟁과 살육의 파편에 지나지 않았다. 등잔 밑이 어둡다더니 내가 그 모양이었다.

세계사에 유례를 찾기 어려운 방대한 기록의 광맥을 남겨주신 조상들께 깊은 존경을 드린다. 새롭게 무장하여 도전할 기회를 준 청아출판사의 편집부 여러분께 심심한 사례를 드린다. 아울러 늘 도와주신 박정도 님과 한호진 님, 같은 길을 가는 정명섭 작가님과 20년에 이르도록 이인삼각의 길을 함께 가는 아내에게 진심으로 감사드린다.

2008년 의정부, 겨울과 봄의 DMZ에서

:: 목차

3 세태비화 | 우리가 몰랐던 조선의 세태들 |

사극이 아니라 사기극이로다

본 내용을 시작하기 전에 사극史劇에 대해 말하고 싶다. 최근 사극이 많이 방영된다는 것은 역사를 쓰는 작가로서 매우 반가운 일이다. 그러나 오류 때문에 자주 눈살을 찌푸리게 된다. 예전의 사극에서도 천둥이 먼저 울린 다음 번개가 치는 등의 오류가 적지 않았는데, 지금도 그리 다르지 않다.

사극에서 시대를 불문하고 공통적으로 드러나는 오류는 '촛불' 이다. 큰 방이 초 하나를 켜자 눈부실 정도로 환하게 밝아진다든가, 그림자가 여럿이나 생기는 것 따위를 지적하자는 것이 아니다. 촛불의 가장 큰 문제는 그것의 형태가 19세기 중반에 서양에서 파라핀을 이용해 대량으로 생산한 것을 모방한 모델이라는 점이다. 양초는 서양에서 만든 초라는 의미인데, 그런 것이 어떻게 조선과 고려는 물론, 심지어는 삼국 시대의 안방까지 환하게 밝혀줄 수 있다는 말인가.

과거에도 촛불이 없지는 않았겠지만, 밀랍蜜蠟들을 재료로 하여 극히 소량만 생산되는 사치품이어서 대부분의 가정은 등잔을 사용했다. 조선도 크게 다르지 않아 주로 등잔을 사용하였는데, 기름을 사용하다 보니 그을음이 나는 것이 단점이었다. 여유가 있는 집안에서는 그을음이 없고 냄새도 좋은 콩기름이나 들기름 등을 사용했지만, 서민들은 할 수 없이 조도照度가 떨어지고 그을음도 많은 저질의 기름을 사용할 수밖에 없었을 것이다.

나중에 양초가 보급되었어도 비싼 가격 때문에 그리 많이 사용하지는 못했다. 서민들에게 양초는 아무 때나 쓸 수 있는 물건이 아니었다. 제사상을 밝히는 용도 이외에는 함부로 사용하기 어려웠다. 처음 서울 구경을 한 시골 양반이 양초를 구입하였다가 용도를 알 수 없어 백어白魚인 줄 알고 국을 끓여 먹었다는 옛날이야기는 결코 우스갯소리가 아니었던 것이다. 석유가 들어온 이후에는 등유燈油를 사용하는 남포(램프)가 등장하였는데, 전기가 보급되지 않은 산간이나 오지에서는 1970년대까지도 남포를 사용한 집이 드물지 않았다. 그런 것을 보았을 때 촛불의 무절제한 사용은 가장 빈번한 오류이다.

다음으로 흔한 오류는 야전夜戰이다. 사극에서 빠질 수 없는 요소가 스펙터클하고 야성적인 전투 장면일 것인데, 우리의 사극에서는 이상하게도 주로 밤에 많이 싸운다. 이웃의 일본이나 중국의 사극을 보면 거의 야전을 치르지 않는다. 현실적으로 보면 그들의 사극이 옳다. 명령과 신호체계가 시각과 청각으로 제한되었던 과거에 밤에 싸우는 것은 그리 환영받지 못했다. 어둠으로 인해 주변을 제대로 식별할 수 없는데다 깃발 신호를 볼 수 없어 진퇴가 불가능한 밤에 싸우는 것은 정상적인 지휘관이라면 가급적 피했을 것이다. 압도적으로 우세한 상황에서의 공성攻城이거나 우연히 마주친 조우전遭遇戰 및 상황을 반전시킬 목적의 야습夜習이 아니라면 야전은 절대로 피해야 할 것이다.

실제로 이순신 장군이 전사했던 노량해전露梁海戰도 야전이었다. 이순신 역시 절대 야전을 회피했는데, 그만 최초의 야전에서 목숨을 잃고 말았다. 해전海戰 역시 야전에서는 명령체계가 제대로 수행되기 어려웠다. 밝을 때 충분히 거리를 벌려야 조선 수군의 장점인 원거리 포격을 발휘할 수 있었다. 그러나 노량해전에서는 밤에 적과 뒤섞여 근접전을 벌일 수밖에 없었다. 야전을 걸어온 일본군을 섬멸하기 위해 매복하여 백병전에 가까운 형태로 싸우다가 그만 적들의 장기인 조총의 사거리 이내로 근접한 것이 전사의 직접적 원인이었다. 백전백승과 무적불패로 역사에 길이 추앙되는 이순신마저 야전에서 전사하였는데, 다른 지휘관들은 오죽하였겠는가.

그럼에도 불구하고 사극에서 야전이 빠지지 않는 것은 구조적인 문제에서 원인을 찾아야 할 것 같다. 제작비 가운데 인건비가 대부분을 차지하는 사극의 특성상 대규모의 인원이 필요한 전투 장면을 찍는 것은 큰 부담일 것이다. 내가 만일 제작자의 입장이라면 부족한 인원과 빈약한 장비를 감추기 위해서 야전을 택할 것 같다. 어둡기 때문에 쌍방의 병력 규모가 전혀 드러나지 않는데다, 불화살을 쏘아 시선을 끌어주면 효과 만점이다. 게다가 주변에 있을 수 있는 전봇대나 철탑 등의 현대적 시설물을 신경 쓸 필요가 없다는 것도 큰 이점이 될 수 있을 것 같다. 그런 점들을 고려하였을 때, 사극에서 자주 등장하는 야전은 어떻게든 경비를 절감해야 하는 제작자들의 입장이 충실히 반영된 의도적 오류가 아닐까 한다.

다음으로 지나친 흥미 위주의 설정 문제를 지적하고 싶다. MBC TV의 〈태왕사신기〉는 논외로 하고, 고구려와 대조영 관련 사극을 보자.

고구려와 당나라가 싸우는 장면에서 연개소문이 안시성에 나타나 지휘하는 것은 명백한 오류다. 반란을 일으켜 왕을 죽이면서까지 집권한 연개소문이 수도 평양을 비울 수 있겠는가.

흥미를 극대화하기 위한 장치라고 해도, 대조영 관련 사극에서 고구려 유민들이 죽창을 들고 싸우는 모습 역시 문제가 많다. 정규의 무기를 갖추기 어려웠던 유민들이 죽창을 만들어 싸우는 것은 당연해 보일지 모르겠지만, 그 지역에서는 대나무가 나지 않았다. 실제로 고구려에서도 대나무가 생산되지 않아 화살을 만들 때 호시弧矢라고 하는 싸리나무를 사용했으니, 유민들이 어떻게 죽창을 구할 수 있었는지 의아하다. 그냥 몽둥이를 들고 싸우는 것으로 처리하면 될 것인데, 그래도 약간이나마 충실해 보려던 의욕이 오히려 역효과를 내었으니, 과유불급過猶不及의 대표적인 사례가 되어버렸다.

그 외에도 주요 캐릭터인 걸사비우乞四比羽가 천문령 전투에서 전사했는데도 끝까지 생존한 것으로 나타나는 것은 잘못된 것이다. 게다가 당나라의 여황제가 자주 측천則天이라고 거론되는데, 측천무후則天武后는 죽은 다음에 받은 시호이다. 또한 지금의 탱크에 맞먹는 위력을 가진 고구려의 웅장한 개마기병鎧馬騎兵은 어디다 팔아먹었는지 알 수 없는 노릇이니, 정통사극을 표방하기가 부끄러울 지경이다.

최근 절정을 이루는 조선 관련 사극도 오류가 많다. 조선이 무대가 되는 사극에서 자주 발생하는 오류는 주막이다. 지나가는 길손들에게 술과 밥을 팔아 생계를 영위하는 주막이 등장한 것은 18세기 후반이며, 19세기나 되어야 제법 성행하게 된다. 그 전에는 장날에 솥을 걸어 국밥과 막걸리를 파는 것이 고작이었으며, 곡식이나 베로 셈을 치렀다. 조선 중기 이전의 주점은 말 그대로 술을 파는 집이었지, 아리따운 주모가 술을 제공하는 유흥점이 아니었던 것이다. 16세기를 배경으로 하여 선풍적인 인기를 끌었던 〈대장금〉이나 〈허준〉 등의 사극에 나오는 주막의 풍경과 엽전으로 셈을 치르는 모습은 몽땅 허구라는 말이 된다.

또한 성종成宗이 일대의 요녀 어우동을 만나기 위해 궁궐 담을 넘어 즐거운 시간을 가지는 장면이 나오는데, 성종은 오히려 어우동에게 사형을 언도하였다.

성종이 성成자의 묘호廟號를 받은 것은 그만한 업적이 있기 때문인데, 일은 하지 않고 지나치게 여색에 탐닉하는 모습을 보노라니, 색종色宗으로 불러야 타당할 지경이다. 그리고 주연급 캐릭터인 김처선金處善의 등장 시기도 고증과는 맞지 않는다.

그 밖에도 세종이 어렸을 때부터 궁궐 밖을 나가 민초의 삶에 접근한다거나, 비밀스러운 조직에게 목숨을 위협당하는 등의 파란만장한 사건에 연루된다는 등등의 전개 역시 비현실적이다. 양녕대군이 정의롭고 진취적으로 그려지는 부분 등은 시트콤의 한계를 벗어나지 못한다는 것을 자인하는 꼴이다.

이번에는 무기에서의 오류를 보자. 대규모로 벌어지는 전쟁에서 장군의 고함으로 일사불란하게 지휘되는 것이야 그렇다고 치자. 그러나 조선의 마지막 시대를 묘사한 〈명성황후〉에서까지 조총이 심지가 타들어가야 발사되는 무기로 나타나는 데는 경악을 금할 수 없다. 그런 형태의 무기는 총통銃筒으로 분류되는데, 조선의 제식무기制式武器 목록에서 개인이 휴대하는 총통이 사라진 것은 임진왜란 이후부터였다.

1592년에 발발한 임진왜란 당시의 일본군이 보유했던 개인화기인 조총은 조선의 총통과 크게 달랐다. 가장 중요한 차이점은 발사방식이었다. 조선의 총통이 심지가 완전히 타들어가 화약에 닿아야 비로소 발사되는 것에 비해, 일본의 조총은 방아쇠를 당기면 방아쇠와 연결된 집게에 물린 심지가 내려가 화약을 점화시키는 방식이다.

총통은 이런 작동방식 때문에 기다리는 시간이 긴데다, 갑자기 표적이 숨어버리면 난감하기 이를 데 없었다. 그에 비해 조총은 사수가 원하는 타이밍에 발사할 수 있다. 그런 만큼 총통과 조총이 실전에서의 활용도에서 큰 차이가 발생할 수밖에 없으며, 조선도 전쟁 중에 노획한 조총을 복제하여 실전에 배치하기 시작했다. 광해군 시대에 이르러서는 전원 조총으로 무장한 강력한 부대를 보유하기에 이르렀다. 신식 조총으로 무장한 부대가 누르하치의 후금後金과 일전을 겨루려는 명나라의 요청에 의해 파병된 적이 있었으며, 이후 효종孝宗 시대에는 후금의 후신인 청나라의 요청에 따라 러시아와의 분쟁인 나선정벌羅禪征伐에 투입된 것은 잘 알려진 사실이다.

민간에서야 재래식의 총통을 보유할 수도 있겠지만, 조선 말기의 정규군이 어찌 그런 구식무기를 사용할 수 있다는 말인가? 그것은 조총의 발사방식이 본래 그럴 것이라는 고정관념을 벗지 못한 실무자들의 잘못에 의한 것이다. 심지어는 KBS가 심혈을 기울였다는 〈불멸의 이순신〉에서 이순신을 조준하는 일본군조차도 총통 방식의 조총을 가지고 있다.

사극에 등장했던 총이 황당했던 또 하나의 사례는 〈다모〉에서 목격했다. 다모에 등장하는 총 가운데 손으로 노리쇠를 밀어 장전하고 방아쇠를 당겨 발사하는 볼트액션 방식의 소총이 나타난다. 그러나 그 시대에는 그런 총이 없었다. 그때는 화약과 실탄을 직접 총구銃口에 부어 넣어 장전했다. 그렇게 장전하는 총을 전장식 소총으로 부르는데, 화약을 부어넣기 위해서는 어쩔 수 없이 몸을 일으켜 세워야만 했다. 초기의 형태에서 진보한 것은 발사방식이었다. 총구에서 화약과 탄환을 넣어 장전하는 방식은 총이 발명된 이후 오랫동안 조금도 변하지 않았다. 그러다가 총구의 뒤쪽에서 장전할 수 있는, 쉽게 말해 위험하게 일어서지 않고도 엎드린 상태에서 장전할 수 있는 후장식 소총이 나타난 것은 19세기 중반이었다. 다모의 시대 배경이 18세기 초반이라는 것을 감안하면 무려 150년 가까이나 시대를 앞선 것이다. 게다가 노리쇠를 밀어 장전하는 형태로 보면 적어도 200년 이상을 앞서 있는데, 근대식 소총의 본산지인 서양보다 훨씬 시대를 앞서가는 보기 드문 오류라고 할 수 있다.

그리고 사극에서는 화살을 맞은 장수가 대수롭지 않은 모습으로 뽑아내는 장면이 가끔씩 나오는데, 그것 역시 오류다. 일단 화살이 박히면 그리 쉽게 뽑을 수 없기 때문이다. 화살촉의 뒷부분에는 낚시 바늘 같은 미늘이 있다. 당연히 박힌 화살이 잘 빠지지 않기 위한 용도다. 사냥용 화살은 가죽이 상하지 않도록 미늘이 없이 뾰족하지만 전투용 화살은 그렇지 않다. 억지로 잡아 뽑으려 했다가는 주변의 근육과 혈관은 물론, 신경까지 엉망이 될 것이다. 그렇다고 해서 그냥 두었다가는 움직일 때마다 화살이 지렛대로 작용하여 상처가 더욱 커진다. 결국 화살을 맞은 사람은 생명이 위태롭게 되는데, 우선 화살을 짧게 잘라낸 다음 기회를 보아 외과적 요법으로 제거해야 했다.

또한 조선 시대의 불화살은 '끝에 불이 붙은 화살' 이 아니었다. 그때의 불화살은 화살에 화약통을 매단 소형폭탄에 가까웠다.

빈번한 오류 가운데는 포졸 복장도 꼽을 수 있다. 벙거지를 쓰고 검은 더그레를 걸친 포졸 복장은 흔히 볼 수 있다. 포졸은 물론, 육군과 수군의 모든 병사들이 그런 차림으로 등장한다. 그러나 실제 고증을 보면 전혀 틀리다. 임진왜란 당시에 1진으로 상륙한 고니시 유키나가小西行長를 따라 종군했던 포르투갈 선교사 루이스 프로이스가 저술한 고증에는 포졸 차림은 전혀 나타나지 않는다. 그가 묘사한 조선군 병사는 단단한 가죽 갑옷을 착용하였고, 유럽인의 모자와 같은 철모를 쓰고 있었다. 그것들 중 어떤 것은 강철로 되어 있었으며, 그 밖에는 무쇠로 되어 있었다고 한다. 가죽 갑옷을 착용하고 강철이나 무쇠 재질의 투구를 쓰고 있었다면 포졸보다는 장군에 가까운 모습이다. 무기와 전투 장면의 고

중도 정확하게 일치하고 있다.

그 밖에도 당시의 해전을 일본 측에서 묘사한 그림을 보면 포졸 차림은 전혀 나타나지 않는다. 더구나 조선 전함에 탄 병사들은 전부가 갑옷과 투구로 무장하고 있어서, 누가 지휘관인지 식별하기 곤란할 지경이다. 화살과 총탄이 비오듯 쏟아지는 전쟁터에서 갑옷과 투구로 몸을 보호하는 것은 상식이라고 할 수 있다. 그렇지 않고 옷의 기능밖에 없는 포졸 복장으로 나가는 것은 죽으러 가겠다는 것이나 진배가 없다. 사실이 그럼에도 불구하고 계속 포졸 복장이 등장하는 것은 심각한 문제다.

그나마 낮에 벌어지는 전투도 조폭의 싸움처럼 장군의 명령 한마디에 우르르 맞붙는다. 그러나 과거에도 병과兵科가 세분되었고, 전술운용에도 각종 신호를 사용했다. 총이 도입되기 이전의 정규전은 빠른 기동력의 궁기병弓騎兵이 사격을 퍼부어 적의 대열을 유린하는 것으로 시작되었고, 상대방 역시 경기병輕騎兵이나 활로 맞서는 형태였다는 것을 감안하면, 오류의 범주에 넣기도 무안할 지경이다.

또한 예전의 포탄은 단순히 쇠로 만든 구체求體로써 운동에너지를 사용하였을 뿐인데, 그것이 폭발하여 사람을 날리고 전함을 격침시키는 것은 또 무엇인가? 그런 포탄이 떨어지자 몸을 던져 다른 사람을 구하는 장면은 비장하기는 하나 오류로 분류될 수밖에 없으니 참으로 안타깝다. 그런 형편에 최강의 무기로 공인된 편전片箭이 등장하지 않는다는 것 등을 따져서 무엇하겠는가.

대부분의 사극이 정통을 표방하지만, 내가 보기에는 시트콤에서 그리 멀리 벗어나지 않는다. 그것을 덮기 위해 화려한 복식이나 유명한 연기자들을 출연시키는 것 같은데 그렇다고 해서 본질이 달라질 수 있겠는가. 분장과 표정 등의 외피外皮로 전달할 수 있는 한계가 분명한데다 그것마저도 오류가 자주 발견된다면 애써 돈 들인 가치를 찾기 어려울 것 같다.

그런 측면에서 관찰했을 때 가장 문제가 많았던 사극은 단연코 〈불멸의 이순신〉이다. 이 드라마는 왜곡과 오류로 시작해서 그것으로 끝났다고 해도 과언이 아닐 지경이다. 오류가 많은 것을 시상하는 시상식이 있다면 압도적인 차이로 그랑프리를 차지할 것이 분명하다. 일일이 지적하자면 책 한 권은 거뜬할 정도라서, 몇 가지만 소개하겠다.

일본 측 인물 가운데 와키자카 야스하루脇坂安治가 가장 많이 등장하고 배역의 비중도 크다. 그런데 극중에 나오는 와키자카의 삶은 완전히 날조된 것이다.

와키자카는 전쟁 이전에 해적 생활을 한 적도 없었으며, 이순신과 만난 적은 더욱 없었다. 게다가 노량해전 후 할복하는 것으로 나오는데, 그는 도요토미 히데요시에게 정식으로 봉공한 다이묘(大名, 봉록 1만석 이상의 대영주)였으며, 일본으로 돌아가 천수를 누렸다. 와키자카 야스하루는 1554년에 태어나 1626년에 향년 72세로 사망한 것이 분명하다. 〈불멸의 이순신〉은 등장인물과 내용을 위시한 모든 것이 거의 그렇게 왜곡되고 비틀려 있다.

그리고 드라마에서 비중이 크게 다루어진 가운데 완전히 잘못 짚은 면사첩免死帖도 빼놓을 수 없다. 드라마에서는 보자기 크기의 면사첩이 '상감께서 보내신 면사, 즉 목숨을 보장하는 증표' 라고 되어 있으며, 이순신은 그것을 자랑스레 집무실에 걸어둔다.

그러나 면사첩을 발부한 곳은 선조宣祖의 행궁行宮이 아니라 명나라 지휘부였다. 면사첩의 용도는 이순신의 목숨을 보장하기 위한 것이 아니었다. 면사첩은 어쩔 수 없이 적에게 붙었던 우리 백성들에게 내려진 것으로, 이것을 가지고 오면 목숨을 보증하는 용도였다. 이는 지휘권을 행사하던 명나라가 예하의 각 부대에게 보내 살포하라고 보낸 것이었다. 그렇기 때문에 복수複數인 첩으로 표현한 것인데, 그것을 가지고 선조가 이순신 개인을 사면하는 용도였다고 주장하고 있다.

●

왕이 특정인을 절대 죽이지 않겠다고 보증할 수 있는 규정이나 전례는 전무하다. 그 이전에 이순신에게 향하는 선조의 감정이 살의에 가까운 증오였다는 것을 감안하면 그런 약속을 할 리가 만무하다. 이순신과 선조의 관계를 약간이라도 알고 있다면 도저히 있을 수 없다는 것이 너무나 명백한데도 그렇게 큰 비중으로 다루고 있다.

마지막으로 말하고 싶은 것은 영화 〈황산벌〉이다. 〈황산벌〉을 보았을 때 가장 눈길이 간 부분은 연개소문과 당 태종, 김춘추와 의자왕이 한 자리에 모였을 때였다. 그들이 각각의 언어로 자신의 의사를 표현하는데, 사극에서 중국과 일본 사람들이 능숙한 한국어로 대화하는 장면에 익숙했던 나에게는 신선한 충격이었다. 이후 김유신이 소정방과 만났을 때 김인문이 경상도 방언으로 통역하는 장면도 매우 흥미로웠다. 흥미 위주의 영화지만, 인물들의 고증도 비교적 정확한 편이었다.

그런데 영화를 보고 난 다음 쓰게 웃고 말았다. 영화에서 중대한 오류가 있다는 것에 생각이 미쳤기 때문이었다. 백제의 수도 부여는 충청도이며, 황산벌 역시 충청도가 아니던가. 그렇다면 의자왕을 위시한 백제의 주요 인물들과 장병들의 상당수는 전라도가 아닌 충청도 사투리를 써야 옳았다. 당나라 인물들이 중국말을 쓰는 등의 설정은 좋았지만 정작 사용해야 할 충청도 사투리가 실종되고 말았으니 이게 어찌 된 일인가.

의도적이든 그렇지 않든 간에 대중이 가장 쉽게 접근할 수 있는 영상방송매체를 통한 오류가 일반인들에게 끼치는 영향은 결코 적지 않다. 가장 큰 문제는 누구도 책임을 지려 하지 않는 것에 있다. 작품에 대해 문제를 제기하려 하면 역사물이라며 피해버리고, 고증을 따지려 들면 창작의 자유를 들어 빠져나가려 한다.

내가 사극의 오류를 장황하게 제시한 것은 나 자신도 거기에서 자유롭지 못하기 때문이다. 게다가 나는 사실과 진실을 다루는 작가가 아닌가. 실록에서 채취하여 조리한 나의 글이 독자들에게 재미를 줄 수 있을 것과 오류의 함량이 '기준치 이하' 로 평가받기 바랄 뿐이다.

사건비화 01

우리가 몰랐던 조선의 사건들

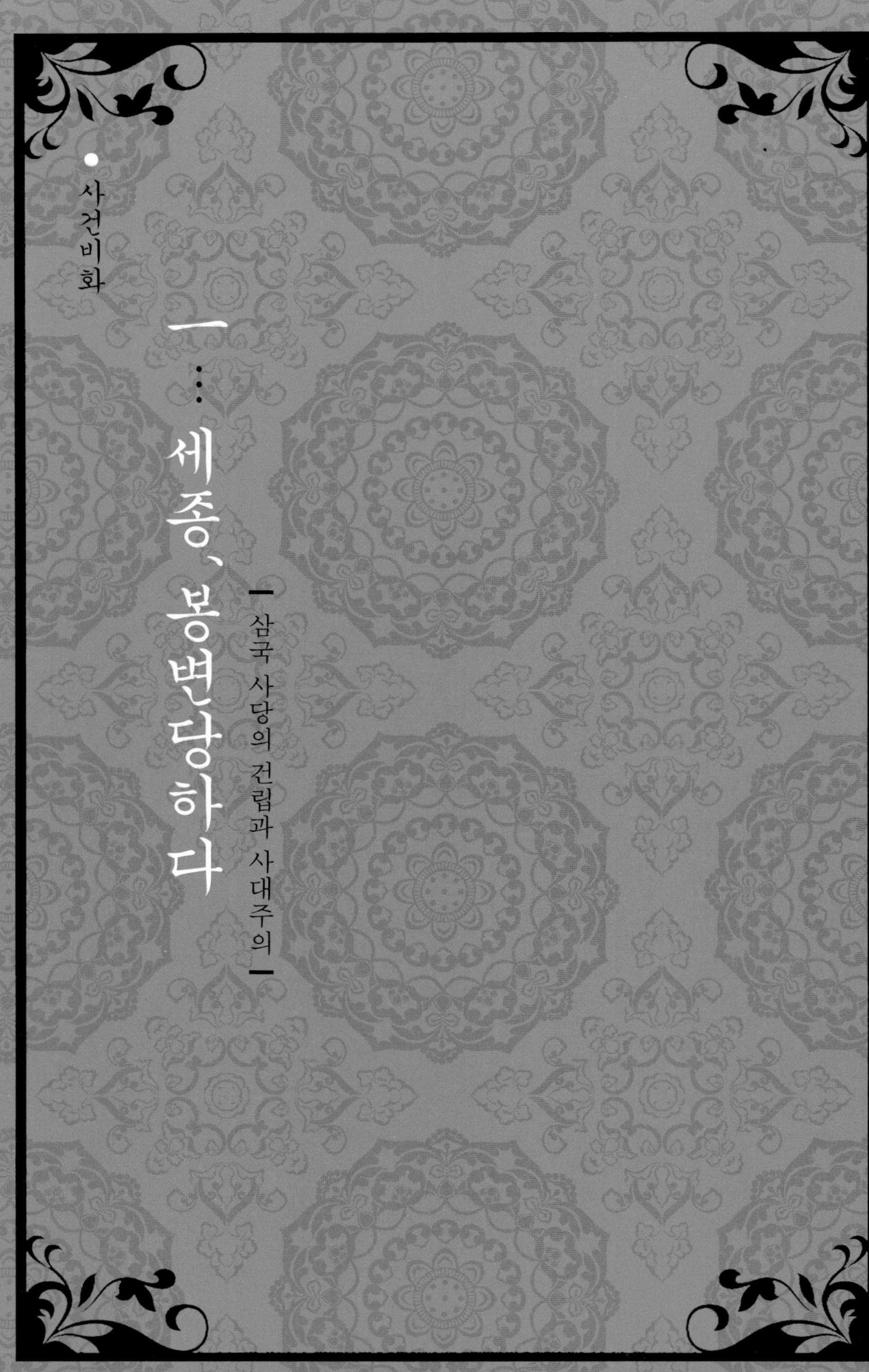

사건비화

一 … 세종, 봉변당하다

삼국 사당의 건립과 사대주의

성군聖君으로 최대의 추앙을 받는 세종世宗도 자신의 뜻을 마음대로 펼치기 어려울 때가 있었다. 세종이 대신들의 강력한 반대에 부딪친 것은 훈민정음을 제정하려 했을 때가 처음이 아니었다.

임금이 일찍이 예조禮曹에 명해서 삼국三國 시조始祖의 사당을 세우도록 했는데, 이때에 이르러 판서 신상申商이 계하였다.

"주周나라 말년에 칠국(七國, 진秦, 초楚, 연燕, 제齊, 조趙, 위魏, 한韓 등의 칠웅七雄)이 자웅을 다투어 법을 정하지 못했사온데, 우리 동방도 통일되기 전까지는 삼국의 아귀다툼이 마치 주나라 칠국 시대와 같지 않았습니까."
이에 임금이 말하였다.
"그렇지 않다. 옛 일을 상고하면 우리 동방은 삼국 시조가 있기 전에는 십이한十二韓과 구한九韓이 있어서 나라의 경계가 분분했으니, 그렇다면 삼국의 시조가 이를 다소 합쳐 놓은 것은 그 공로가 진실로 적지 않다. 마땅히 의사義祠를 세워서 그 공을 갚아야 할 것이다."
또 신상에게 일렀다.

"조종祖宗의 외가는 그 자손으로 하여금 제사를 맡게 하는 것이 진실로 미편하니 정부와 더불어 다시 의논해서 아뢰도록 하라."

—〈세종실록〉 8년(1426, 병오년) 11월 5일

삼국 시조의 사당을 세우라는 세종의 명에 대해 당시 예조판서였던 신상이 정면으로 반대하고 있다. 신상이 삼국 시조의 사당 건립에 반대하는 이유는 그들이 전국칠웅戰國七雄 등의 오랑캐들과 같은 무리에 지나지 않는다는 것에 있다. 그와 함께 자신들을 오랑캐의 후손으로 비하하고 있느니 참으로 어이가 없다. 그것은 '세종 당신도 결국 오랑캐의 후손이 아니냐' 는 뜻이다.

아무리 좋게 보려 해도 신하가 왕 앞에서 할 수 있는 말이 아니다. 그에 대해 세종은 그래도 사당을 세워야 하지 않느냐며 변명조로 대응하고 있다. 크게 진노해도 시원치 않은 판에 오히려 변명을 하고 있는 모습을 보노라니, 누가 왕이고 신하인지 알 수 없을 지경이다.

이듬해, 세종이 반대를 무릅쓰고 삼국 시조의 사당을 세우라는 영을 내린 다음, 어느 정도 진행되었을 때의 일이다.

예조판서 신상이 계하였다.

"삼국의 시조의 묘를 세우는데 마땅히 그 도읍한 데에 세울 것이니, 신라는 경주이겠고, 백제는 전주이겠으나, 고구려는 그 도읍한 곳을 알지 못하겠습니다."

하니, 임금이 말하였다.

"상고해 보면 알기가 어렵지 않을 것이다. 비록 도읍한 데에 세우지는 못하더라도 각기 그 나라에 세운다면 될 것이다."

이에 이조판서 허조許稠가 계하였다.

"제사 지내는 것은 공을 보답하는 것입니다. 우리 왕조의 전장典章과 문물文物은 신라의 제도를 증감增減하였으니, 다만 신라 시조에게 제사 지내는 것이 어떻겠습니까."

하니, 임금이 말하였다.

"삼국이 정립, 대치하여 서로 막상막하였으니, 이것을 버리고 저것만 취할 수는 없다."

—〈세종실록〉 9년(1427, 정미년) 3월 13일

삼국의 도읍에 사당을 세우라는 세종의 명에 대해 예조판서 신상은 고구려의 도읍을 알 수 없다고 대답했다. 게다가 백제의 도읍을 전주라고까지 말하고 있다. 고구려의 경우 예전 도읍이었던 오녀성과 국내성 등을 제외하면 당연히 평양을 도읍이라 할 수 있다. 그럼에도 불구하고 어딘지 알 수 없다는 것은 명령을 따르지 못하겠다는 것이나 진배없다. 또한 위례성과 웅진을 이은 백제의 마지막 수도가 부여라는 것은 누구나 알고 있는 사실임에도, 후백제의 도읍이었던 전주를 거론하고 있다. 즉 신상은 고구려에 이어 백제의 수도까지 거침없이 폄훼하고 있는 것이다. 그가 올바르게 말한 것은 신라의 수도밖에 없다. 그런데 이조판서 허조까지 신상을 거들고 나서서 오직 신라의 사당만 필요하다고 역설한다. 그러나 세종은 이때도 제 목소리를 내지 못하며, 오히려 논쟁을 피하려는 모습을 보인다.

삼국의 사당이 건립되고 제사를 지내기에 이르렀으나, 그 과정이 너무나 황당하다. 왕의 명에 대해 정면반대하기도 어려운데, 왕이 오히려 약점이라도 잡힌 것처럼 눈치를 보고 있으니 대체 어찌된 일인가.

발단은 국초國初에 전조前朝의 시조들에 대한 사당을 건립하고 제사를 지내자는 논의에 삼국이 빠진 것에 있었다. 고려의 시조는 당연히 거론되었는데, 이상하게도 삼국을 훌쩍 뛰어넘어 바로 단군檀君과 기자箕子에 도달한 것이다. 여하튼 고려와 단군조선, 기자조선의 시조들의 사당은 순조롭게 건립되었다. 세종은 나중에 삼국의 사당이 빠진 것을 지적하였다가 임금으로서 못 볼 꼴을 당하게 된 것이다.

> "조선의 단군은 동방에서 처음으로 천명天命을 받은 임금이고, 기자는 처음으로 교화敎化를 일으킨 임금이오니, 평양부平壤府로 하여금 때에 따라 제사를 드리게 할 것입니다."
>
> —〈태조실록〉 1년(1392, 임신년) 8월 11일

새로운 왕조를 개창함에 따라 전조의 시조들의 사당을 건립하는 의식이 필요하다는 주장이 제기된다. 여기서는 단군과 기자의 위치가 그리 차등 있어 보이지는 않는다.

> "우리 동방은 단군이 시조인데, 대개 하늘에서 내려왔고 천자가 분봉分封한 나라가 아닙니다. 단군이 내려온 것이 당요(唐堯, 요堯 임금)의 무진년戊辰

年에 있었으니, 오늘에 이르기까지 3천여 년이 됩니다. 하늘에 제사하는 예가 어느 시대에 시작하였는지를 알지 못하겠습니다만, 그러나 또한 1천여 년이 되도록 이를 고친 적이 아직 없습니다. 태조 강헌대왕(太祖康憲王, 이성계)이 또한 이를 따라 더욱 공근恭謹하였으니, 신은 하늘에 제사하는 예를 폐지할 수 없다고 생각합니다. 혹은 말하기를, '단군은 해외에 나라를 세워 박략(薄略, 매우 간략하다)하고 글이 적고 중국과 통하지 못하였으므로 일찍이 군신君臣의 예를 차리지 않았다. 주周무왕武王에 이르러서 은殷나라의 태사太師를 신하로 삼지 아니하고 조선에 봉하였으니, 그 뜻을 알 수 있다. 이로써 하늘에 제사하는 예를 행할 수 있었다. 그 뒤에 중국과 통하여 임금과 신하의 분수에 찬연燦然하게 질서가 있으니, 법도를 넘을 수가 없었다'고 합니다."

— 〈**태종실록**〉 **16년**(1416, 병신년) **6월 1일**

이제 단군과 기자가 구분되기 시작한다. 단군조선이 시작될 때 중국은 전설적인 태평성대를 이루었던 요 임금의 치세였다고 한다. 하지만 단군조선의 발원이 요 임금 이전으로 거슬러가거나 최소한 대등하다는 것을 인정했다가는 그들이 주장하는 '중원 중심의 세계관'이 근본부터 부정될 우려가 있었다. 단군과 함께 나타나는 기자가 기자조선의 시조가 된 것은 주나라 무왕이 은나라의 태사였던 기자를 조선후朝鮮侯에 봉했기 때문이었다. 단군조선이 실재하는 상황에서 주나라 무왕이 어떻게 신하를 조선의 제후로 봉할 수 있는지 의아하지만 실록에는 그렇게 기록되어 있다.

중요한 것은 우리가 그때부터 중원 중심의 질서에 편입되었다는 점이다. 조선이 정신적인 지주로 떠받드는 주나라의 무왕이 보낸 사람이 우리를 교화한 그때부터 진정한 의미에서의 역사가 시작된다는 논리다. 사실 여부는 알 수 없지만, 당시는 조금의 반론도 허용될 수 없는 정설이었다.

그런 세상에서 전국칠웅 가운데 하나인 연나라의 일파로서 기자를 멸망시킨 위만衛滿이 거론되지 못하는 것은 너무나도 당연하다. 단군조선이 그나마 사당이 건립되어 제사를 받을 수 있던 것은 기자에게 조선을 넘겨주었기(그들의 기록에 의하면) 때문이다. 그렇게 접근하면 어째서 고구려와 백제의 사당 건립에 그토록 반대가 심했는지 충분히 이해할 수 있다. 단군의 정통을 자부하고 중원과 쟁패했던 고구려는 입에 담기조차 어려웠을 것이다. 백제 역시 비슷한 이유로 실격이 되었는데, 오직 신라만큼은 당나라를 극진히 섬기는 등 올바로(?) 처신해 불경죄의 적용을 받지 않을 수 있었다.

설마 세종이 다른 의도를 가지고 삼국의 사당을 세우자고 하였겠는가? 그 시대의 군왕이 사대에 소홀한다는 것은 말도 되지 않았다. 더욱이 세종은 누구보다도 사대에 지극정성이었다. 조선에서 명군 이상의 반열에 들었다는 것은 사대에서도 그만큼 높은 점수를 받았다는 의미가 된다. 세종은 민족주의자가 아니었고, 극우익 성향의 과격파도 아니었다. 다만 삼국도 우리의 조상인 만큼 최소한의 예우라도 해주자는 뜻에서 사당 건립을 말했던 것뿐이었다.

그때 신상을 위시한 신하들의 반응은 거의 본능적이었다. '삼국 시조가 있기 전에는 십이한과 구한이 있어서 나라의 경계가 분분했다' 는 세종의 주장은 우리의 역사가 중원보다 유구하거나 최소한 대등하다는 의미다. 세종의 발언에 대해 즉각적으로 튀어나온 언어들은 논리적 사고와 이성적 검증이 완전히 배제된 것들이었다.

지금의 시각에서야 세종의 발언이 지극히 정상적이지만, 이미 뼛속까지 사대사상에 물든 자들이 듣기에는 중원 중심의 세계관을 정면으로 부정하는 최악의 불경이었을 것이다. 신상이 '삼국은 주나라 말년에 아귀다툼을 벌였던 칠국과 같은 자들' 이라며 말한 것은 사실상의 꾸짖음이다.

세종이 서둘러 '삼국의 시조가 이를 다소 합쳐 놓은 것은 그 공로가 진실로 적지 않으니, 마땅히 의사를 세워서 그 공을 갚아야 할 것' 이라고 변명했지만, 궁색하기 짝이 없었다. 이후에 신상이 고구려의 수도가 어딘지 알 수 없다거나, 백제의 수도는 전주가 아니냐는 등의 막말을 일삼은 것은 '감히 중원의 정통성을 부정한 불경에 대한 거부권 행사차원' 으로 보아야 마땅할 것이다. 거기에 이조판서 허조까지 '신라만 챙기면 됐지 그런 쓸데없는 짓을 무엇 때문에 하느냐' 며 핀잔을 주고 있지 않은가.

그때 세종은 어느 하나만 취할 수는 없다는 원칙론을 꺼낼 수밖에 없었다. 그러나 그것은 처음에 주장했던 '독자적 성립설' 에서 엄청나게 후퇴한 논리였다. 임금과 신하가 뒤바뀌어 추궁하고 변명하다 나중에는 군신의 경계가 불분명하게까지 보일 지경인데, 이런 조건에서도 삼국의 사당이 건립된 것이 신기하기조차 하다.

세종이 신하들에게 저렇게까지 당한 사례는 없다. 나중에 불당佛堂을 세우거나 훈민정음과 관련하여 벌어진 반대도 저렇지는 않았다. 그렇게 세워진 사당들이 제대로 기능할 리가 만무했다. 가장 먼저 논의되어 건립된 단군의 사당부터 사대의 도구로 전락해버렸다.

> 사온서주부司醞署注簿 정척鄭陟이 글을 올리기를,
>
> "지난 신축년 10월에 중국 조정이 북경으로 옮겼으니 의주에 있는 말을 점고點考하라는 명을 받들었습니다. 의주에 가서 말 점고하는 일을 마치고, 이듬해 2월에 돌아오다가 평양에 들러서 기자사당箕子祠堂을 배알하였습니다. 그런데 기자 신위는 북쪽에서 남쪽을 향해 있고, 단군 신위는 동쪽에서 서쪽을 향해 있었습니다."
>
> 라고 하였다.
>
> —〈세종실록〉 7년(1425, 을사년) 9월 25일

기자의 신위가 북쪽에서 남쪽을 향했다는 것은 제왕의 예우를 받은 것이다. 본래 군주들은 북쪽에 앉아 남쪽을 바라보기 마련이며, 신하들이 동서로 나뉘어 좌우에 자리하게 된다. 그렇다면 단군의 신위가 동쪽을 향하든 서쪽을 바라보든 간에 신하의 위치라는 것에는 변함이 없는 것이다. 말로는 대등하다고 해놓고 실제로는 저렇게 대한다면 차라리 논의되지 않음만 못하다. 단군이 저런 대접을 받는 형편에 삼국의 신위는 오죽했겠는가. 또한 세종이 우리와 전국칠웅이 다른 근거로 제시했던 독자적인 국가 형성과 발전 역시 완전히 부정되고 말았다.

> "또 동방 사적 22가지를 지었습니다. 대개 동방 구역(九域, 9개 나라)은 상고

上古 때부터 임금을 두고 나라를 세워 대소大小 22곳이 방외方外의 딴 나라를 만들었습니다. 이에 관한 글들은 허황하고 괴이하여 믿을 수 없는 것인데, 후세에 전해지는 것은 겨우 10에 1, 2뿐입니다. 산천도 구별되고 풍기風氣도 같지 않으며, 성음聲音, 요속謠俗, 기욕嗜慾도 각각 다릅니다."

위의 내용을 주장한 사람은 숙종 당시 학문과 경륜으로 이름을 날렸던 허목許穆이다. 허목이 말한 22곳은 세종이 주장한 십이한이나 구한과 같은 지역에 있었던 나라를 이르는 것으로 보인다. 허목 자신이 그렇게 말했고 세종도 그것을 주장한 만큼 결코 허위나 날조가 아닌 것이 분명하다. 그러나 그것은 조선이 편입된 중원 중심의 세계관에 정면으로 배치되는 것이다. 허목은 거침없이 방외方外의 역사로 폄하하고 모든 기록을 믿을 수 없다고 하였다.

스스로를 중원의 변방에 두고 정신도 그곳에서 분양받았다고 자부하는 조선에서는 세종의 의사가 지극히 정상적임에도 받아들이기 어려웠다. 부정된 것이 비단 삼국의 역사뿐이겠는가. 삼국 시대 이전의 사실이 기록된 서적과 자료들은 일제 강점기 훨씬 이전부터 이단으로 몰리거나 요설妖說로 치부당해 자취를 감추었을 것이 분명하다.

팔도관찰사八道觀察使에게 유시諭示하였다.

"고조선비사古朝鮮秘詞, 대변설大辯說, 조대기朝代記, 주남일사기周南逸士記, 지공기誌公記, 표훈삼성밀기表訓三聖密記, 안함 노원동중삼성기安含老元董仲三聖記, 도증기지리성모하사량훈道證記智異聖母河沙良訓, 문태산文泰山 · 왕거인王居人 · 설업薛業 등의 삼인기록三人記錄, 수찬기소修撰企所의 100여 권卷과 동천록動天錄, 마슬록磨蝨錄, 통천록通天錄, 호중록壺中錄, 지화록地華錄, 도선한도참기道詵漢都讖記 등의 문서는 마땅히 사처私處에 간직해서는 안 되니, 만약 간직한 사람이 있으면 진상하도록 허가하고, 자원自願하는 서책을 가지고 회사回賜할 것이니, 그것을 관청 민간 및 사사寺社에 널리 효유曉諭하라."

—〈세조실록〉 3년(1457, 정축년) 5월 26일

세조는 겨레의 발원과 원류가 기록된《고조선비사》등의 저술을 금서禁書로 규정하여 민간에서 보유하지 못하게 했다. 세조뿐 아니라 예종과 성종도 같은 조치를 내렸다. 심지어 예종은 금서를 바친 사람은 두 품계를 올려줄 뿐더러, 수거에 협조하는 자는 관청과 개인의 노비에게까지 무명 50필을 상으로 준다고 했다. 그래도 바치지 않는 자가 있을 것을 저어하여 밀고까지 장려하였으며, 감추었다가 들킨 사람은 극형에 처할 것을 명하고 있다. 우리의 기록이 중원 중심의 세계관과 합치되었다면 굳이 그럴 이유가 없지 않은가. 그러나 합치되기는커녕 중원의 정통성을 정면으로 부인하는 내용이 대부분이었기 때문에 금서로 규정하고 어명을 내려 수거하였을 것이다.

사대사상이 골수에 도금되고 영혼까지 염색된 자들이 아무렴 수거한 사서史書들을 곱게 보관하였겠는가. 수거된 즉시 비밀리에 파기하였을 터인데, 그것이 후손들에게 어떤 영향을 끼치게 될 것인지는 조금의 고려조차 하지 않았을 것이다. 그저 하늘을 우러러 개탄할 따름이다.

추신 | 1

조선의 고구려와 백제 폄훼

조선에서 가장 머리가 좋았다는 자도 고구려와 백제를 폄훼했다.

한명회韓明澮가 아뢰기를,

"예전에 신라, 백제, 고구려 3국이 정립하였는데, 오직 신라만이 나라가 부유했으니 그 백성들이 농사에 힘쓴 때문입니다. 지금의 경상도가 곧 예전 신라의 땅인데, 그 백성들이 농사에 힘쓰는 것이 다른 도에 갑절이나 되어 무릇 제언堤堰, 천방川防을 하지 않은 곳이 없습니다."

하였다.

—〈성종실록〉 **1년**(1470, 경인년) **4월 10일**

신라의 백성들이 부유할 수 있던 것이 농사에 힘쓴 탓이라는데, 그렇다면 백제와 고구려의 백성들은 농사에 전념하지 않아서 가난했다는 말인가? 어이가 없는 기록 가운데는 앞서 말한 '조선의 단군은 동방에서 처음으로 천명을 받은 임금' 이라는 것도 포함된다. 사대의 붓을 잡았던 자들까지도 단군이 최초로 천명을 받았다고 하지 않았는가. 비록 동방으로 제한하는 장치를 두었지만 단군의 정통성과 유구함이 잘 입증되는 대목이라 할 것이다.

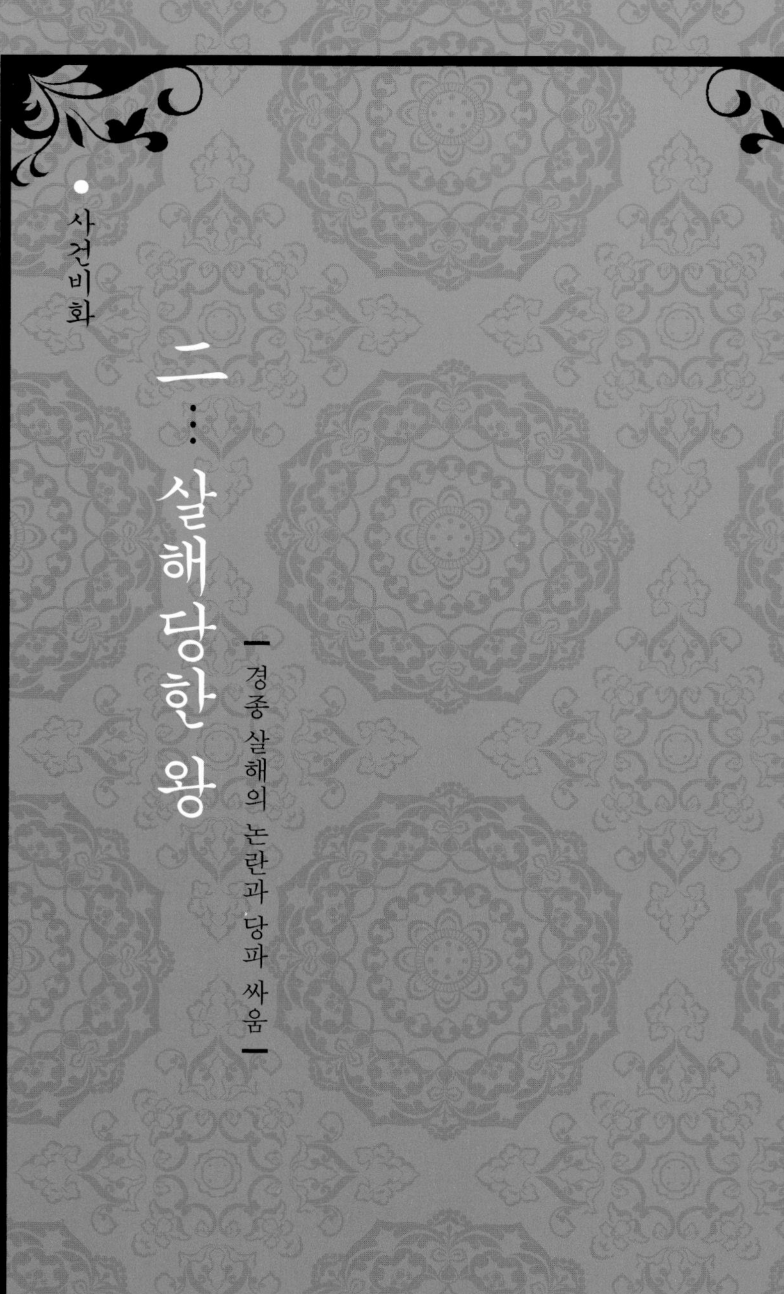

사건비화

二 … 살해당한 왕

— 경종 살해의 논란과 당파 싸움 —

조선의 왕들은 천수를 누리지 못한 사례가 많았다. 그들의 평균 수명은 46세에 불과하였는데, 의문사의 가능성이 제기되는 케이스도 드물지 않다. 마지막 왕이었던 고종과 순종의 경우는 외세에 의한 공작 가능성이 충분하며, 이전에 죽은 왕들 가운데도 의혹이 묻어나는 사례가 왕왕 있다.

특히 주목되는 왕은 20대의 경종景宗이다. 경종은 서른셋이었던 1720년에 즉위하여 1724년에 서른일곱의 젊은 나이로 세상을 떴다. 그 이전부터 병환에 시달리고 있었지만 독살의 가능성이 강력하게 제시되는데, 어이없게도 이복동생이자 다음 왕인 영조英祖가 직접 손을 쓴 것으로 되어 있다. 경종이 죽은 이후 그런 내용의 소문이 무성했으며 괘서掛書까지 나붙어 수백 명의 선비가 죽어나가는 등 크게 물의를 일으키기까지 하였다. 게다가 이인좌李麟佐가 이끌었던 반란군은 경종을 독살로 규정하고, 범인으로 영조를 지목하기에 이르렀다.

경종이 죽을 무렵 이복동생인 영조는 연잉군延礽君으로 불리는 왕세제王世弟의 신분이었다. 자식을 가질 수 없었던 경종의 대를 잇기 위해 왕세제가 된 것인데, 많은 기록에서 영조가 왕이 되기 위해 경종을 독살했을 것이라고 주장한다.

주장의 근거는 이렇다. 당시 경종이 병환이 있어 제대로 식사를 하기 어려웠는데, 영조가 게장과 감을 가지고 왔다. 어의들은 게장과 감이 서로 상극이라 먹지 말라고 하였는데도 경종이 그것을 먹었다. 과연 복통과 함께 배탈 설사가 심하였으며, 경종은 자리에 눕게 되었다. 며칠 뒤 환후가 심각하게 되자 영조가 이번에는 인삼人蔘과 부자附子를 처방하자고 하였는데, 그것 역시 상극이었다. 특히 부자는 독성이 강하여 사약에 사용되는 주요성분이라고 하지 않았는가. 이쯤 되면 영조를 범인으로 지목하는 확증이라고 보아도 무방하다.

당시의 실록을 보도록 하자.

> 비와 눈이 내렸다. 임금의 환후가 피곤하고 위태함이 더욱 심하고 맥이 낮아져서 힘이 없었다.
>
> (중략)
>
> 세제가 일어나서 청하매, 임금이 비로소 고개를 들므로 미음을 올렸다. 제조 등이 물러나와 여러 의원들과 약을 의논하였는데, 이공윤李公胤이 공언하기를,
>
> "삼다蔘茶를 써서는 안 된다. 계지마황탕桂枝麻黃湯 2첩만 진어할 것 같으면 설사는 금방 그치게 할 수 있다."
>
> 하므로, 마침내 다려 올려 복용하였다. 유각酉刻에 의관이 입진入診하고

물러나와 말하기를,

"환후의 증세가 아침에 비교해 더욱 위급합니다."

하자, 모든 신하들이 희인문熙仁門으로 달려 들어갔고, 대내大內로부터 제조提調의 입진을 재촉하여 이광좌 등이 입시入侍하였는데, 임금이 내시內侍를 의지하고 앉아서 눈을 몹시 부릅뜨고 보았다. 이광좌가 문후問候를 하였으나 임금이 대답하지 않자, 세제가 울면서 말하였다.

"인삼과 부자를 급히 쓰도록 하라."

이에 이광좌가 삼다를 올려 임금이 두 번 복용하였다. 이공윤이 이광좌에게 이르기를,

"삼다를 많이 쓰지 말라. 내가 처방한 약을 진어하고 다시 삼다를 올리게 되면 기氣를 능히 움직여 돌리지 못할 것이다."

하니, 세제가 말하기를,

"사람이란 본시 자기의 의견을 세울 곳이 있긴 하나, 지금이 어떤 때인데 꼭 자기의 의견을 세우려고 인삼 약제를 쓰지 못하도록 하는가?"

하였다. 조금 지나자 임금의 안시眼視가 다소 안정되고 콧등이 다시 따뜻하여졌다. 세제가 또 말하기를,

"내가 의약의 이치를 알지 못하나, 그래도 인삼과 부자가 양기를 능히 회복시키는 것만은 안다."

하였다.

2경二更에 임금의 기식氣息이 다시 미약하므로 이광좌가 삼다를 올렸으나 임금이 스스로 마시지 못하여 의관이 숟가락으로 떠서 넣었다. 이광좌가 종묘와 사직에 기도하기를 청하고 눈물을 흘리면서 말하기를,

"신이 어리석고 혼미하여 증후에 어두워서 약물을 쓰는 데도 합당함을 잃은 것이 많았으니, 그 죄는 만 번 죽어 마땅합니다."

하였다. 이에 세제가 말하기를,

"성상聖上이 나에게 정情으로는 형제이나 의義로는 부자의 관계를 겸하였는데, 병환 중에 모시기를 잘하지 못하여 갑자기 이 지경에 이르렀으니, 다시 무슨 말을 하겠는가? 기도는 비록 때가 지났으나 빨리 거행하는 것이 마땅하다."

하였다. 그러나 제관祭官이 미처 향香을 받지도 못하였는데 임금이 그만 속광(屬纊, 승하)을 하였다.

—〈경종실록〉 4년(1724, 갑진년) 8월 24일

영조가 인삼과 부자를 쓰라는 발언을 한 것은 사실이다. 그렇지만 실제로 그것을 처방하였는지는 분명치 않다. 삼다, 즉 인삼차를 처방한 기록은 있다. 그러나 많은 기록에서 적시한 대로 인삼과 부자가 상극이어서 목숨을 위협할 정도였다면 영조가 그런 처방을 제시할 리가 만무하지 않겠는가? 그 이전에 게장과 감을 함께 복용하는 것이 위험하였다면, 경종이 알면서도 먹지는 않았을 것이다. 그러나 분명 영조는 인삼과 부자를 직접 거론하였다.

임금이 친히 대행왕비의 행장行狀을 지었는데, 그 글에 이르기를,

"아! 왕후는 나이 겨우 13세 때에 우리 성고聖考의 간택을 받아 나의 배필이 되었는데, 은혜와 사랑을 가장 많이 받았었다. 언제나 진현進見할 적

이면 반드시 웃는 낯빛으로 뵈었는데, 이는 바로 내가 직접 보았던 일이다. 기쁜 얼굴빛과 온순한 자태로 양전兩殿을 섬기며 7년 동안 시탕侍湯하였는데, 오래도록 대궐 안에 있으면서 밤낮으로 게을리하지 않았다.

(중략)

아! 내가 왕후와 한두 살 차이가 있지만, 모두 60세를 넘기고서도 위로 80을 바라보는 자성(慈聖, 선왕의 계비인 인원왕후仁元王后)을 받들어 모시고 있으니, 지난 사첩史牒에서 찾아보아도 드문 일이라고 할 만하다. 그런데 근래에 와서 더욱 쇠모해져 원기가 한번 가라앉자, 인삼과 부자도 아무 효과가 없을 줄 생각이나 하였겠는가?"

위의 내용은 영조가 자신의 첫 번째 왕비였던 정성왕후貞聖王后 서씨가 사망하였을 때 직접 지은 행장의 일부다. 행장에는 왕후에게 인삼과 부자를 처방한 증빙이 있다. 그렇다면 영조가 자신의 아내, 그것도 정식 왕후를 죽이려고 그런 약재를 처방하였다는 말인가? 게다가 이때는 누구도 처방에 반대하지 않았으니 더욱 이상할 수밖에 없다.

약방에서 입진하고 여러 의원들이 임금에게 어제 게장을 진어하고 이어서 생감을 진어한 것은 의가에서 매우 꺼려하는 것이라 하여, 두시탕豆豉湯 및 곽향정기산藿香正氣散을 진어하도록 청하였다.

— 〈경종실록〉 4년(1724, 갑진년) 8월 21일

그러나 이 기록에서는 경종이 먹었던 게장과 생감에 대해 '의가에서 매우 꺼려하는 것' 이라며 의심을 품고 있다. 그리하여 해독제 성격의 처방을 한 기록으로 보이는데, 그렇다면 '어제 그것을 경종에게 바친 사람' 이 바로 범인일 것이다.

> 밤에 임금이 가슴과 배가 조이듯이 아파서 의관을 불러 입진하도록 하고, 약방제조藥房提調가 합문閤門 밖에 나아가 문안을 하였다.
>
> —〈경종실록〉 4년(1724, 갑진년) 8월 20일

하지만 아무리 보아도 어제 게장과 생감을 가지고 왔다는 사람이 영조라는 내용은 나타나지 않는다. 대체 무엇 때문에 영조가 그런 음식을 가져다 먹게 한 것으로 확신하는 것일까?

그러나 경종과 영조는 사사로이 음식을 가지고 와서 나눠 먹을 정도로 친숙한 사이가 되지 못했다. 친숙하기는커녕 정적政敵에 가까운 사이였다. 숙종의 후궁 소생이라는 공통점이 있지만, 경종은 그 유명한 장희빈의 아들이었고, 영조는 숙빈 최씨의 소생이었다. 장희빈은 인현왕후를 밀어내고 중전이 되기 이전부터 숙빈 최씨와 숙종의 사랑을 얻기 위해 치열하게 경쟁했다.

한 남자, 그것도 조선에서 가장 높은 남자를 두고 경쟁했던 장희빈과 숙빈 최씨의 사이가 좋을 리 만무했다. 특히 질투가 심하고 잔혹한 성격으로 알려졌던 장희빈이 숙빈 최씨를 어떻게 대했을 것인지는 길게 생각할 필요도 없을 것 같다. 일설에 의하면, 장희빈이 숙빈 최씨를 독살하려고까지 하였다는데, 그만큼 두 여인이 극단적으로 대립하는 상황이었다. 게다

가 숙빈 최씨는 무수리 출신이라는 의혹을 받을 정도로 출신이 미천하다는 핸디캡이 있었다. 숙종의 전폭적인 사랑을 기반으로 중전이 된 장희빈이 압도적으로 우세했지만, 숙빈 최씨는 폐비당한 인현왕후를 방패 삼아 버텼다.

숙종이 장희빈을 내쫓고 다시 인현왕후를 복권시키게 된 데는 숙빈 최씨의 역할이 적지 않았다고 한다. 숙빈 최씨가 자신을 찾은 숙종에게 인현왕후가 현숙하고 어질다는 것을 말하게 된 것이 하나의 계기가 되었다는 것이다. 그것은 숙빈 최씨가 인현왕후를 따르고 위했다기보다는 장희빈을 견제하기 위한 의도였다. 속종을 등에 업은 장희빈의 파워는 상대하기 버거웠다. 정면으로 맞붙어서는 도저히 이길 가망이 없다는 것을 절감한 숙빈 최씨는 우회적인 반격을 시도하게 된다. 이때 숙빈 최씨가 인현왕후를 끌어들이려고 시도했다. 기본적으로 명분이 서는데다, 인현왕후가 다시 돌아오면 은혜를 잊지 않고 크게 우대할 것이 분명하지 않겠는가. 게다가 인현왕후가 자식을 낳기 어려운 만큼 숙빈 최씨의 생각대로 된다면 내명부에서 가장 확고한 위치를 점유할 수 있게 된다. 천한 출신으로 왕비가 된다는 허황된 꿈을 좇기보다는 현실에 입각하겠다는 숙빈 최씨의 판단은 정확했다.

숙종 20년(1694년), 마침내 장희빈이 몰락했다. 중전에 오른 지 5년 만의 일이었다. 장희빈을 폐출시킨 후 숙종은 인현왕후를 다시 불렀는데, 그 해에 숙빈 최씨가 왕자를 낳았으니 경사도 그런 경사가 없었다. 비록 숙종이 장희빈의 아들(경종)을 세자로 책봉하기는 하였으나 장희빈에게 사약을 내린 이상 상황은 얼마든지 바뀔 수 있었다. 그렇게 접근하면 인현왕후와 장희빈의 대결구도가 아니라 숙빈 최씨와 장희빈의 승부라고 보는 것이 타당할 것 같다.

다음에 논할 것은 당시의 정치구도다. 기본구도는 인조반정仁祖反正으로 북인北人을 격파한 서인西人들과 비교적 소수세력인 남인南人과 대립하는 형태였다. 서인과 남인은 1, 2차 예송禮訟을 통해 승부를 겨루었다. 1차 예송에서는 서인이 승리를 거두지만, 2차에서는 송시열을 비롯한 실세들이 실각하고 유배를 가는 등 남인에게 호되게 당했다. 임진왜란 이후 처음으로 남인이 주도권을 장악하였지만, 숙종의 대에 들어서서 다시 뒤통수를 맞게 된다.

2차 예송논쟁에서 승리한 남인이 정권을 내주게 된 경신환국庚申換局이 벌어진 것은 숙종 6년인 1680년의 3월이었다. 이때 남인의 영수인 영의정 허적許積이 가문에 경사가 있는 관계로 자택에서 큰 잔치를 벌이게 되었다. 영의정 댁의 잔치라서 비중 있는 정치인들이 참석해야 했는데, 허적이 이번 기회에 서인들의 씨를 말리기 위하여 무사들을 매복시켰다는 무서운 소문이 퍼졌다. 공포에 질린 서인들은 대부분 잔치에 참석하지 않았는데, 그것을 알게 된 숙종의 심기가 편할 리가 만무했다. 게다가 마침 그날 비가 왔는데, 허적이 궁중에서 쓰는 용봉차일(龍鳳遮日, 기름을 칠하여 물이 새지 않도록 만든 천막)을 허락도 받지 않고 가져가기까지 하였다. 궁중의 물자를 허락도 받지 않고 가져간 것은 그만큼 남인의 위세가 대단했다는 증거였다. 이에 숙종이 크게 노하여 남인을 주요 직책에서 축출하고 서인을 등용하게 되었다.

엎친 데 덮친 격으로 다음 달에는 허적의 아들 허견許堅이 연루된 역모가 적발되었다. 허견은 서자였으나 부친을 믿고 민폐가 컸던 데다, 허적이 잔치를 벌이려고 했을 때 직접 무사를 매복시켰다는 소문이 돌 정도로 과격한 자였다. 그 허견과 16대 왕인 인조의 손자이며 숙종의 당숙들인 복창군福昌君, 복선군福善君, 복평군福平君의 삼형제가 결탁하여 역모를 꾀했다는 것이었다. 이 사건은 남인에게 결정타가 되었다. 허견과 복창군 등은 죽임을 당했으며, 허적 등을 위시한 남인의 핵심도 사사되기에 이르렀다. 그런 일련의 사건들이 서인들에게 반대급부가 되었을 것은 주지의 사실인데, 서인 측이 사건을 꾸몄을 개연성도 충분하다 할 것이다.

전세를 뒤집은 서인은 다시 노론老論과 소론少論으로 분열했다. 분파의 이유는 서인이 남인에게 승리한 다음 그들을 어떻게 처분하느냐를 두고 갈등한 것에 있다. 언뜻 보기에는 선조宣祖 시절에 동인東人이 서인에게 어떻게 보복하느냐를 놓고 남인과 북인으로 갈라진 것과 흡사한데, 내막은 약간 다르다.

서인의 주축 가운데 김익훈金益勳이라는 자가 있었다. 김익훈은 정치적인 술수에 능하여 남인들을 몰락시킨 주역 가운데 하나였다. 그 공으로 공신의 반열에 들게 되었으니 서인들 가운데서도 비중이 커지는 것은 당연한 일이었다. 김익훈이 요직에 오르고 다른 서인들과 힘을 합쳐 남인들에게 보복을 하는 것 역시 그리 이상할 것이 없었다.

그런데 전혀 뜻밖의 일이 발생했다. 서인의 소장파인 한태동韓泰東이

중심이 되어 김익훈을 탄핵한 것이었다. 그들이 같은 서인으로서 공이 큰 김익훈을 탄핵한 이유는 대의적인 판단에 기초한 것이다. 그들은 계속 악순환 되는 당쟁의 연결고리를 끊고 모든 당파가 고루 등용되는 정치를 원했다. 그러기 위해서는 모함과 고변으로 반대파에게 치명타를 가하고 복수를 계속하여 원한을 양산하는 김익훈 같은 자가 있어서는 안 된다는 것이 주장의 골자였다. 나중에 영조가 추진했던 탕평책蕩平策의 초안으로 평가될 혁신적인 개념이라고도 할 수 있겠는데, 그것이 제기되기 이전부터 서인은 분열하고 있었다.

소장파의 주장은 송시열 등의 주류세력이 보기에는 세상물정을 알지 못하는 풋내기들의 이상론에 지나지 않을 뿐이었다. 부모를 죽인 원수보다 더욱 증오스러운 남인을 확실하게 밟아주는 김익훈을 제거하라는 주장은 스스로의 팔다리를 자르라는 소리나 진배가 없었다. 게다가 그들은 기본 이념과 국제적인 감각도 달랐다. 노장파들이 아직도 명나라를 종주국으로 모시는 반면, 소장파들은 청나라를 인정하고 적응하는 것이 타당하다는 현실적 논리를 폈다. 송시열과 제자 윤증尹拯이 갈등하여 마침내 절연하기에 이른 것도 분파의 원인으로 작용했다. 그런 갈등이 봉합하기 어려운 틈이 되고, 거기에 새로운 개념의 정치구도를 표방한 쐐기가 박히자 100년 넘게 이어졌던 서인의 역사가 마침내 노론과 소론으로 갈라지기에 이른 것이다.

당파와 단세포동물이 동일한 점은 자신밖에 모른다는 것과 계속 분열한다는 점이 아니던가. 정치권에 큰 파장을 부른 소론의 주장은 분열하기 위한 명분을 가지려는 것에 지나지 않았다.

한편 남인들의 반격도 만만치 않았다. 경신환국으로 크게 패했던 남인이 9년 만에 역습의 기회를 잡았다. 숙종 14년(1689년)에 벌어진 사건을 기사환국己巳換局이라고 하는데, 사건의 전면에 장희빈이 있었다. 장희빈이 낳은 왕자를 숙종이 불과 석 달도 지나지 않아 원자로 삼으려 한 것이 표면적인 이유였다. 원자는 세자로 책봉되기 직전의 단계였기 때문에 이후의 구도에 결정적인 영향을 끼치는 이슈였다. 이때 송시열을 위시한 노론이 맹렬히 반대했다. 아직 인현왕후가 젊어 생산을 기대할 수 있는데도 장희빈이 낳은 왕자를 원자로 봉한 것은 반발을 부르기에 충분했다. 그러자 크게 분노한 숙종이 송시열을 유배했다가 사사하는 등 노론이 크게 다치게 되었다. 기사환국의 결과 이번에는 남인이 다시 득세하게 되었다.

당시에 이런 일도 있었다.

> 임금이 사헌부금리司憲府禁吏와 조례皂隸를 체포하여 내수사內需司의 감옥에 내려 장살杖殺하라고 명하였다. 이때에 장소의가 왕자를 낳자 그 어머니가 입궐하여 산모를 구호하였는데, 참람하게 옥교屋轎를 탄 일이 있었으므로, 지평持平 이익수李益壽가 금리禁吏를 보내어 그 종을 잡아다가 죄를 다스리고 상소하였다.
>
> "신이 듣건대 '장소의 모친이 8인이 메는 옥교를 타고 궐중闕中에 왕래한다' 고 합니다. 장소의의 어미는 미천한 천인일 뿐인데, 어찌 감히 옥교를 타고 대궐에 드나들기를 이와 같이 무엄하게 할 수가 있습니까? 옛날 선조 초년初年에 유모가 옥교를 타고 입궐하니, 선조께서 매우 준엄하게 꾸

짖으시며 즉시 명하여 내쳐 물리치고는 걸어서 돌아가게 하였으니, 화란의 조짐을 막는 뜻이 이 또한 지극했던 것입니다. 대저 명분이 혹 문란하게 되면 법도에 지나친 습관이 불어나고, 궁위宮闈가 엄중하지 않으면 외인의 출입을 막는 법도가 해이해질 것입니다. 전하께서는 지금부터 마땅히 액정掖庭을 경칙警勅하여 등급의 한계를 정돈하고 안과 밖을 엄숙 화목하게 하여 위와 아래의 구분이 확실해지게 하소서."

—〈숙종실록〉 14년(1688, 무진년) 11월 12일

장희빈은 소의(昭儀, 내명부의 정2품) 시절에 경종을 낳았는데, 어미인 윤씨가 몸조리를 도우러 입궐했다가 사헌부 관리들에게 가마를 빼앗기고 불태워지는 봉변을 당했다. 사헌부에서는 윤씨가 천한 출신으로 감히 사대부의 부인이 탈 수 있는 가마를 타고 왔기 때문에 법에 따라 징치했다고 보고했다. 법대로 한다면 사헌부가 맞겠지만, 상대방은 왕의 아들을 낳은 장희빈의 어머니다. 설마 그들이 윤씨가 누구며 무엇 때문에 입궐했는지 모를 리가 만무하다. 현재 왕의 장모에다 미래에 즉위할 왕의 외조모를 그런 식으로 대했다는 것은 보통 사건이 아니었다. 사헌부는 왜 그렇게 과격한 행동을 하였을까?

잠시 장희빈의 신분과 정치적인 입지를 살펴보자. 기록에 나타난 대로 장희빈은 천출賤出이며 정치적으로는 남인으로 분류될 수 있다. 장희빈의 모친 윤씨는 본래 비천한 계집종이었다. 운 좋게 중인中人인 인동 장씨 집안으로 첩살이를 하게 되었는데, 그때 태어난 딸이 바로 장희빈이다. 본

명이 장옥정인 장희빈은 모친이 종이면 아비가 누구든 간에 종으로 처리하고 어미의 주인에게 소속되는 종모법從母法을 적용받아 종의 신분을 가질 수밖에 없었다. 그런 신분으로 궁녀가 되고 마침내 중전까지 될 수 있었던 것은 부유했던 집안 덕택이었다. 장희빈의 집안은 직접적인 정치력을 보유할 수는 없었지만, 초기 형태의 자본이 형성되는 당시의 시류에 영합하여 상당한 재산을 가졌던 것으로 알려져 있다. 예나 지금이나 정치와 돈은 밀접한 관계가 있기 마련인데, 장희빈의 집안은 남인들과 친하였기 때문에 그쪽으로 분류될 수 있는 것이다.

각설하고, 이때 장희빈의 모친을 욕보였던 사헌부의 관리들은 서인들이었다. 천한 종 주제에 고관의 부인들이나 탈 수 있는 가마를 타고 다니는 윤씨가 못마땅하기도 했겠지만, 남인들과 가까운 장희빈의 모친이라는 것에 더욱 분노했을 것이었다. 사헌부의 관리들이 윤씨의 가마를 부수고 불태운 것은 남인들을 끼고 도는 숙종에 대한 도전이었다.

이때 숙종은 담당 관리들을 엄벌하여 죽이는 것으로 응수했다. 숙종이 과격한 처벌을 내린 것은 장희빈을 사랑한다는 저급한 증표가 아니라 정면으로 도전하는 서인들을 응징한 것으로 보아야 타당할 것이다. 급기야 서인의 영수 송시열이 목숨까지 잃게 되는 기사환국은 인현왕후의 폐비로까지 연장되었다. 이때도 노론이 반대했다가 호되게 당하였는데, 그 원인도 정치적인 것에 있었다.

인현왕후의 부친 민유중閔維重은 노론의 인물이어서 서인과 남인은 인현왕후와 장희빈을 앞세워 대리전쟁을 치르고 있는 형국이었다. 숙종이 장희빈 소생의 왕자를 원자로 책봉했을 때 송시열이 결사반대했던 데는 그럴만한 이유가 있는 것이다. 노론을 내친 숙종이 마침내 인현왕후를 폐하고 장희빈을 중전으로 맞아들이고 말았으니, 바야흐로 남인의 세상이 도래하게 되었다.

이후 숙종의 마음이 변하여 장희빈을 폐한 다음 다시 인현왕후를 맞아들이게 되는 것은 주지의 사실이다. 이때 남인이 몰락하고 인현왕후의 복위를 주장한 소론이 약진하게 되었는데, 노론은 장희빈을 사사하려는 숙종의 뜻에 동조하였다. 이미 장희빈의 아들이 원자로 봉해진 이상 언젠가 즉위하게 될 것이다. 그때까지 장희빈이 살아 있다고 가정하면, 그녀가 아들을 충동질하는 날에는 피바다가 범람할 것은 명약관화明若觀火였다. 후환을 막기 위해서는 반드시 장희빈을 죽여야만 했다.

그러나 소론은 동의하지 않았다. 그들은 세자의 장래를 보아서는 도저히 있을 수 없는 일이라고 반대했다. 소론이 장희빈을 옹호한 것은 반드시 세자를 위했다기보다는 노론의 독주에 대한 반작용이었을 것이다. 그러나 이미 노론과 손잡겠다는 숙종의 의사가 분명했기 때문에 장희빈은 사약을 들이키게 되었다. 장희빈을 죽인 다음 순서도 이미 정해져 있었다. 장희빈의 아들이 왕이 되면 어머니를 죽인 자들을 그냥 두려 하지 않을 것이다. 이는 낮이 가면 밤이 온다는 것만큼이나 자명한 이치였다. 그것은 이미 연산군燕山君이 넘치도록 입증한 바 있지 않은가. 숙종도 그것을 우려하여 일련의 조치를 취하기에 이르렀다.

숙종은 이번에도 노론을 선택했다. 이른바 정유독대丁酉獨對라고 하여 노론의 영수이자 좌의정이던 이이명李頤命과 독대하였다. 그 자리에서 숙종이 안질眼疾이 있다는 등 몸이 불편하다는 것을 이유로 하여 대리청정代理聽政의 의사를 표명했다. 그렇다면 당연히 세자인 경종이 대리청정을 해야 함에도 불구하고 숙종은 영조에게 맡길 뜻을 비쳤다. 그것은 경종을 제거하고 영조를 세자로 삼겠다는 것이나 진배없었다. 원자인 경종이 병약하여 후사를 잇지 못하고 제대로 치세하지 못할 것이니 건강하고 똑똑한 영조에게 대리하겠다는 숙종의 뜻에 노론은 펄쩍 뛸 듯이 환영했다. 경종이 즉위하여 억울하게 죽은 모친의 복수를 하겠다고 나서는 악몽을 합법적으로 원천봉쇄할 수 있는 길이 열렸으니 어찌 기쁘지 않겠는가.

노론으로서는 불감청고소원不敢請固所願이었겠지만, 소론은 당연히 아니었다. 정유독대는 노론과 소론이 확실하게 대립하는 동시에 소론과 경종이 완전히 의견을 같이하는 결정적 계기로 작용했다. 소론이 어찌 세자를 바꿀 수 있느냐고 맹렬히 반대하는 와중에 숙종은 후속조치를 완결하지 못하고 죽었다.

숙종이 죽었을 때 특별한 고명顧命이 없었기 때문에 일단 경종이 즉위할 수 있었다. 그러나 그때부터 왕으로서 상상조차 하기 어려운 모독을 감내해야만 했다.

김창집이 말하기를,

"성상께서 춘추春秋가 한창 젊으신 데도 아직껏 저사(儲嗣, 후계자)가 없으시니, 신은 부끄럽게도 대신으로 있으면서 주야로 걱정이 됩니다. 다만 사체事體가 지중至重하기 때문에 감히 앙청仰請하지 못하였습니다. 지금 대신의 말이 지당하니 누가 감히 이의가 있겠습니까?"

하니, 조태채가 말하였다.

"송宋나라 인종仁宗이 두 황자를 잃으니 춘추는 비록 늦지 않았지만 간신 범진范鎭이 건저(建儲, 세자를 세움)를 소청疏請하고 대신 문언박文彦博 등이 힘써 찬성하여 대책을 정한 바 있습니다. 이제 대신의 말이 이미 나왔으니 오래 끌 수는 없습니다. 청컨대 빨리 처분을 내리소서."

(중략)

"벌써 자성慈聖께 품계稟啓하셨습니까?"

하니, 임금은 그렇다고 대답하였다. 이건명이 말하기를,

"꼭 자전慈殿의 수찰手札이 있어야만 거행할 수 있습니다."

하자, 임금이 책상 위를 가리키면서 이르기를,

"봉서封書는 여기 있다."

하니, 김창집이 받아서 뜯었다. 피봉 안에는 종이 두 장이 들었는데, 한 장에는 해서楷書로 '연잉군'이란 세 글자가 쓰여 있었고, 한 장은 언문교서였는데 이에 이르기를,

"효종대왕孝宗大王의 혈맥과 선대왕先大王의 골육骨肉으로는 다만 주상과 연잉군뿐이니, 어찌 딴 뜻이 있겠소? 나의 뜻은 이러하니 대신들에게 하교하심이 옳을 것이오."

하였다. 여러 신하들이 모두 읽어 보고는 울었다.

— 〈경종실록〉 **1년**(1721, 신축년) **8월 20일**

노론은 우선 영조를 왕세제로 책봉할 것을 요구했다. '자전의 수찰이 있어야 거행할 수 있다'는 것은, 아직 생존해 있는 선왕 숙종의 두 번째 계비 인원왕후 김씨가 가장 서열이 높으니 그의 허락이 있어야 한다는 뜻이다. 노론의 주청이 있자마자 인원왕후가 허락한 봉서가 공개되었으니, 그저 요식행위에 지나지 않았다. 영조의 왕세제 책봉은 예정된 수순을 순조롭게 밟아나갔다. 노론으로서는 정유독대의 명분을 주장하였을 테지만 아무리 숙종의 뜻이었다고 해도 지금의 군왕을 어찌 이렇게 대할 수 있다는 말인가? 하지만 노론의 폭압은 그것으로 그치지 않았다.

> 주청정사奏請正使 이건명李健命과 부사副使 윤양래尹陽來가 청대請對하니, 임금이 인견引見하였다. 이건명이 말하기를,
> "사신의 행차에서 청한바, '7만 냥의 은銀을 얻어 2만 냥을 한도로 뇌물로 취해 쓰는 것'은 이미 품지稟旨하였습니다. 그러나 나첨羅瞻이 뇌물을 요구하는 것에는 반드시 만족함이 없을 것이니, 일이 혹시 순조롭지 않을 경우 청컨대 2만 냥 외에 형세를 보아 가며 더 쓰도록 하소서."
> 하니, 임금이 허락하였다. 이건명이 또 날이 춥다 하여 정시庭試 시험의 기일을 명년 봄으로 물릴 것을 청하니, 그대로 따랐다.
>
> —〈경종실록〉 **1년**(1721, 신축년) **10월 25일**

이는 영조를 왕세제로 책봉해달라고 주청사奏請使를 보낼 때의 일이다. 그때는 청나라를 종주국으로 섬기고 있어서, 청의 승낙도 필요했다. 문제는 왕세자의 책봉 요청이 아니라는 것이었다. 왕세제의 책봉은 종주국이

청나라로 바뀐 다음 처음 있는 일이었다. 실록에 나타난 뇌물은 청나라가 외교적 관례에 맞지 않는 것을 트집 잡아 몽니를 부리지 않게 하기 위한 수단이었다. 그런데 뇌물이 모자랄까 저어되어 경종에게 추가로 더 지출할 것을 요구하고 있는 것이다. 그것을 허락해야 하는 경종의 심정이 어떠하였을 것인가. 게다가 왕세제의 책봉을 의아하게 생각하는 청나라에게 그럴 듯한 이유를 대지 않고 '자식을 가지지 못하는 불구자이기 때문' 이라는 원색적인 대답을 하였다고 하니 경종의 체면이 어떻게 되었겠는가. 그런 식으로 대놓고 압박하는 노론의 행태는 칼만 들지 않았지 반정反正이나 다를 바가 없었다.

노론은 그것으로 그치지 않았다.

집의(執義, 사헌부의 종 3품관) 조성복趙聖復이 상소하기를,

"오늘날 동궁(왕세제 연잉군)은 장성한 나이가 전하의 당년보다 갑절이 될 뿐만 아니니, 서정庶政을 밝게 익히는 것이 더욱 마땅히 힘써야 할 급한 일이 아니겠습니까? 전하께서 신료를 인접引接하실 즈음이나 정령政令을 재결하는 사이에 언제나 세제를 불러 곁에 모시고 참여해 듣게 하고, 가부可否를 상확商確하며 일에 따라 가르쳐 익히게 한다면, 반드시 서무庶務에 밝고 익숙하여 나라 일에 도움 되는 바가 있을 것입니다. 엎드려 원하건대 전하께서는 성의聖意를 깊이 두시고 우러러 자지慈旨를 품稟하여 진퇴進退하소서."

하니, 답하기를,

"진달한 바가 좋으니 유의留意하지 않을 수 있겠는가?"

하였다. 초혼初昏에 곧 비망기備忘記를 내리기를,

"내가 이상한 병이 있어 십여 년 이래로 조금도 회복될 기약이 없으니, 곧 선조先朝의 진념軫念하시는 바였고, 만기萬機를 수응酬應하기가 진실로 어렵다. 지난 정유년(1717, 숙종 43년)에 청정聽政의 명이 있었던 것은 조용히 조섭調攝하시는 중에 그 조섭의 편리함을 위한 것이었기 때문에, 내 몸에 이르러서는 다른 것을 돌아볼 겨를이 없었다. 그러나 등극하고 나서부터는 밤낮 근심하고 두려워하여 요즘은 증세가 더욱 침고沈痼해지고, 수응酬應이 또한 어려워서 정사가 정체됨이 많다. 이제 세제는 젊고 영명하므로, 만약 청정하게 하면 나라 일을 의탁할 수 있고, 내가 마음을 편히 하여 조양調養할 수가 있을 것이니, 크고 작은 국사를 모두 세제로 하여금 재단裁斷하게 하라."

하였다.

—〈경종실록〉 1년(1721, 신축년) 10월 10일

노론이 조성복을 앞세워 영조를 정사에 참여시키는 것이 옳다고 주청한 것은 있을 수 없는 폭거였다. 왕이 세자를 교육시키기 위해 정사에 참여시키는 것은 당연한 것이겠으나, 영조는 왕세제가 아닌가? 그것은 이제 그만 영조에게 맡기고 물러나라는 요구나 진배없었다. '가부를 상확한다'는 것은 서로 의논하여 결정한다는 것이지만, 가부 간에 결단을 하라는 의미로 해석할 수도 있다. 또한 동궁의 나이를 언급한 것도, 당시 스물여덟인 연잉군이 왕으로서 충분한 나이가 아니냐는 뜻이나 다름없다. 왕이 환후가 있어 세자에게 대리청정을 맡기려고 해도 안 된다고 만류해야 할 자들이 그만 물러날 것을 요구하는 것이 말이나 되는가?

영조의 참정은 경종의 고사枯死와 같은 의미였다. 명목상이나마 가지고 있던 결재권과 왕으로서의 상징성마저 빼앗긴 경종은 알아서 물러나야만 할 것이었다. 이미 정유독대로 인해 숙종에게 버림받은 주제에 감히 즉위한 대가는 최대한 비참하게 치러져야 마땅했다. 노론은 그렇게 생각하고 행동했을 터였다. 그런 말도 안 되는 압박과 수모를 감수해야 하는 경종의 심정은 이루 말할 수 없이 참담했을 것이다.

이미 영조를 왕세제로 책봉하였음에도 참정까지 요구하는 무리수를 두게 된 것은 보복에 대한 두려움 때문이었다. 경종의 모친인 장희빈을 죽이고 정유독대로 경종마저 거세하겠다는 의도를 분명히 한 상황에서, 숙종이 죽게 되자 경종의 즉위를 막지 못했다. 비록 경종이 병약하고 소론도 힘을 쓰지 못하는 상황이었지만 사태를 본질적으로 해결하지 못한 이상 항상 불안할 수밖에 없었다. 노론이 너무하다 싶을 정도로 경종을 몰아세운 것은 그만큼 불안했다는 반증이다. 노론이 이번 기회에 확실하게 못을 박아 불안요소를 제거하려 막무가내로 압박하자 경종은 올 것이 왔다고 체념했다. 실제로 경종은 노론의 주청을 받아들이려는 제스처를 취했다. 이제 노론은 조선 최초로 칼을 들지 않는 반정을 통한 정권교체를 눈앞에 두게 되었다.

그런데 소론이 의외로 강력하게 반대했다.

승지承旨 이기익李箕翊, 남도규南道揆, 응교應教 신절申晳, 교리校理 이중협李重協이 즉시 청대請對하니, 임금이 인견引見하였다. 이기익 등이 말하기를,

"선왕께서 임어하신 지 40여 년에 여러 해 동안 편찮으셨고 또 안질이 있었으므로 마침내 대리의 명을 내리셨던 것이니, 진실로 부득이한 데서 나왔던 것입니다. 지금 전하께서는 즉위하신 지 겨우 1년이고 춘추가 한창이며, 또 병환이 없고 기무機務가 정체되지 아니하였는데, 어찌하여 갑자기 이런 하교를 하십니까? 신 등은 비록 죽을지라도 감히 받들지 못하겠습니다. 청컨대 성명成命을 도로 거두소서."

하니, 임금이 수답酬答은 없고 단지 '번거롭게 하지 말라' 고만 하였다. 이기익, 남도규, 신절, 이중협이 다시 나아가서 번갈아 간하기를 그치지 아니하니, 임금이 문득 말하기를,

"번거롭게 하지 말라."

하였다. 이기익 등이 말하기를,

"밤기운이 점점 싸늘해지니 옥체를 손상시킬까 두렵습니다. 신 등은 우선 물러가겠으나, 잠자리에서 다시 깊이 생각을 더하시어 특별히 명령을 도로 거두신다면 인심을 진정시킬 수 있을 것입니다. 지금 대궐문이 이미 닫혔기 때문에 이처럼 고요하지만, 조정이 장차 반드시 함께 일어나서 힘써 다툴 것이니, 이렇게 된다면 온 나라의 인심을 수습할 수 없을 것입니다. 신 등은 비록 물러갈지라도 결코 명을 받들지 못하겠습니다."

하였다. 신절이 이어 말하기를,

"지금 신료가 동궁에게 바라는 것은 단지 효우孝友를 돈독하게 하고 강학講學을 부지런히 하는 데 있을 뿐입니다. 참청과 재단에 이르러서는 오늘

날 마땅히 말할 바가 아닙니다. 정축년의 일은 그때 전하께서 어린 나이로 선왕의 슬하에 계시면서 곁에서 참여해 들으신 것이었으니, 진실로 '일을 만나면 가르친다'는 뜻에서 나온 것입니다. 지금 이 '가부를 상확한다'는 말은 무식하여 그릇되고 망령됨이 심합니다. 청컨대 파직하소서."

하였다. 이중협과 남도규가 잇따라 힘껏 청하니, 임금이 그대로 따랐다.

경종이 물러나면 같은 배를 타고 있던 소론 역시 함께 몰락할 수밖에 없었다. 소론은 필사적으로 영조의 참정을 막았다. 소론은 정유독대를 본질적으로 부정하고, 정면돌파의 각오를 밝혔다. 소론의 결사적인 각오에 힘을 얻은 경종이 의사를 번복하게 되었다. 이후에도 '참정파동'이 반복되었는데, 계속되는 소론의 반격에 뜻을 이루지 못했다. 게다가 노론 내부에서도 너무 도가 지나친 행동이 아니냐는 비판이 제기될 지경이었다. 그에 따라 폭주기관차처럼 거칠 것 없던 노론의 기세가 한풀 꺾였다. 노론의 기세가 꺾이자마자 소론이 반격에 나섰다. 소론은 왕세제의 참정을 요구한 노론의 행위를 역모에 버금가는 불충으로 규정하고 강하게 역공했다. 실제로 노론은 거의 변명의 여지가 없었기 때문에 고스란히 당하고 말았다. 그해 말에 정유독대의 당사자인 이이명을 위시한 노론의 주력인 네 명의 대신이 유배당하고 상당수의 고위직이 숙청당하고 말았다. 신축옥사辛丑獄事로 불리는 이 정치파동은 소론이 정권을 잡는 계기가 되었다.

그 직후 심상치 않은 사건이 터졌다.

왕세제가 밤에 입직한 궁관宮官 김동필金東弼, 권익관權益寬과 익위사翊衛司와 관원을 불러서 인접引接하고 이르기를,

"한두 환관이 작용하여 나를 제거하려 하자, 자성慈聖께서 나로 하여금 대조(大朝, 왕)께 들어가 고하게 하시므로 내가 울면서 대조께 청하였는데, 처음에는 나추拿推하라 명하셨다가 돌아서서 또 도로 거두셨다. 이 일이 발생하지 않았다면 그만이지만, 이미 발생한 뒤에는 임금 곁에 있는 악한 자를 없애지 않을 수 없어서 다시 진달하였더니, 갑자기 감히 듣지 못할 하교를 내리셨다. 내가 장차 합문을 나가 거적을 깔고 죄를 기다리며 사위辭位하려 하므로 강관講官에게 나의 거취를 알리려는 것이다."

하였다.

—〈경종실록〉 1년(1721, 신축년) 12월 22일

놀랍게도 두 명의 환관이 영조를 암살하기 위해 세자궁에 침입한 것이다. 겨우 화를 피한 영조가 인원왕후에게로 달아나 살려달라고 애원했다. 인원왕후는 경종에게 사정할 것을 권하였고, 그에 따라 영조는 경종에게 울면서 목숨을 애걸하게 되었다. 다행히 더 이상 발전하지 않았지만 감히 왕세제를 죽이려 한 사건에 조정이 발칵 뒤집혔다. 대궐 안에서 칼을 들고 왕세제를 암살하려 했다면 대역에 버금가는 위중한 사건이었다. 조사 결과 환관 박상검朴尙儉과 문유도文有道, 궁인 석렬石烈과 필정必貞 등이 범인으로 밝혀졌다.

그런데 경종은 나추를 명했다 거두었다. 즉 범인들을 체포하라고 했다가 취소했다는 뜻이다. 이후 범인들이 체포되었으나, 경종의 뜻을 헤아

린 영의정 조태구趙泰耈와 이조판서 심단沈檀 등은 국문할 필요도 없이 바로 처형할 것을 주장했다. 게다가 범인 가운데 석렬이 집에서 자살한 시체로 발견되고 필정도 감옥에서 자살하였다. 그뿐 아니라 문유도가 국문 도중 고문을 이기지 못하고 죽었으며 박상검도 처형하였다. 조태구와 심단이 소론의 핵심인 것을 감안하면, 그들이 범행을 사주한 다음 실패하자 서둘러 범인들의 입을 막은 것이 분명했다.

전세가 뒤집어지자 이제는 영조의 생명이 위태로웠다. '왕세제 암살 미수사건'은 노론의 궁을 잡으려는 소론의 외통수였다. 비록 실패하기는 하였지만 소론은 영조를 언제든지 제거할 수 있는 사정권 안에 두고 있었다. 목숨에 위협을 느낀 영조가 왕세제를 폐하여 달라고 사정했지만 받아들여지지 않았다. 게다가 이듬해 3월에는 결정타가 터졌다. 노론이 반역을 꾸몄다는 엄청난 사건이 적발된 것이었다. 조선이 발칵 뒤집혔다.

> 목호룡睦虎龍이란 자가 상변上變하여 고하기를,
>
> "역적으로서 성상을 시해하려는 자가 있어 혹은 칼로써 혹은 독약으로 한다고 하며, 또 폐출을 모의한다고 하니, 나라가 생긴 이래 없었던 역적입니다. 청컨대 급히 역적을 토벌하여 종사를 안정시키소서."
>
> 하고, 또 말하기를,
>
> "역적 중에 동궁을 팔아 씻기 어려운 오욕을 끼치려 하는 자가 있습니다. 역적의 정상을 구명해서 누명을 씻어 국본國本을 안정시키소서."
>
> 하였다. 승지 김치룡金致龍 등이 변서變書를 가지고 입대入對하여 왕옥王獄

에 회부하고 대신을 불러서 처리하게 할 것을 청하니, 드디어 내병조內兵曹에 정국을 설치하였는데, 목호룡이 공칭供稱하였다.
"저는 비록 미천하지만 왕실을 보존하는 데 뜻을 두었으므로, 흉적이 종사를 위태롭게 만들려고 모의하는 것을 눈으로 직접 보고는 호랑이 아가리에 미끼를 주어서 비밀을 캐낸 뒤 감히 이처럼 상변上變한 것입니다. 흉적은 정인중鄭麟重, 김용택金龍澤, 이기지李器之, 이희지李喜之, 심상길沈尙邦, 홍의인洪義人, 홍철인洪哲人, 조흡趙洽, 김민택金民澤, 백망白望, 김성행金省行, 오서종吳瑞鍾, 유경유柳慶裕입니다."

최초에 사건을 고변한 자는 목호룡이었다. 그가 지목한 자들은 하나같이 노론이거나 노론과 관련이 되는 자들이었다. 또한 역모의 방법이 잔혹하고 치밀하기 짝이 없었다.

보검寶劍을 가지고 궁장宮墻을 넘어 들어가 죽이려 했다는 대급수大急手, 중국에서 사 온 환약을 약에 타서 먹게 하려 했다는 소급수小急手, 유언비어를 퍼뜨려 경종을 헐뜯고 교조矯詔를 내려 세자에서 폐출하려 했다는 평지수平地手의 세 가지 수법을 삼급수三急手라 했다.

특히 세자 시절부터 경종을 헐뜯고 유언비어를 퍼뜨려 폐출시키려 했다는 평지수는 그만큼 오래 전부터 계획되었다는 것을 입증하는 것이다. 게다가 이이명을 왕으로 추대하려 했다는 등으로까지 확산되었다. 바야흐로 임인옥사壬寅獄事의 피바람이 몰아치게 된 것이다. 결정적인 기회를 잡은 소론은 잔혹하게 칼을 휘둘렀다. 유배 보냈던 노론의 대신 네 명을 다시 압송하여 죽인 것이 시작이었다. 이때 정유독대의 주인공이자 노론의 상징적인 인물인 이이명을 죽임으로써 경종의 한을 풀었다. 그뿐 아니라 주요인물 60여 명을 처형하고 170여 명을 유배하였으니, 무려 1천여 명이 넘게 죽어나간 선조 시대의 기축옥사己丑獄死를 방불케 했다. 소론이 정권을 잡는 계기가 되었던 신축옥사와 결정타를 먹인 임인옥사를 합쳐 신임옥사辛壬獄事 또는 신임사화라고 하였다.

역모를 고변한 목호룡은 공신이 되는 등 크게 출세했지만, 고변 자체가 현실성이 없었다. 그는 본래 남인의 서얼 출신으로서 노론 측에 발을 들였던 자였다. 그런 자가 소론과 한 몸인 경종을 위해 반역을 고변하는 것도 이상하거니와, 소론의 강경파인 김일경金一鏡을 찾았다는 것도 충분히 의심을 살 일이다. 그리고 목호룡이 풍수지리와 둔갑술에 통달했다고 주장하고 동료 가운데 놀라운 술법사가 있다고 말하는 것도 미심쩍기 짝이 없었다. 소론이 대세라고 판단한 목호룡이 김일경과 야합하여 꾸민 것이 분명하지만, 그런 심증으로는 역모를 무혐의로 돌릴 수는 없었다. 중요한 것은 소론이 칼자루를 잡았다는 것이었다.

노론을 결정적으로 격파한 소론이 영조를 그냥 둘 리가 만무했다. 목호룡이 고변한 임인옥사의 수사 결과 영조도 반역에 가담한 것으로 나타났다. 말도 안 되는 조작이었으나 모든 것을 초월한 역모의 수사에서 반역자에게 자신을 변호할 기회를 주는 법은 없다. 반역자에게는 역모에서 자신이 차지한 위치를 고하고 새롭게 생성되는 공모자의 이름을 말하는 것밖에 허용되지 않을 뿐이었다. 역모에 연루된 이상 영조는 당장 끌려가 죽어도 이상할 것이 없었다. 왕세제 자리를 내놓을 테니 제발 살려달라고 애걸하는 것이 영조가 할 수 있는 전부였다. 왕세제라는 신분과 다른 왕자가 없는 것이 감안되었으나, 처형이 잠시 유예된 것에 지나지 않았다.

소론은 양자를 들이려고 획책했다. 정권유지의 가장 큰 걸림돌은 경종이 매우 병약하여 자식이 없는데다 언제 죽을지 모른다는 점이었다. 이대로 나가다가 경종이 죽고 영조가 즉위하는 날에는 다시 전세가 뒤바뀔 것이었다. 그것을 막는 유일한 방법은 양자를 들여 후계구도를 정립하는 것밖에 없었다. 그러기 위해서는 절차가 필요했다. 일단 경종에게 양자를 들여 적통을 잇게 하면 자연스럽게 왕세제를 제거할 수 있는 명분이 성립될 것이었다. 그것은 숙종이 경종을 제거하기 위해 영조에게 대리청정을 맡기려던 것과 흡사한 논리였다.

양자로는 소현세자昭顯世子 계열이 거론되었다. 인조의 장남이자 적통으로서 세자에 책봉되었던 소현세자의 자손이면 영조보다 못할 것이 없었다. 노론이 강할 때는 감히 입도 벙긋할 엄두를 내지 못했지만 이제는 얼마든지 양자를 들일 수 있지 않은가. 양자로 들어와 왕이 된 자가 누구든간에 소론의 뜻대로 움직일 것이 분명했다. 이미 역모의 올가미를 걸어둔 이상 경종이 양자를 들이는 날이 바로 영조의 제삿날이 될 판이었다. 그러나 미처 양자를 들이기도 전에 경종이 죽고 말았으니, 두려움에 떨던 영조가 죽음의 위협에서 벗어나 왕이 될 수 있었던 것이다.

이제 처음으로 돌아가서 영조가 과연 독살을 기획하고 실행하였는지를 검증해 보자. 결론부터 말하자면 영조는 범인일 수 없다. 경종은 게장과 생감을 먹고 나서부터 급환이 발생한 것이 아니었다. 본래부터 병약했던 데다, 그때는 병환이 심각했을 무렵이었다. 그리고 게장과 생감이 상극이라 하였는데, 그것을 바친 사람이 누구라고 나타나 있지 않은 것은 어찌된 것인가. 경종실록을 편찬한 측은 소론이었다. 영조가 정말 상극이 되는 음식을 가지고 왔고 경종이 그것을 먹었다면 당시 정권을 잡았던 소론이 실록에 기록하지 않을 리가 만무하다. 소론이 무엇 때문에 영조를 감싸고 보호한다는 말인가?

그리고 당시 영조는 함부로 대전에 들어갈 수도 없는 신세였다. 경종과 소론이 영조를 배척하여 문안인사도 제대로 드리지 못하던 시절인데 어떻게 상극이 되는 음식을 바칠 수 있을까. 게다가 역모혐의까지 걸려 있던 영조가 그런 음식을 가져다 바친다는 것은 상상하기 어렵다. 백보를 양보하여 영조가 게장과 생감을 가지고 갔더라도, 과연 경종이 해로울 것이 분명할 음식을 먹었을까.

일설에는 경종과 영조의 사이가 좋았던 것으로 나온다. 영조가 그것을 이용하여 해로운 음식을 바쳤다는 것인데, 전혀 상식을 도외시한 주장이 아닐 수 없다. 경종의 어머니인 장희빈의 죽음에는 영조의 모친 숙빈 최씨의 역할이 적지 않은데, 과연 경종과 영조가 사이가 돈독할 수 있었을까. 영조가 즉위한 이후 두고두고 독살설에 시달리게 되는 것은 사실이지만, 스스로 의심받을 짓을 벌였다는 것은 있을 수 없는 일이다.

영조가 의혹을 받을 수 있는 조건을 두루 갖춘 것은 분명하다. 경종이 죽었을 때 가장 큰 이득을 볼 수 있는 사람이 바로 영조가 아닌가. 그러나 그에게 걸린 혐의를 하나씩 제거하다 보면 경종을 살해한 진범은 결국 그를 둘러싼 환경이라고 할 수 있다. 본래부터 병약했던 경종에게 어머니의 죽음으로 인한 심리적인 타격, 즉위한 이후 하루도 거르지 않고 이어진 당쟁 등이 큰 영향을 미쳤을 것이다. 무엇 때문에 상극이라는 게장과 생감을 먹었는지 알 수 없지만, 이전부터 경종의 병환은 매우 심각했다. 게와 생감은 경종의 죽음을 약간 앞당겼을 뿐이지 결정적인 요소는 아니었다. 다만 시점이 워낙 절묘하다 보니 영조가 독살한 것처럼 비쳤을 따름이다.

역사에 만일은 없다지만 가정 하나만 해보자. 만일 경종이 양자를 들인 직후 급사했더라면 어떻게 되었을까? 그럴 경우 영조에게 혐의를 두기는 어려웠을 것이다. 영조가 의혹과 혐의를 받게 된 것은 자릿세의 개념과 유사하다. 그런 시대에 왕이 되었기 때문에 어쩔 수 없이 감내해야 할 것 가운데 하나였다.

왕들의 사인

사인死因이 확실한 전염병이나 사고사를 제외하면, 당시의 죽음은 시름시름 앓다가 죽거나 갑자기 손도 쓰지 못하고 죽는 급살急煞로 구분할 수 있다. 암이나 당뇨, 소화기 계통의 질병, 기타 불치병에 의한 것이 전자이며, 맹장염이나 탈장, 심장마비, 기타 돌연사 같은 것이 후자에 포함된다. 그리고 당시는 몸을 거의 씻지 못하는 환경이어서 지금 같으면 대수롭지 않은 피부질환이 목숨을 위협할 정도로 심각하게 발전되는 경우가 많았다. 이는 왕이라고 해서 예외가 아니었다. 따라서 왕들에 대한 독살설은 신빙성을 부여받기 어렵다. 천수를 누리지 못한 왕들의 사인은 대부분 만성적인 운동부족과 스트레스였다. 특히 본래부터 약했던 데다, 상상하기조차 어려운 스트레스에 노출된 경종은 오래 살기 어려웠을 것이다. 주변에서는 독살로 확신하였지만 정황근거에 지나지 않을 뿐이다.

여염이라면 모르겠으되 대궐에서 왕을 독살한다는 것이 생각처럼 쉬운 일도 아니다. 역모를 꾀했다는 것만으로도 나라가 뒤집어지는 판에 후세에라도 왕을 독살하였다는 것이 밝혀지는 날에는 재기불능의 타격을 받을 것이 분명하지 않은가. 모험을 하기에는 위험부담이 너무 크다. 독살보다는 차라리 명분을 갖추어 반정을 시도하는 것이 훨씬 효율적이다. 그에 비해 독살은 전혀 명분을 제공할 수 없는데다, 오히려 가해 측이 제거당할 완벽한 명분으로 기능할 위험이 크다.

주변의 중국이나 일본에서 그런 사례가 없는 것은 아니지만 조정을 완전히 수중에 넣고 황제와 왕을 마음대로 교체할 수 있을 정도로 강대한 권력을 잡은 외척에 의해 저질러졌다는 공통점이 있다. 그러나 조선은 그렇게 강대한 외척이 없었을 뿐 아니라, 세력이 약하다고 해도 언제나 적대적인 당파가 존재했기 때문에 왕을 독살할 환경이 성립되지 못했다. 심지어는 연산군이나 광해군처럼 반정을 당해 쫓겨난 왕에게조차도 군이 사약을 내리지 않았다는 것을 감안해 보라. 아무리 보아도 경종을 위시한 왕들의 독살 가능성은 아주 희박하다는 결론을 내릴 수 있다.

영조는 즉위한 즉시 김일경과 목호룡을 주살했다. 자신에게 역모의 혐의를 걸어 죽이려 했던 것에 대한 보복이라 할 것인데, 이미 왕세제 시절부터 목숨을 위협당했던 영조의 위기감은 충분히 짐작이 간다. 그것과 즉위 이후 겪었던 반란 사건 등이 나중에 아들 사도세자思悼世子를 죽이는 비극과 그리 무관하지 않을 것 같다. 또한 영조의 손자인 정조正祖의 죽음에 독살설이 제기되는 것도 아이러니하다.

드레퓌스 사건

1894년 9월 프랑스 군부는 중요한 군사 기밀이 독일 대사관을 통해 빠져나가고 있음을 탐지했다. 단서는 정보 유출에 사용된 문건에서 발견된 암호명 'D' 였다. 이에 따라 참모부에 근무하던 유태계 장교 알프레드 드레퓌스 대위를 간첩으로 지목하게 되었다. 이니셜 외에 다른 증거가 발견되지 않았지만 드레퓌스 대위는 간첩으로 몰려 종신형이 확정되었다. 나중에 진짜 간첩이 발견되었는데도 불명예제대와 종신형은 풀리지 않았다. 그가 결백하다는 증거를 확보하고 결백을 주장하던 다른 장교마저 한직으로 내쳐졌다. 상식적으로 생각해도 드레퓌스가 정말 간첩이었다면 곧 의심받을 수 있는 자신의 이니셜을 암호명으로 쓸 리가 만무하지 않겠는가.

그런 상식 이하의 사건이 벌어지게 된 것은 드레퓌스 대위가 당시 사회적으로 반감이 컸던 유태계라는 것에 기인했다. 독일과의 전쟁에서 패배한 정권이 국민의 분노를 돌리기 위한 희생양을 찾게 되었는데, 사회적으로 지탄받던 유태계인 드레퓌스 대위가 안성맞춤이었던 것이다. 그가 정보에 접근할 수 있는 참모부에 근무했다는 것은 혐의를 입증하는 확증으로 기능했다. 국가권력에 맞서 자신의 무죄를 입증하기에는 드레퓌스 대위 개인은 너무나 무력했다.

정권은 끝까지 은폐하려 했지만, 유명작가 에밀 졸라가 〈나는 고발한다〉라는 글을 발표하여 문제를 제기하자 세상에 알려지게 되었다. 그것이 우파와 좌파의 대결로 번지고 일대 논란을 불렀다. 여러 차례의 반론과 갑론을박 끝에 1906년 실시한 군사재판에서 마침내 드레퓌스 대위는 무죄 판결을 받게 되었다. 만일 사회적으로 이슈가 제기되지 않았다면 드레퓌스 대위는 억울하게도 간첩으로 죽어갔을 것이다.

시대와 입장이 다른 드레퓌스 사건과 영조가 독살범으로 몰린 사건을 수

평대입하기는 어렵다. 그러나 특정한 혐의에 불순한 의도가 배합되면 억울한 사람을 우습게 진범으로 만들 수 있다는 공통점이 발견된다. 그나마 드레퓌스 대위는 결백이 입증되었지만, 영조에게 걸린 혐의는 아직까지도 견고하기만 하다. 그 혐의를 풀어주거나 진실에 접근할 생각은 하지 않고 오히려 진범으로 몰아가려는 지금의 세태와 드레퓌스 대위를 희생양으로 삼으려던 당시의 프랑스가 무엇이 다르겠는가.

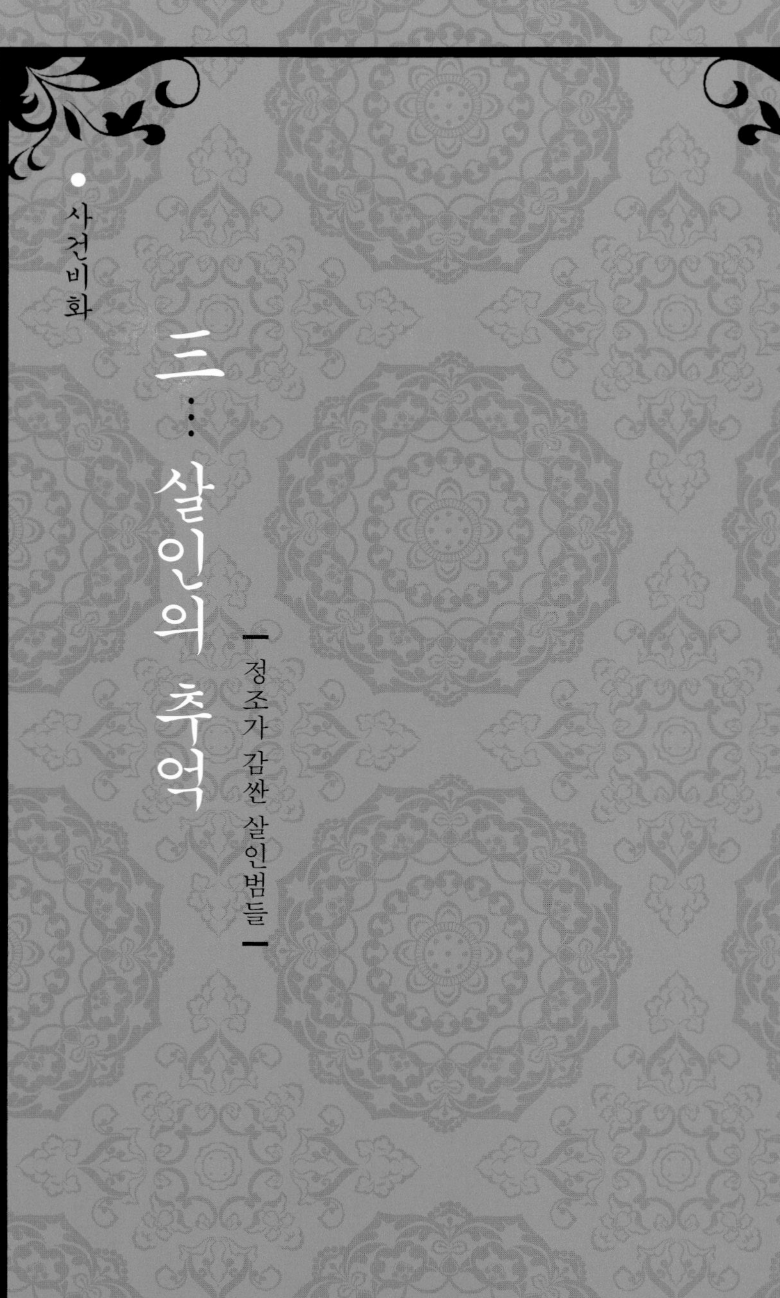

사건비화

三 … 살인의 추억

— 정조가 감싼 살인범들 —

모든 시대를 막론하고 가장 큰 범죄는 살인이며 형량 역시 사형이었다. 조선 시대에도 적지 않은 살인사건이 발생하였는데, 일단 사형에 해당되는 사안은 반드시 왕의 최종 심사를 거치도록 규정하고 있었다. 하지만 왕이 심사한다고 해도 검시檢屍를 포함하여 공초와 자백의 기록 등을 살펴 원심의 과정이 무리가 없으면 구형을 확정하기 십상이었다. 그런데 원심을 파기하여 무죄를 선고하는 것에 그치지 않고 사형수를 크게 칭찬한데다 별도의 기록을 남겨 후세에 전하도록 한 사례가 있다.

정조正祖 시대에 규장각검서관奎章閣檢書官을 지냈던 이덕무李德懋는 시문집《청장관전서靑莊館全書》를 편찬했다. 개인의 문집이지만 여러 분야를 다루어 71권 32책이나 되는 방대한 분량이다. 그 가운데《아정유고雅亭遺稿》에 포함된 〈은애전銀愛傳〉은 사형수들을 크게 칭찬하고 방면한 기록이다. 그 중 정조가 특별히 방면하고 오히려 큰 특혜까지 베푼 사형수는 김은애金銀愛와 신여척申汝倜이다. 그들이 살인을 저지르고도 죽음에서 벗어나 삶이 반전된 과정을 지켜보도록 하자.

먼저 시대가 약간 앞서는 신여척 사건부터 살펴보자.

장흥長興 사람 신여척이 이웃집 형제가 서로 싸우는 것을 보고 참다못해 발로 차서 죽게 하였다. 이에 형조가 심문하여 법에 넘길 것을 청하였다. 판부하기를,

"항간에 이런 말이 있다. 종로거리 연초 가게에서 짤막한 야사를 듣다가 영웅이 뜻을 이루지 못한 대목에 이르러 눈을 부릅뜨고 입에 거품을 물면서 풀 베던 낫을 들고 앞에 달려들어 책 읽는 사람을 쳐 그 자리에서 죽게 하였다고 한다. 이따금 이처럼 맹랑한 죽음도 있으니 참으로 가소로운 일이다. 주도퇴(朱桃椎, 당나라 때의 은사隱士)와 양각애(羊角哀, 춘추 시대 초나라의 열사) 같은 자들이 고금을 통하여 몇 사람이나 되겠는가. 여척은 바로 주도퇴와 양각애 같은 무리이다. 형제끼리 싸우는 옆집 놈들을 목격하고 불덩이 같은 의분이 끓어올라 지난날 은혜를 입은 일도 없고 오늘날 원한이 있는 것도 아니건만 별안간 벌컥 화가 나는 김에 싸우는 와중에 뛰어들어 상투꼭지를 거머쥐고 발로 차면서 이르기를 '동기간에 싸우는 것은 윤리의 변괴이다. 너의 집을 헐고 우리 마을에서 쫓아내겠다' 고 하였다. 곁에서 보던 사람이 '네가 무슨 상관이냐' 고 책망하자, 그는 곧 말하기를 '나는 옳은 말로 말리는데 그가 도리어 성냈고 그가 발로 차기에 나도 발로 찼다' 고 하였다. 아, 신여척은 죽음도 두려워하지 않았다. 법을 맡은 관리도 아니건만 우애 없는 자의 죄를 다스렸다는 것이 신여척을 두고 이른 말이 아니겠는가. 수많은 사형수를 처리하였으나 그중 기개가 있고 녹록하지 않은 자를 신여척에게서 보았다. 신여척이란 이름이 과연 헛되이 얻은 것이 아니다. 신여척을 방면하라."

하였다.

—〈**정조실록**〉 **14년**(1790, 경술년) **8월 10일**

신여척이 살인을 저지르게 된 것은 이웃에 사는 형제들의 싸움에 간여했기 때문이었다. 신여척이 죽인 사람은 김순창인데, 두 사람은 친한 사이로 원한이나 기타 살인에 이를 만한 동기가 없었다.

이 사건은 피해자 김순창이 그의 동생 김순남을 때린 것이 발단이었다. 김순창은 김순남에게 집을 맡기고 아내와 함께 밭일을 하고 돌아왔는데, 돌아온 아내가 밀을 되로 재어 보고는 두 되가 축난다고 말했다. 그러자 김순창이 동생을 의심하여 "네가 훔쳐가지 않았느냐."며 꾸짖었고, 형제간에 다투는 과정에서 김순창은 그만 절굿공이로 김순남을 때려 크게 다치게 하였다. 그것을 알게 된 신여척이 분개하여 김순창을 찾아와 사람의 도리를 지키지 않은 것에 대해 꾸짖었는데, 김순창이 "왜 남의 집안일에 참견이냐."며 먼저 발길질을 하였다. 그러자 화가 치민 신여척도 김순창의 배를 걷어찼다. 그런데 그것이 잘못되어 김순창이 그만 이튿날 죽고 말았다. 동리 사람들이 쉬쉬하였으나 살인사건의 비밀이 오래 지켜질 리 만무했다.

신여척은 한 달쯤 뒤에 살인죄로 체포되어 목숨이 경각에 달리게 되었다. 비록 과실치사라고 해도 즉시 자수하지 않고 범행을 은폐하려 했으니 가중처벌을 면하기 어려웠다. 정조가 마지막으로 심사하여 최종판결을 내리겠지만, 국사에 다난한 왕이 사형수를 상세히 살피기도 어렵거니와, 상세히 살핀다고 해도 어차피 사형을 벗어나기 어려운 형국이었다.

모든 것을 포기하고 처형 날짜만 기다리는 신여척에게 내려진 것은 놀랍게도 무죄방면이었다. 놀라운 것은 그것뿐이 아니었다. 정조는 신여척을 중국 역사에 빛나는 주도퇴와 양각애 같다고 크게 찬사하였으며, 의사義士로까지 예우했다. 심지어는 이름까지 훌륭하다며 칭찬하고 있지 않은가. 이쯤 되면 오히려 신여척이 어리둥절할 지경이다.

정조는 무엇 때문에 살인범을 크게 찬사하고 무죄방면한데다, 별도로 편찬하게 한《아정유고》의〈은애전〉에까지 포함하게 하였던 것일까?

이번에는〈은애전〉의 주인공인 김은애 사건을 살피도록 하자. 김은애는 드물게도 양반의 딸로서 살인을 저지른데다, 피해자를 난자하여 죽이는 등 수법이 매우 잔혹했다. 그것만 해도 충분히 놀랄 만한데, 자신이 저지른 죄를 인정하고 있으니 볼 것도 없는 사형이었다. 그러나 정조는 이때도 김은애를 크게 칭찬하고 무사방면을 명하고 있다. 신여척보다도 훨씬 더한 사안인데도 불구하고 풀어준데다 이름을 딴 기록까지 남겨주고 있으니 해괴하기 짝이 없다. 우선 사건의 전말을 살펴보자.

김은애는 전라도 강진康津 사람으로 강진현 탑동리의 양가집 딸이었다. 김은애에게 죽임을 당한 피해자는 이웃에 사는 안조이安召史라는 퇴물 기생이었다. 안조이는 신분이 지극히 천한데다, 몸에 옴이 있어 못 견디게 가려울 때마다 말을 함부로 하였다.

몹시 어렵게 살았던 안조이는 은애의 댁에 먹을 것을 구걸하였는바, 은애의 어머니가 이따금씩 주지 않을 때도 있었다. 그러자 안조이가 그것에 앙심을 먹고 보복하려 하였다.

마침 안조이의 인척 가운데 최정련崔正連이라는 십대 중반의 소년이 있었다. 기생 출신인 안조이는 최정련에게 남녀 간의 일을 들려주어 꾀어 놓고는 은애를 사모하게 만들었다. 그 이후 최정련과 공모하여 옴 약을 구입할 대가를 받고, 은애를 최정련의 아내로 삼으려는 수작을 꾸몄다. 천한 출신인 최정련이 양가 댁의 규수 은애를 건드릴 수 없었지만, 은애가 최정련과 간통했다는 등의 소문을 퍼뜨려 혼사 길을 막고 나면 돌파구가 마련될 것으로 믿었다. 실제로 그런 소문이 퍼지게 되자 은애 측은 무척 당황하게 되었다.

그런데 같은 동리의 김양준金養俊이라는 사람이 은애를 믿고 화촉을 밝혔다. 그렇게 되자 최정련은 안조이에게 일이 성사되지 않았으니 옴 약 값을 줄 수 없다고 버텼다. 수작이 틀어지게 된 안조이가 계속 은애를 모함하여 인근 동리에서 모르는 사람이 없게 되었다. 2년 동안 도저히 견딜 수 없는 모함을 참았던 은애는 마침내 폭발하여 식칼로 안조이를 난자하여 죽이고 말았다. 안조이를 죽인 은애가 최정련까지 죽이려고 찾아가던 중에 우연히 친정어머니와 마주치게 되었다. 이때 어머니가 눈물로 설득하므로 차마 최정련까지 죽일 수는 없었다.

이로 인해 강진 고을은 발칵 뒤집혔다. 이튿날 이장이 고발하여 체포당했는데, 김은애는 모든 범행을 순순히 자백했다. 그것으로 그치지 않고 최정련을 사형으로 처벌할 것을 요구하였다. 사건의 전말은 강진현감 박재순朴載淳과 전라관찰사 윤시동尹蓍東을 거쳐 조정에까지 보고되었다. 정조가 그 사건에 대해서 논하였으나 여론은 지극히 부정적이었다. 정조의 오른팔로서 당시 좌의정이며 명신으로 이름 높던 채제공蔡濟恭까지 어쩔 수 없다는 의견을 피력했다.

"안조이는 정신 나간 사람으로 근거 없는 말을 지어내 이웃사람들에게 퍼뜨렸으니 은애가 평소에 분하고 원통한 마음은 물론 끝이 없었을 것입니다. 시집간 뒤에도 추잡한 말이 더욱 심하였으니 여자의 편협한 성미로 반드시 보복하려는 앙심은 의당 못할 짓이 없을 정도였을 것이므로, 칼을 무섭게 휘두른 것은 응당 그럴 수 있는 일입니다. 그러나 약법삼장約法三章에 '사람을 죽인 자는 죽여야 한다'고 하였고, 이럴 경우 그 마음을 참작해야 한다거나 저럴 경우 그 정상을 용서해 준다거나 하는 말은 애당초 없었습니다. 은애로서는 설사 더없는 원한이 있더라도 이장里長에 고발하거나 관청에 호소하여 안조이의 무고죄를 다스리게 한들 무엇이 불가하여 제 손으로 칼질을 한단 말입니까. 남을 무고한 말이 아무리 통분하다 해도 그 율문이 사형에는 이르지 않으며, 원한을 보복한 일이 비록 지극한 원한에서 나왔다 하더라도 그 죄가 살인에 적용된 이상 신은 감히 참작하여 용서하자는 논의를 드릴 수 없습니다."

비록 안조이가 죽임을 당하기는 하였지만, 먼저 은애를 거짓으로 모함하여 명예를 훼손하였으므로, 그것이 살인의 원인이 된 것이다. 결혼 전부터 처녀로서의 정조를 손상당하고, 출가하여 가정을 가진 이후에도 2년간이나 모함을 당했던 은애의 심정은 충분히 공감이 간다. 그러나 고의적으로 사람을 죽였기 때문에 그에 따른 처벌을 받아야만 했다. 채제공의 의견이 아니더라도 의도적으로 흉기까지 들고 가서 살인을 저지른 김은애는 용서받기 어려웠다.

채제공은 왜 법에 호소하지 않고 사람을 죽였느냐고 말하였지만 현실은 그렇지 못하다. 안조이를 '허위사실 유포에 따른 명예훼손'으로 고발하여 실추된 명예와 정조를 회복할 수 있었다면 왜 그리하지 않았겠는가. 은애도 부친과 남편이 있었지만 그들로서도 법적인 해결이 가능하지 않다고 판단했기 때문에 손을 쓰지 못했을 것이다. 지금 세상에도 잘못된 소문 때문에 피해를 당하는 사람이 부지기수인데, 조선 시대는 오죽하였겠는가. 특히 운신의 폭이 좁았던 여성의 경우에는 최소한의 변명조차 할 기회도 주어지지 않았다. 본인에게 아무런 잘못이 없다고 판단되어도 그런 추문에 휘말리게 되면 거의 예외 없이 피해자가 될 수밖에 없었다. 처녀의 경우에는 혼사가 막히는 것이 다반사였고, 유부녀라면 문중의 명예를 더럽힌 죄로 극단적인 행동까지 강요받을 수 있었다.

명예와 정조를 훼손당한 여성들이 취할 수 있는 행동은 자결밖에 없었다. 억울한 심정을 유서에 담은 다음 자결하면, 그제야 비로소 명예가 회복될 수 있으며, 경우에 따라서는 열녀문까지 받을 수 있었다. 그런 것을 노리고 무고한 며느리를 살해한 다음 자살한 것으로 꾸민 사건까지 왕왕 발생할 정도였다. 그런 만큼 2년이 넘도록 말도 되지 않는 무고를 당하고 구설수에 오르내린 은애의 고통은 필설로 형언하기 어려웠을 것이다.

은애는 일반적인 수순을 밟지 않고 칼을 들고 찾아가 직접 복수했다.

양가의 부녀자가 스스로 목을 매어 결백을 입증하지 않고 가해자를 난자해 죽인 것은 당시로서는 충격적이었다. 게다가 종범從犯인 최정련까지 죽이려다 미수에 그쳤으니 실로 경악할 만한 사건이었다. 더욱 놀라운 것은 체포된 다음의 태도다. 은애는 조금의 흔들림도 없이 살인의 과정과 인과관계를 자복한 다음 최정련을 처벌하라고 요구하였다. 분노를 참지 못해 살변을 저질렀다고 해도 제정신을 차리고 나면 대부분 절망에 빠지거나 자포자기하기 십상이다. 그러나 은애는 시종일관 당당하였고, 종범의 처벌까지 요구하였으니 절로 여장부라는 탄성이 나온다. 지금의 시각으로 보아도 대단한 여성이 아닐 수 없다.

하지만 은애의 운명은 결정적이었다. 조선의 종주국 중원의 기본법제인 약법삼장에도 '사람을 죽인 자는 사형에 처한다' 는 것을 기본으로 하고 있지 않은가. 조선의 형법에도 고의로 살인한 자는 사형이며 흉기를 사용했을 경우는 가중처벌하게 되어 있으니, 은애는 법정최고형에 처해질 확률이 컸다. 실제로 채제공을 비롯하여 형조 등의 유관기관에서도 사형이 불가피하다는 유권해석을 내리지 않았는가. 은애에게 남은 것은 죽음에 이르는 형태일 뿐이었다. 질기게 꼬아낸 손가락 굵기의 밧줄에 목이 걸려 죽게 되는 교형에 처해질 날짜만 기다릴 뿐이었다. 그나마 여성이라서 회자수劊子手가 내리치는 무겁고 예리한 칼날을 피할 수 있을 따름이었다. 은애 자신을 위시한 대부분의 사람들이 그렇게 생각했다. 나라에 경사가 있어서 사면이 가능하다고 해도 은애 같은 경우는 해당하지 않았다.

"수십 년 전에 해서지방에 이와 같은 옥사가 있었는데, 감사가 용서해주기를 청하므로 조정에서도 이를 칭찬하여 알리고 즉시 놓아주었다. 그 여자가 출옥하자 중매쟁이가 구름처럼 모여들어 천금을 내놓고 그 여자를 데려가려 하였고 결국 향반鄕班의 며느리가 되었는데, 지금까지 미담으로 전해지고 있다. 지금 은애는 이 일을 이미 시집간 후에 결단했으니 더욱 뛰어난 소행이 아니겠는가. 은애를 특별히 석방하라."

놀랍게도 정조는 위와 같은 이유를 들고 최정련을 죽이지 않는 조건으로 하여 은애를 방면하였다. 그런데 '시집간 후에 결단했으니 뛰어난 소행' 이라며 칭찬하는 것은 무엇인가? 뿐만 아니라 방면하라고 명하기 이전부터 은애의 행동은 자신의 명예를 지키기 위해서 불가피했다며 적극적으로 변호하고 있다.

"평범한 부녀자가 살인죄를 범하고 도리어 이리저리 변명하여 요행으로 한 가닥 목숨을 부지하길 애걸하는 유를 본받지 않았다. 이는 실로 피 끓는 남자라도 결단하기 어려운 일이고, 또 편협한 성질을 가진 연약한 여자가 그 억울함을 숨기고 스스로 구렁텅이에서 목매어 죽는 것에 비할 바가 아니다. 만약 이 일이 전국 시대戰國時代에 있었더라면 그 생사를 초월하여 기개와 지조를 숭상한 것이 섭정(聶政, 전국 시대 한韓나라의 협객)의 누이와 사실은 달라도 명칭은 같은 것으로서 태사공(太史公, 사기史記의 저자 사마천司馬遷) 또한 이것을 취하여 유협전遊俠傳에 썼을 것이다."

위의 내용은 사실상의 극찬이다. 정조가 은애의 행동이 정당방위였다고 판단하였다면, 그냥 방면하라고 명하면 그만 아니겠는가. 그럼에도 불구하고 은애의 행동을 적극적으로 두둔하며, '실로 피 끓는 남자라도 결단하기 어려운 일', '그 처사와 기백이 뛰어났기 때문에 특별히 방면하라', '태사공이 알았다면 또한 이것을 취하여 〈유협전〉에 썼을 것' 등등으로 극한의 찬사를 내리고 있다. 그뿐 아니라 이덕무에게 명하여 〈은애전〉을 따로 저술하게 하여 후세에 전하였다.

언뜻 은애를 함부로 모함하였다가 처참하게 죽은 안조이의 사례를 남겨 후세에 경계로 삼으려 하지 않았겠느냐는 생각이 든다. 그러나 조선이 본래부터 무고와 모함을 엄중하게 다스렸다는 것을 감안하면 그리 설득력이 없다. 그리고 그럴 마음이 있었다면 굳이 번거롭게 따로 저술할 필요 없이 《삼강행실도三綱行實圖》 등의 관제서적에 수록하면 그만일 것이다. 정조의 이번 행동도 석연치 않다.

실록에서는 은애와 신여척이 함께 거론되지만, 두 사람이 저지른 살인사건은 분명히 다르다. 은애가 피해자와의 인과관계가 충분하고 고의적으로 살해할 결심을 한 것에 비해, 신여척은 피해자를 죽일 의도가 전혀 없었다. 신여척의 살인은 전형적인 우발적 과실치사에 해당하기 때문에 김은애와 같다고 보기 어렵다. 일반적인 시각으로 보아도 김은애 사건의 주요성분은 모함이며 신여척 사건은 인간의 도리를 어긴 것이다. 특히 신여척의 경우에는 인간의 도리를 지키지 않은 친구를 꾸짖다가 그리된 만큼, 정상참작의 여지가 전혀 없지는 않다. 그러나 그렇다고 해서 신여척을 특별히 대우할 필요가 없을 뿐더러, 김은애를 방면하면 흡사한 형태의 보복을 조장할 우려까지 있다. 실제로 당시의 좌의정 채제공이 '처지는 딱하나 법은 엄하게 적용해야 한다' 고 주장하지 않았던가. 그럼에도 불구하고 정조가 독단적으로 감싸고 두 사람의 살인범을 《아정유고》에 실리게까지 한 이유는 무엇일까?

진실에 접근하기 위해서는 두 사건의 공통점이 무엇인지 알아봐야 한다. 그것은 바로 '모함' 이다. 김은애 사건은 굳이 말할 필요도 없겠으나, 신여척 사건의 출발도 모함이었다. 신여척의 아내가 직접 시동생 김순남을 거론하지는 않았지만 누가 보아도 밀 두 되를 훔친 혐의를 김순남에게 두고 있음이 분명하다. 그랬기 때문에 김순창이 동생을 도둑으로 몰아 절굿공이 등으로 구타하여 크게 상처를 입힌 것이다. 만일 신여척이 개입하지 않았더라면 김순남이 불구가 되거나 내쫓길 확률이 적지 않았다. 그런 방식으로 접근하였을 때 사건의 원인제공자는 김순창의 아내다. 정조의 시각에서 정말 체포하여 처벌할 죄인은 신여척이 아니라 시동생을 모함하여 싸움을 일으키게 만든 김순창의 아내였다.

정조의 부친이 어떻게 죽었는지 알고 있다면, 위의 추정이 결코 무리가 아니라는 것을 알 수 있다. 정조의 조부인 영조가 자신의 뒤를 이을 사도세자를 죽이게 된 경위와 노론이 배후에서 암약한 사실은 널리 알려져 있다. 사도세자가 뒤주에 갇혀 비참하게 굶어 죽게 된 것은 당시의 주류세력인 노론의 반대당파와 가까이 한 것이 원인이었다. 사도세자가 15세 되던 해에 영조의 명을 받고 서정庶政을 대리하게 된 이후 소론과 가깝게 되자 노론은 크게 위기감을 느끼게 되었다. 나중에 사도세자가 즉위하게 되면 철퇴를 맞을 것을 우려한 노론이 세자를 모함하기 시작했다.

사도세자가 함부로 칼을 휘두르고 사람을 죽이는 과격한 짓을 벌인데다, 영조에게 허락을 청하지도 않고 나다니는 등의 잘못을 저지른 것은 사실이었다. 그러나 그런 것이 빌미가 되어 세자의 목숨까지 빼앗을 수는 없었다. 태종太宗의 장남이자 세자였던 양녕대군讓寧大君이 벌인 미친 짓은 사도세자와 비할 바가 아니었지만 폐세자로 그치지 않았던가. 그러나 영조의 계비인 정순왕후貞純王后를 등에 업은 노론의 모함은 집요했다. 게다가 사도세자의 장인인 홍봉한洪鳳漢 일파와 사도세자의 여동생으로 영조의 총애를 받던 화완옹주和緩翁主까지 가세하였다. 모함에 역모가 더해지자 영조는 마침내 결단을 내리게 된다. 사도세자는 뒤주 속에 갇히고야 말았다.

사도세자에게 사형선고가 내려지던 날 정조는 이미 열한 살이었다. 제발 아비를 살려달라고 매달렸지만, 영조는 받아들이지 않았다. 정조는 결국 부친의 처참한 죽음을 목도할 수밖에 없었다. 어렸을 때부터 남달리 영민했던 정조가 어찌 부친의 죽음에 얽힌 비밀을 꿰뚫지 못했겠는가. 즉위하게 되면 부친을 죽음에 이르게 한 자들을 모조리 처단하고 싶었을 것이었다. 하지만 현실은 그렇지 못했다. 자신들이 죽인 사도세자의 아들이 즉위하여 보복할 것을 두려워한 노론은 필사적이었다. 정조는 세손 시절부터 목숨의 위협을 느꼈으며, 즉위한 이후에도 자객이 궁궐을 여러 차례나 범접했다. 복수를 하기는커녕 오히려 목숨을 걱정해야 할 상황이었다.

게다가 선왕 영조는 "사도세자가 죽은 일은 옳고 그름을 따지기 전에 공론화할 수 없다. 만일 그것을 입 밖에 내는 자는 왕법으로 처단해야 한다."고 공표했다. 정조가 즉위한 다음 부친의 복수를 하려다 연산군처럼 반정을 당할 것을 우려했기 때문이었다. 실제로 노론 측은 정조가 그렇게 나오기를 바랐다. 그러면 왕법에 의거하여 합법적으로 반정을 할 수 있기 때문이었다. 왕이 왕법의 적용을 받는다는 것은 언어도단이지만, 노론은 그렇게 하고도 남을 자들이었다.

주변이 온통 지뢰밭이었다. 노론은 물론이고 영조의 계비인 정순왕후 김씨, 친고모인 화완옹주마저도 적이었다. 화완옹주는 사도세자와 같은 남매간이면서도 오빠의 죽음에 앞장섰으니 조카 죽이는 것쯤이야 무슨 대수겠는가. 정순왕후의 오라비인 김귀주金龜柱와 화완옹주의 양자인 정후겸鄭厚謙이 권세를 농단하며 어머니 혜경궁 홍씨의 척족들도 함께 가세했다. 사도세자의 장인이자 정조의 외조부인 홍봉한까지 호시탐탐 기회를 노렸으니, 자칫했다가는 부친의 전철을 되밟을 위험이 컸다. 복수심이 끓어올랐어도 노론이 먼저 손을 쓸 빌미를 주지 말아야 했다.

영조의 나이가 80세에 이르러 대리청정의 의사를 밝혔다. 사도세자를 죽인 것을 크게 후회한 영조는 손자에게 모든 것을 맡기려 했다. 노론이 죄인으로서 죽은 사도세자의 아들은 안 된다고 결사반대할 것에 대비하여 사도세자의 이복형으로 어렸을 때 죽은 효장세자孝章世子의 양자로 입적시키는 편법을 사용했다. 어떻게든 보위를 물려주려던 영조는 노론의 격심한 반대에 부딪쳤다.

적신賊臣 홍인한洪麟漢이 앞장서서 대답하기를,

"동궁께서는 노론과 소론을 알 필요가 없으며, 이조판서와 병조판서를 알 필요가 없습니다. 조정의 일은 더욱이 알 필요가 없습니다."

하였다. 임금이 한참 동안 흐느껴 울다가 기둥을 두드리며 이르기를,

"경 등은 우선 물러가 있거라."

하니, 대신 이하가 나갔다. 다시 입시를 명하고 임금이 이르기를,

"나의 사업을 장차 나의 손자에게 전할 수 없다는 말인가? 나는 이와 같이 쇠약해졌을 뿐 아니라 말이 헛나오고 담이 끓어오르는 것이 또 특별한 증세이니, 크게는 밤중에도 쪽지를 내보내어 경 등을 불러들이게 될 것이고, 작게는 담의 증세가 악화되어 경 등이 비록 입시하더라도 영의정이 누군지 좌의정이 누군지 알지 못하는 것이다. 만일 중관中官들을 쫓아내면 나라의 일이 장차 어떻게 되겠는가? 마음속에 있는 말을 지금 다시 경 등에게 말할 수가 없다."

하였다.

— 〈영조실록〉 **51년**(1775, 을미년) **10월 7일**

임금이 이르기를,

"신기神氣가 더욱 피곤하니 비록 한 가지의 공사公事를 펼치더라도 진실로 수응酬應하기 어렵다. 이와 같은데도 어찌 만기萬幾를 수행하겠느냐? 국사를 생각하느라고 밤에 잠을 이루지 못한 지가 오래되었다. 어린 세손이 노론을 알겠는가? 소론을 알겠는가? 남인을 알겠는가? 소북을 알겠는가? 국사를 알겠는가? 조사朝事를 알겠는가? 병조판서를 누가 할 만

한가를 알겠으며, 이조판서를 누가 할 만한가를 알겠는가? 이와 같은 형편이니 종사를 어디에 두겠는가? 나는 어린 세손으로 하여금 그것들을 알게 하고 싶으며, 나는 그것을 보고 싶다. 옛날 나의 황형(皇兄, 경종)은 '세제世弟가 가可한가? 좌우左右가 가한가?'라는 하교를 내리셨는데, 지금의 시기는 황형이 계실 때에 비하여 백배가 더할 뿐이 아니다. '전선(傳禪, 선위)' 한다는 두 자를 하교하고자 하나, 어린 세손의 마음을 상하게 할까 두려우므로 말하지 않겠다. 그러나 세손이 청정하는 일에 이르러서는 본래부터 국조國朝의 고사故事가 있는데, 경 등의 생각은 어떠한가?"

하였다. 이에 홍인한이 말하기를,

"동궁은 노론이나 소론을 알 필요가 없고, 이조판서이나 병조판서를 알 필요도 없습니다. 더욱이 조사까지도 알 필요 없습니다."

하였다. 여러 대신들이 말하기를,

"성상의 안후가 더욱 좋아지셨습니다."

하였다. 임금이 이르기를,

"내 뜻은 이러한데 경 등이 몰라주니 참으로 개탄스럽도다. 심법心法을 어린 세손에게 전하여 주려고 하는데……."

하였다.

— **〈영조실록〉 51년**(1775, 을미년) **11월 20일**

영조의 뜻은 참담하게 짓밟혔다. 홍인한이 영조가 말한 뜻을 그대로 인용하여 정면으로 반박한 것은 설혹 정조가 즉위한다고 해도 임금으로 인정하지 않겠다는 의지의 표현이라 할 것이다. 과거 경종에게 했던 것보다 더하면 더했지 조금도 모자라지 않는 초극한의 압박이었다. 마침내 영조는 눈물까지 흘리기에 이르렀다. 영조가 최후의 수단으로 은근히 정변政變 가능성을 시사하고 세손에게 부분적인 군권까지 부여하는 극약처방을 쓴 결과, 겨우 정조가 즉위할 수 있었다.

그런 상황에서 즉위한 정조는 "나는 사도세자의 아들이다!" 라고 선언했다. 백부伯父 효장세자의 양자가 아니라 사도세자의 아들로서 즉위했다는 선언에 노론의 목덜미가 서늘했을 것은 말할 필요도 없을 것이다. 정조가 자신들을 죽이기 전에 먼저 손을 써야만 했다. 자객이 대전을 찾아간 것이 조금도 이상하지 않다.

즉위한 이후 김귀주와 정후겸, 홍인한 등을 실각시키고 사사했으나, 겨우 손톱을 박은 정도에 지나지 않았다. 부친의 원수 가운데 대표적인 자가 구선복具善復이었다. 구선복은 당시 포도대장으로서 사도세자가 갇힌 뒤주를 지켰던 자였다. 아무리 단단히 지키라는 명령을 받았더라도 시의侍醫들이 몰래 가져온 미음과 물까지 내치지는 말아야 했는데, 구선복은 아랑곳도 하지 않았다. 마침내 세자가 숨이 끊길 무렵에도 보고조차 하지 않았으니, 구선복에 대한 정조의 증오는 충분히 짐작이 간다. 그런 구선복을 제거하는데 즉위하고 나서 10년이나 걸렸다. 그동안 심중을 감추고 구선복을 계속 중용하다가 다른 사건으로 빌미를 잡아 처형하게 되었는데, 그때의 심중을 이렇게 표현했다.

"역적 구선복으로 말하면 홍인한보다 더 심하여 손으로 찢어 죽이고 입으로 그 살점을 씹어 먹는다는 것도 오히려 헐후歇後한 말에 속한다. 매번 경연에 오를 적마다 심장과 뼈가 모두 떨리니, 어찌 차마 하루라도 그 얼굴을 대하고 싶었겠는가마는, 그가 병권을 손수 쥐고 있고 그 무리들이 많아서 갑자기 처치할 수 없었으므로 다년간 괴로움을 참고 있다가 끝내 사단으로 인하여 법을 적용하였다. 전후 흉악한 역적들을 끝내 성토하고 처벌하지 못한 것은 실로 선조先朝 시대에 있었던 일이라서 말하기 곤란하기 때문이었는데, 의리가 이로 인하여 어두워질까 나름대로 염려해 왔다."

정조의 심정을 이것보다 잘 나타내는 것이 없다. 부친을 죽인 자들과 늘 얼굴을 대하는 것도 미칠 것 같거늘, 힘을 가진 그들에게 빌미를 주지 않기 위해 웃는 낯으로 심중을 감추려니 그 고통은 헤아릴 수 없었을 것이다. 그런 비극을 경험한 정조가 사실무근의 모함으로 남을 망치려드는 자들을 얼마나 증오했을지 상상하기란 그리 어렵지 않다.

정조의 눈에는 무고한 은애를 모함한 안조이가 임금을 기만하고 나라를 좀 먹는 간신배의 무리로 비쳤을 것이다. 안조이에게 필설로 형용하기 어려운 고통을 당하는 은애의 모습에서 뒤주에 갇혀 죽어가는 부친이 떠오르지는 않았을까. 아무런 죄도 없이 일방적으로 당하기만 하던 은애가 마침내 칼을 들고 달려가 안조이를 난자해 죽였다는 대목에서는 펄쩍 뛰며 만세라도 부르고 싶은 심정이 아니었을까. 정조가 은애를 어지간한 남자보다 낫다며 크게 칭찬하고 심지어 "사마천 또한 이것을 취하여 〈유협전〉에 썼을 것이다."라며 극찬한 것은 그럴만한 이유가 있는 것이다.

신여척의 사건도 마찬가지이다. 시동생을 모함한 김순창의 아내는 간신배, 그것을 곧이듣고 동생을 도둑으로 몰아 죽도록 구타한 김순창은 영조, 모함을 당해 죽을 위기에 몰린 김순남을 사도세자로 보면 아귀가 딱 들어맞는다. 신여척이 달려가 간사한 모함에 빠져 인간의 도리를 저버린 김순창을 발길로 걷어차 죽였을 때는 얼마나 속이 시원했을까. 정조는 자신과 신여척을 동일시했을 것이 분명하다.

이렇게 생각할 수 있는 또 다른 사건이 있다. 김계손金啓孫 형제가 부친을 죽인 원수를 1년을 넘게 추적하여 마침내 살해하였는데, 그 사건을 정조는 이렇게 말했다.

> "그 효성은 극히 감동스럽고, 그 사정은 극히 측은하고, 그 마음은 극히 애달프고, 그 정성은 극히 가련하고, 그 뜻은 극히 칭찬할 만하다. 이 중에서 한 가지만 있더라도 법에서는 마땅히 용서해줄 일인데 하물며 형제 두 사람이 이 다섯 가지 뛰어난 행실을 갖추었으니 더 말할 것이 있겠는가. 조정에서 만약 범범하게 보아 넘기고 관례에 따라 '원수를 제 마음대로 죽이면 형장 60대를 친다'와 '사실을 규명하기 전에 원수를 제 마음대로 죽이면 사형을 감하고 유배한다'는 등의 법조문을 끌어댄다면 그 어찌 풍속을 돈후하게 인도하는 정사라고 말할 수 있겠는가."

정조는 김은애와 신여척 사건 때처럼 살인범들을 적극적으로 감싸고 변호했다. 결국 자신의 의지를 관철하여 김계손 형제를 방면하게 되는데, 부친의 원한을 몽매에도 잊지 못할 정조가 복수를 실행한 김계손 형제를 처벌할 마음이 나지 않는 것은 지극히 당연하지 않은가. 오히려 부친의 원수를 후련하게 갚은 그들 형제를 크게 상을 내려 칭찬하고 싶었을 것이다. 이쯤하면 정조가 특정한 살인자들을 칭찬하여 방면하고 사건들을 따로 자세히 기록하여 전하게 했던 속내를 어렵지 않게 짐작할 수 있으리라.

적절치 않은 인용구

정조가 김은애를 칭찬할 때 거창하게 인용한 것들은 그 속내를 짐작할 수 있겠으나, 신여척에 이르러서는 이해하지 못할 대목이 있다.

"항간에 이런 말이 있다. 종로거리 연초 가게에서 짤막한 야사를 듣다가 영웅이 뜻을 이루지 못한 대목에 이르러 눈을 부릅뜨고 입에 거품을 물면서 풀 베던 낫을 들고 앞에 달려들어 책 읽는 사람을 쳐 그 자리에서 죽게 하였다고 한다. 이따금 이처럼 맹랑한 죽음도 있으니 참으로 가소로운 일이다."

'책 읽는 사람' 은 당시 흔했던 문맹자들을 위해 돈을 받고 직업적으로 책을 읽어주는 자를 말한다. 글을 읽지 못하는 서민들을 상대로 하여 책을 읽어주고 돈을 벌기 위해서는《삼국지연의》나《수호지》같은 흥미위주의 소설이 필요했을 것인데, 단순히 읽어주는 것에 그쳐서는 경쟁력이 없었을 것이다. 상황에 따라 읽는 속도의 완급을 조절하고 극적인 대목에서는 크게 고함을 쳐 분위기를 고조시키는 등의 기교가 필요했다. 듣는 사람들도 같은 값이면 보다 실감나게 읽어주는 사람을 찾지 않겠는가. 그렇게 책을 읽고 듣는 곳은 비교적 조용할 것 같은데, 놀랍게도 살인사건이 발생했다. 그것도 이야기를 듣던 사람 가운데 하나가 낫으로 이야기꾼을 찍어 즉사시킨 엽기적인 형태다.

혹시 자신이 지지하던 영웅이 좌절하게 되자, 가해자는 그만 소설과 현실을 동일시하게 된 것은 아닐까. 가해자가 이야기꾼을 살해하게 된 것은 그가 지지했던 영웅이 좌절된 다음 영웅을 그렇게 만든 적대적 캐릭터가 등장한 것이 원인이 아니었을까 추정한다.

지금도 비현실에 존재하는 특정한 캐릭터에 대해 현실적인 감정을 가지는 사람이 적지 않다. 드라마에서 자신이 좋아하는 배역을 괴롭히는 캐릭터를 증오한 나머지 그 배역을 맡은 사람을 괴롭히는 사건은 심심치 않게 발생하지 않는가. 이야기꾼이 죽임을 당한 것은 그만큼 독자들을 몰입시켰기 때문일 것인데, 실력이 뛰어나 목숨까지 잃은 것을 보노라니 아이러니도 그런 아이러니가 없을 것 같다.

정조가 무엇 때문에 신여척 사건에서 그 살인사건을 언급했는지 알 수 없는 노릇이다. 다만 신여척-김인애-김계손 형제로 이어지는 일련의 사건에서 가장 처음 접하는 것이다 보니, 관철시키는 과정에서 억지가 포함되지 않았을까 싶다.

사건비화

四 … 실패한 운하

— 운하의 필요성과 태종의 선택 —

> 임금이 지중추원사知中樞院事 최유경崔有慶을 보내어 태안군泰安郡 북쪽에 조선漕船이 다닐 수 있는 조거(漕渠, 운하運河)를 팔 곳을 보게 하였는데, 유경이 돌아와서 말하였다.
>
> "땅이 높고 굳은돌이 있어서 갑자기 팔 수 없습니다."
>
> —〈태조실록〉 4년(1395, 을해년) 6월 6일

실록에 운하가 나타난 최초의 기록이다. 실록에서 증언한 운하는 태안반도에 위치했는데, 태안과 운하는 어떤 관계가 있었을까?

국가의 생명은 세금이다. 조선은 육로가 좁고 험했기 때문에 세곡稅穀 등의 현물을 한성으로 운반하려면 물길을 이용해야만 했다. 삼남에서 걷은 조운은 대부분 해로를 이용해 도성으로 보내졌다. 바다로 조운하는 것을 해운海運이라 했으며, 강의 물길은 수운水運이라 했다. 바다를 전혀 통하지 않고도 바로 목적지까지 닿는 수운도 있었는데, 이는 전국에서 한강의 수운이 유일했다. 당시의 한강은 물이 풍부하여 남한강과 북한강의 아득한 상류까지 배가 다닐 수 있었다. 경기도와 강원도는 물론, 경상도 북쪽에서는 한강을 통해 조운을 운반했다.

한강을 제외한 수운의 대부분은 해운이 가능한 곳에 설치된 조창漕倉까지 전달해야 했다. 조창에 모인 미곡을 선박에 선적하여 해운을 통해 도성의 경창京倉으로 가야 했다. 그런데 조선에서 뱃길이 험하기로 손꼽히는 곳이 세 군데 있었는데, 바로 태안의 안흥량安興梁과 강화도의 손돌목, 장연의 장산곶이었다. 그중에서도 안흥량은 물길이 험한데다 암초까지 많아, 단연 제일의 난코스였다. 그 안흥량이 조선의 생명선인 조운의 통로를 가로막고 있었으니 어찌 우환이 없겠는가.

태조 4년인 1395년부터 세조 1년인 1455년까지 60여 년 동안 무려 200척이 난파하거나 침몰하였으니, 인명과 조운의 피해는 이루 헤아릴 수조차 없었다. 어떤 때는 안흥량이 1년치 세곡의 10퍼센트가량이나 집어삼키기까지 하였으니 도저히 그냥 넘길 일이 아니었다.

대책마련에 부심하던 조정은 운하를 파는 것밖에 달리 방법이 없다는 결론에 도달하게 되었다. 여러 차례 조사한 끝에 적합한 곳을 발견했다. 안흥량 인근의 가로림만加露林灣과 천수만淺水灣 사이의 낮은 지대를 약 7킬로미터 정도 파내면 안흥량을 피해 안전한 곳으로 나갈 수 있었다. 그래서 태조가 그쪽을 알아보라고 한 것인데, 그곳에는 이미 고려 시대부터 운하를 개척하려고 시도한 흔적이 여실했다. 고려 역시 똑같은 애로가 있었기 때문에 운하를 파려고 시도했다가 미처 완공을 보지 못하고 나라가 망하고 말았던 것이다.

태종도 운하에 주목했다. 반드시 필요했기 때문에 어떻게든 운하를 완공시켜야만 했다. 현실도 현실이지만, 무엇보다 자존심이 걸린 문제였다. 태종이 누군가. 한다면 하는 조선 제일의 사내가 팔뚝을 걷어붙이고 나섰다. 5천여 명의 병력과 인근 백성을 동원하여 운하 개척에 나섰는데, 실망스럽게도 거의 진척이 없었다. 간만의 차이가 큰 서해의 특성상 공사는 썰물 때만 가능한데다, 그나마 파낸 개펄의 흙이 바닷물에 스며들어 계속 막혔다. 그것을 무릅쓰고 파내려가자 이번에는 단단하기 이를 데 없는 화강암 층이 나타났다.

오직 인력으로 모든 것을 해결해야만 하는 세상에 단단한 석질로 된 지층을 바닷물 이하의 깊이로 파낸다는 것은 너무나 어려웠다. 게다가 조운선은 당시 조선에서 가장 큰 배였다. 정확한 기록은 남아 있지 않으나 초기의 주력전함인 대맹선大猛船과 비슷하다고 보았을 때, 최소한 수백 석을 실을 수 있었던 것으로 추정된다. 화강암의 암반을 오직 괭이와 삽, 망치와 정을 사용해 그런 배들이 안전하게 지나갈 수 있는 넓이와 깊이로 개척한다는 것은 거의 불가능에 가까웠다. 어떻게든 깨보려고 정으로 쪼아대도 오히려 정이 튕길 정도로 단단한 암반은 요지부동이었다. 의욕이 모든 것을 해결하지는 못한다는 것을 절감했겠지만, 그럴수록 운하의 필요성은 절박했다.

이때 하륜河崙이 전혀 새로운 방식을 제시했다.

"지형의 높고 낮음을 따라 제방을 쌓고, 물을 가두어 제방마다 소선小船을 두며, 둑 아래를 파서 조선漕船이 포구에 닿으면 그 소선에다 옮겨 싣고, 둑 아래에 이르러 다시 둑 안에 있는 소선에 옮겨 싣게 합니다. 이러한 차례로 운반하면 큰 힘을 들이지 아니하고도 거의 배가 전복하는 근심을 면할 것입니다."

—〈태종실록〉 12년(1412, 임진년) 11월 16일

하륜이 제시한 방식은 배를 산으로 올리면 되지 않겠느냐는 콜럼버스 같은 발상이었다. 땅을 파고 산을 깎는 대신 일정한 높이마다 둑을 쌓은 다음 물을 채워 배를 띄우고 짐을 릴레이식으로 전달하여 운반하겠다는 것이다. 이는 현대의 '도크(dock) 운하'와 똑같은 개념이다. 20세기에 완공된 파나마 운하가 바로 그렇다. 한 가지 다른 점은 파나마 운하가 도크에 물을 채워 배를 띄운 후 다음 도크 높이에 이르면 수문을 열어 통과시키고, 내려갈 때도 같은 방식을 사용한다는 점이다. 그러나 동력이라고는 인력이 전부인 그 시대에 어떻게 그런 설비를 갖출 수 있겠는가. 방수구조의 갑문閘門과 펌프시설이 존재하지 않았던 시대에 그 정도의 개념을 적용시키려는 것만 해도 대단한 것이다. 계속 짐을 옮겨 싣는 것이 매우 번거롭기는 해도 난파당해 몽땅 잃는 것보다는 백 번 낫지 않겠는가. 다시 병력과 백성을 동원하여 일대 역사를 벌였다.

마침내 아주 반가운 소식이 들렸다.

순성蓴城의 역사가 이룩되었다고 고하였다. 남방축南防築의 높이가 18척, 너비가 40척, 길이가 470척이고, 남내방출南內防築의 높이가 18척, 너비가 40척, 길이가 100척이었다. 남방축의 남쪽에 못을 팠는데, 길이가 270척,

너비가 130척, 수심이 6척으로 배 7, 8척을 수용할 만하였다. 남지南池의 아래에 운하를 여니, 길이가 2천 290척, 너비가 130척이었다. 북방축北防築의 길이는 200척, 너비가 40척, 높이가 18척이고, 그 아래에 못을 팠는데, 길이가 104척, 너비가 62척, 수심이 5척으로, 배 3, 4척을 수용할 만하였다. 그 아래에 운하를 여니, 길이가 925척, 너비가 50척, 수심이 3척이었다. 방군旁郡의 민정民丁 5천 명을 선발하여 정월 29일부터 역사를 시작해서 이때에야 마치었다. 그러나 비평하는 자들이 말하였다.

"헛되이 민력民力만을 썼지, 반드시 이용되지 못하여 조운은 결국 불통不通할 것이다."

—〈태종실록〉 13년(1413, 계사년) 2월 10일

내용을 보면 틀림없는 완공이다. 그런데 기록의 마지막에 헛된 수고에 지나지 않을 뿐이라고 정면으로 비판하는 내용이 있다. 기껏 완공한 국책사업에 대해 이렇게 대놓고 초를 치는 일은 매우 드물다. 게다가 태종이 직접 명령하여 시행한 것에 대해 이런 수준으로 악평했다가는 목이 열 개라도 무사하기 어려울 것이다. 그럼에도 불구하고 실록에 이런 내용이 기록된 데는 그만한 이유가 있었다.

실록을 가만히 보면 처음에 논의한 것이 태종 12년 12월 16일인데, 완공했다고 보고한 것은 이듬해 2월 10일이다. 육지에 7킬로미터에 걸쳐 조운선이 통과할 수 있는 둑을 쌓고 물을 채우는 대공사가 불과 2개월 남짓한 기간에 완공되었다는 것은 믿기 어렵다. 현재의 중장비를 동원해도 결코 만만치 않은데 어떻게 그리 빠르게 완공할 수 있다는 말인가.

내관 황도黃稻와 사재감정司宰監正 조서로趙瑞老 등을 보내어 순제蓴堤에 운하를 파는 것이 편한지의 여부를 상지相地하게 하였다. 경상도도관찰사慶尙道都觀察使 이은李殷이 사람을 보내어 말 1필을 바쳤다.

—〈태종실록〉 16년(1416, 병신년) 2월 12일

완공된 것이 태종 13년인데, 무엇 때문에 16년에 다시 운하 공사가 거론되는 것인가? 그때 운하가 완공되었다면 있을 수 없는 일이다. 가장 결정적인 증거는 지금 태안에 운하가 없다는 것이다.

안흥량을 피해나갈 수 있는 우리 역사 최초의 운하는 완공되지 못했다. 가장 큰 문제는 둑을 채워 배를 띄울 수 있는 물을 확보할 수 없다는 것이었다. 상식적으로 생각해도 배를 띄울 저수지는 가장 높은 둑보다 위에 있어야만 할 것이다. 그러나 백두산이 아닌 다음에야 산꼭대기에서 충분한 물이 나오기 어렵다. 아래쪽의 둑에는 인근에 못을 파서 배를 띄울 수 있었겠지만 위에서는 그렇지 못했던 것이다. 저수지를 판다고 해도 그곳을 채워줄 물이 없다면, 그저 넓은 구덩이에 지나지 않을 뿐이다. 순차적으로 둑을 쌓는 것까지는 가능해도 나오지 않는 물을 담는다는 것은 사람의 힘으로 될 일이 아니었다. 태종의 야심찬 계획은 마침내 좌절될 수밖에 없었다.

운하를 포기한 대신 다른 방법이 사용되었다. 안흥량 남쪽에 창고를 지은 다음 그곳에 미곡을 내려놓으면 육로를 이용해 안전한 북쪽까지 이송한 것이다. 거기서 배를 이용해 한강으로 세운하였으며, 경기도 인근의 세운은 육로를 통하게 하였다.

그런데 실록에는 운하에 대한 기록이 계속 나타난다.

의정부 좌정승 하륜河崙 등이 운하를 팔 것을 청하였다. 계청啓請은 이러하였다.

"마땅히 경기의 군인 1만 명, 경중京中의 대장隊長·대부隊副 400명, 군기감軍器監의 별군別軍 600명, 모두 1만 1천 명을 징발하여 양어지養魚池를 파고, 승례문 밖에 운하를 파서 주즙(舟楫, 수운과 수군水軍)을 통행하게 하소서."

임금이 말하였다.

"우리나라의 땅은 모두 사석沙石이므로 물이 머물러 있지 않으니, 중국의 운하를 본받을 수는 없다. 명일 내가 장차 면전에서 의논하겠다."

임금이 경회루 아래에 나아가서 정부(의정부)에 일렀다.

"숭례문에서 용산강에 이르기까지 운하를 파서 주즙을 통행하게 한다면 진실로 다행스러운 일이다. 다만 모래땅이므로 물이 항상 차지 못할까 의심스럽다. 경들은 어떻게 생각하는가?"

여러 신하들이 모두,

"가합니다."

하였으나, 오로지 의정부 찬성사 유양柳亮만이 반대하였다.

"용산강은 도성에 가까운데 어찌 반드시 백성들을 괴롭히겠습니까?"

지의정부사知議政府事 박자청朴子靑이,

"땅은 모두 수전水田이니 반드시 새지는 않을 것입니다. 개착開鑿의 공력은 1만 명의 한 달 일을 넘지 않으니, 청컨대 시험하여 보소서."

하였다. 임금이 깊은 인력을 쓰는 어려움을 알고 있었던 까닭에 일을 정지하고 거행하지는 않았다.

—〈태종실록〉 13년(1413, 계사년) 7월 20일

이번의 운하는 도성과 한강을 연결하자는 것이다. 용산에서 남대문까지 운하를 파서 연결하겠다는 계획은 반대하는 자가 거의 없었다. 의정부 찬성사 유양이 유일하게 반대하였는데, 백성의 어려움을 감안하라는 것이었지 공사 자체가 불가하다는 것은 아니었다. 그에 대해 박자청이 1만 명으로 한 달을 넘지 않는다며 자신 있게 주장했다. 박자청은 어렵다고 소문난 경회루를 성공적으로 완공시킨 사람이다. 그것으로 보아 한강과 도성을 연결하는 운하를 파는 것은 그리 어려운 공사는 아닌 것 같다.

그런데 뜻밖에도 태종은 그것을 포기하고 만다. 본인도 처음에는 긍정적으로 받아들였다. 그랬기 때문에 다음 날 논의하겠다고 하다가, 그날 바로 정부(의정부)에 가서 말했던 것이다. 그때 대부분이 찬성하였음에도 불구하고 도성과 한강을 잇는 운하는 착공되지 못했다. 백성들을 고단하게 만들고 싶지 않았다는 것이 포기의 이유다.

실제로 2년 전에 청계천을 대대적으로 준설하고 경복궁에 경회루를 조성했는데, 이때 백성들이 애로가 많았다. 실록에 '임금이 깊은 인력을 쓰는 어려움을 알고 있었던 까닭에' 라고 변명하고 있지만, 그런 이유로 인해 사업을 실행하지 않는다면 군왕의 자질이 없는 것과 같다. 특히 태종은 과격하고 결단력 있는 군왕이다. 반드시 필요하다고 판단했는데 시기가 좋지 않았다면 다음에라도 강행하여 기필코 이루고야 말았을 것이다. 그런 사람이 포기했던 데는 그만한 이유가 있을 것이다.

가장 먼저 떠오르는 것은 운하가 있어도 그리 소용이 되지 않았을 것이라는 점이다. 이는 조운의 창고를 수납하기 위해 벌어진 일과 연관 지어 생각해 볼 수 있다.

> 각도에서 조운하는 쌀을 경복궁 행랑行廊으로 운반하도록 명하였다. 처음에 의정부에서 군자창軍資倉과 풍저창豐儲倉을 서강西江에 짓도록 청하니, 임금이 토목 역사를 일으켜 새 창고를 짓지 말게 하고, 이러한 명이 있었다.
>
> —〈**태종실록**〉 **9년**(1409, 기축년) **6월 5일**

이때 태종의 명령은 상식 밖이다. 조운으로 받은 쌀을 군자창, 풍저창, 광흥창廣興倉을 위시한 도성 밖에 두는 것은 1차적으로 수납하여 분류하기 위해서고, 2차적으로는 필요에 따라 방출하기 위함이다. 특히 군자창은 병무兵務에 따른 자금을 지급하고 광흥창은 관리들의 녹봉을 지급하는 곳이다. 창고라고 표현은 하였으되 기실 국가를 운영하는 전략적 물류기지에 해당하는 용도인데, 그 창고들이 낡고 수용능력이 모자랐기 때문에 새 창고를 늘려 짓자는 것이다. 그런데 그것을 짓지 못하게 하고 직접 경복궁으로 가져오라는 것은 이해하기 어렵다.

양창(兩倉, 풍저창과 광흥창)의 곡식을 경복궁의 양무(兩廡, 양 옆의 빈곳)에 운반하였다. 지신사知申事 황희가 아뢰기를,

"풍저와 광흥, 양창의 쌀을 노적露積하므로 젖어서 불어터지고 부패하여 손실되니, 해마다 흉년이 들어 백성을 사역함은 불가합니다. 각도에서 놀고먹는 승도遊手僧徒 600여 명을 추쇄推刷하여 풍저 · 광흥창을 영조營造하기를 청합니다."

하니, 임금이 말하기를,

"사사寺社를 혁파하고 전민田民을 감하여 중들이 원망하고 있는데, 만일 또 역사役使를 시킨다면 이들을 미워하는 것이 너무 심하다."

하였다. 이조판서 이직李稷이 진언하기를,

"이른바 역승役僧이라 함은 종문승宗門僧이 아니라, 바로 산승山僧을 가리키는 것입니다."

하매, 임금이 말하기를,

"배불리 먹이고 옷을 주어 역사에 나오게 권하여 원망이 없게 하면 옳을 것이다."

하니, 황희가 대답하였다.

"600명의 중에게 옷을 주기는 어려우나 배부르게 먹일 수는 있습니다."

이에 임금이 말하기를,

"경복궁은 부왕께서 지으신 것으로 굉장히 크고 아름다우니, 버리고 거처하지 아니함은 매우 옳지 못하다. 만일 좌무左廡, 우무右廡, 후무後廡를 수리하여 양창의 곡식을 간직하면 두 가지를 온전하게 하는 도리인 듯한데, 경들은 어떻게 생각하는가?"

하니, 모두가 대답하기를,

"옳습니다."

하여, 그대로 따랐다.

—〈**태종실록**〉 **6년**(1406, 병술년) **8월 5일**

모든 조세를 경복궁으로 옮기라는 명령이 있기 1년쯤 전의 일이다. 황희가 풍저창과 광흥창이 비좁아 밖에 쌓은 곡식이 불어터지고 관리에 애로사항이 있다고 했다. 그래서 중들을 동원하여 영조(營造, 창고를 짓다)를 청하였는데, 태종은 일단 그곳의 곡식을 경복궁으로 옮기라고 명했다. 태조가 한성에 도읍을 정했다가 정종이 개성으로 돌아간 이후 태종이 다시 한성으로 환궁했지만, 그때는 창덕궁을 사용하고 있었기 때문에 경복궁이 비어 있는 상태였다. 창고를 짓기 전에는 보관할 곳이 마땅하지 않았기 때문에 당시 비어 있던 경복궁에 옮기는 것은 좋은 방책이었다.

그런데 태종은 이듬해 6월 5일에 놀랍게도 창고를 짓지 말고 모든 조운을 경복궁으로 가져오라고 명령했다. 도성 밖에서 증축하고 있던 창고들을 짓지 말라고 명령한 것은 지극히 부당하다. 먼저 말했다시피 세금을 받았으면 다시 꺼내 써야 할 것이다. 전국에서 보낸 미곡을 바로 경복궁으로 가져가는 것도 번거롭지만 각각의 쓰임새에 따라 다시 나오려면 그것 역시 보통 일이 아니다. 조선의 도성은 지금의 서울처럼 번잡한 도시가 아니었다. 도성은 직접 국가를 움직이는 대궐과 주요 관청을 위시한 조선의 두뇌와 심장부를 담고 있으며, 도성에 거주하는 사람들의 대부분은 왕실과 고관을 위시한 특권층이었다. 가급적 쾌적한 환경을 제공하기 위해 도성 주변의 숲을 훼손시키지 못하게 하는 등의 조치까지 취했는데, 광흥창을 위시한 물류기지가 도성으로 들어가면 어떻게 되겠는가. 입고와 출고에 따라 북새통이 벌어질 것이며, 군자금 지출과 녹봉을 수령하려는 벼슬아치들로 인해 시장바닥이 될 것은 불을 보듯 빤하지 않겠는가. 그럼에도 불구하고 창고를 짓지 말라는 명령을 내린 것은 쉽게 납득하기 어렵다.

이후 경복궁의 기능은 창고로 제한되지 않았다. 명나라 사신들을 계속 경복궁에서 맞았으며, 연회를 베풀기 위해 경회루를 축조했다. 세종은 창덕궁을 떠나 경복궁에서 정무를 보았으며 임진왜란으로 불탈 때까지 조선의 정궁으로서 역할을 다했다. 태종이 짓지 말라고 명했던 군자창과 풍저창도 새로이 증축되었으며, 국가의 재정을 쓰임에 따라 출납하는 용도로 활용되었다.

경복궁에 쌓았던 미곡이 언제 경창으로 반송되었는지 나타나 있지는 않지만, 태종의 명령이 제대로 시행되지 않은 것은 분명하다. 외부에서 누수 되는 분량이 적지 않다는 것을 알게 된 태종은 가까운 경복궁에 두고 관리하면 부정을 막고 누수분량을 절감할 수 있지 않겠느냐고 생각했을 것이다. 그러나 막상 그렇게 해보니까 도저히 안 되겠다는 판단을 내렸을 것이다. 이런 상황에서 도성과 한강을 운하로 연결해봤자 무엇에 쓰겠다는 말인가.

또한 도성에서 한강까지 조운선들이 마음대로 드나들 수 있는 규모의 운하를 개척한다는 것은 그리 쉽지 않았다. 이를 위해서 남대문과 한강 사이의 경사와 서해의 조수 간만까지 고려해야 했다. 그것을 강행하여 운하를 판다고 해도 배를 이용해 도성으로 가지고 오는 것보다는 이미 증축된 군자창과 풍자창 등에서 수납하고 결재하는 것이 훨씬 효율적이다. 그래도 궁궐에서 사용할 물품이나 미곡은 직접 가져오게 하면 어떻겠느냐는 미련이 있을 수 있다. 그럴 경우 조운선보다 작은 배를 이용하여 실어오게 하면 될 것이다. 그러나 조운선에서 소형선박으로 옮겨 싣고 운하를 타고 와서 다시 수레를 이용하느니 그냥 육상으로 운반하는 것이 훨씬 능률적일 것이다.

하륜을 위시한 신료들이 도성과 한강을 잇는 운하에 적극적인 모습을 보인 것은 안홍량에서 깎인 태종의 체면을 보상해주려는 의도였을 것이다. 의정부 찬성사 유양柳亮이 "용산강은 도성에 가까운데 어찌 반드시 백성들을 괴롭히겠습니까?" 라며 반대했던 것을 돌이켜보라. 유양은 그저 반대를 위한 반대를 한 것이 아니었다.

그때 도성과 한강을 연결하는 운하를 가지지 못한 것을 애석해하는 사람들이 적지 않다. 그랬다면 지금 서울의 모습이 많이 달라졌을 것이라거나, 심지어는 베니스 같은 도시에 비유하기도 한다. 그러나 실제로 운하를 팠더라면 머지않아 오물이 흐르는 하수도로 전락하게 될 확률이 높다. 인공으로 판 물길 하나로 모습이 바뀌기에 조선의 시스템은 너무나 견고했다.

한 가지 사례를 들어보자. 임진왜란 기간 중에 조선이 보유했던 해군력은 세계 최강으로 손색이 없었다. 그 함대를 적절히 이용했다면 일본을 어렵지 않게 제압하고 동양의 패권까지 장악할 수 있었을 것이다. 비슷한 시대의 서양에서는 해군력에 모든 것을 투입하여 자웅을 겨루었다. 그 시기를 전후하여 바다로 진출했던 국가들은 대항해시대大航海時代를 각축하고 오래도록 패권을 잡았으며, 지금도 선진국의 위치에 놓여 있지 않은가. 그러나 조선은 그렇지 못했다. 전쟁이 끝나자마자 그토록 막강했던 해군력은 존재감이 사라지고 말았다.

조선의 가치관은 밖으로 뻗어나가 이득을 창출하는 것과는 너무나 거리가 멀었다. 명나라를 종주국으로 모시고 뼛속까지 사대사상에 절어 있는 그들에게 바다를 경영한다는 진취적인 사상이 싹틀 리가 만무했다. 설령 이순신이 죽지 않고 살아 있었다고 해도 그런 마인드를 극복하기 어려웠을 것이며, 해군력의 몰락을 막지 못했을 것이다.

그런 형편에 그리 소용도 되지 않을 운하가 있다고 해서 뭐가 달라지겠는가? 조선이 필요한 것은 세금을 무사하게 받을 수 있는 통로였지 이득을 옮기고 상업을 파종할 수 있는 운하가 아니었던 것이다.

추신 1

태안의 운하

태안의 역사를 기록한 〈태안읍지〉에 의하면 운하는 고려 인종仁宗 12년인 1134년에 착공하여 조선 현종顯宗 10년인 1669년까지 무려 530여 년간 계속되었다고 하는데, 단일 공사로서는 최대의 기간이 투입되었을 것이 분명하다. 왕조를 둘이나 거치고 500년이 넘도록 도전했지만 결국 무릎을 꿇고 말았다. 그래도 태종이 한강을 잇는 운하를 포기한 것은 그 또한 명군의 반열에 들 수 있는 자질을 가졌다는 증거라고 할 것이다.

사건비화

五 … 신문고를 울려라

— 남용된 신문고와 격쟁 —

궁궐을 경비하고 도성을 지키는 갑사甲士는 조선의 최정예였다. 갑사라는 명칭부터가 중국 주周나라의 핵심 무관에서 유래한 것이다. 태종 이방원이 왕자의 난을 일으켰을 때의 주력이 사병私兵화된 갑사였으며, 상대방들 역시 갑사로 맞섰다. 정종定宗 당시 사병의 혁파정책으로 삼군부三軍府에 귀속되었지만, 태종이 다시 떼어내어 본래의 임무에 복귀시켰다. 갑사들에게 정식 품계와 녹봉을 지급했던 것은 그만큼 믿고 대우했던 반증이라고 할 것이다. 그런 갑사들이 무려 500여 명이나 집단행동에 나서 신문고를 쳤다면 믿을 수 있겠는가. 게다가 그때가 갑사를 가장 대우하던 태종 시절이라면 더욱 믿기지 않을 노릇이다.

갑사들이 집단행동에 나서게 된 것은 사헌부司憲府와의 갈등 때문이었다. 애초에 발단을 일으킨 자는 사헌부가 아니라 주로 국가의 의전을 담당하는 봉상시奉常寺의 중견관리 하연河演이라는 자였다. 하연이 "갑사의 직책이 낮고 천하니, 어찌 세음자제世蔭子弟가 할 것이냐?" 며 갑사들을 얕잡아보자, 분노한 갑사들이 우르르 몰려가 하연을 구타했다. 그런데 그들에게 얻어맞은 사람은 다른 사람이었다. 창졸간에 봉변을 당한 사람은 신계삼辛繼

參이었는데, 그는 하필이면 사헌부의 종6품 감찰監察이었다. 조선의 검찰이라고 할 수 있는 사헌부의 감찰이면 중견급의 검사에 해당한다. 그런 사람을 집단구타했으니 무사히 넘어갈 리가 만무했다. 신계삼이 사헌부에 가서 사실을 말하자 직속상관인 사헌부장령司憲府掌令 이관이 즉시 갑사들을 체포하여 본때를 보였다.

그 사건은 갑사들을 발칵 뒤집어놓았다. 500여 명이나 되는 갑사들이 대궐에 들어와 태종에게 "궁문을 지키는 조아爪牙의 갑사를 어찌 이렇게 할 수가 있습니까?" 라며 직접 호소하기에 이르렀다. 그들이 호소하는 차원을 넘어 책임자를 처벌해달라고 요구하자, 태종은 당사자들을 불러 조사하게 되었다. 전후사정을 알고 보니 갑사들의 잘못이 분명하여 그만 물러가라고 하였는데, 갑사들은 놀랍게도 신문고申聞鼓를 치기까지 하였다. 신문고는 본래 억울한 지경을 당한 백성들이 마지막으로 호소할 수 있는 수단으로써, 신문고를 통해 접수된 사안은 왕에게까지 보고되어 면밀하게 조사되기 마련이다. 그런데 태종이 직접 판단하여 처결한 사안을 가지고 신문고를 쳤다는 것은 사실상의 항명이나 진배없다.

갑사들은 그것으로 그치지 않았다. 자신들에게 모욕을 가했던 하연의 집을 허물어 부수려고까지 하였으니, 도성에 심상치 않은 분위기마저 감돌았다. 그러나 태종은 태도를 바꾸지 않았다. 하연이 원인을 제공했지만 그렇다고 해서 조정이 임명한 관리를 함부로 구타하는 것은 있을 수 없는 일이었다. 그리고 이미 도를 지나친 갑사들의 요구를 수용할 수도 없었다.

그러자 이번에는 조영무趙英茂가 찾아왔다. 그는 태조 이성계를 도와 조선을 건국한 주역 가운데 하나이며 무장武將 세력을 대표하는 중신이다.

그런 조영무까지 찾아왔으니 아이 싸움이 어른 싸움으로 번진 형국이다.

조영무가 아뢰기를,

"갑사가 대사헌의 종리從吏와 서로 싸워서 모두 헌부憲府를 원망하고 있습니다."

하였다. 임금이 말하기를,

"전일에 갑사가 감찰과 서로 싸우고, 며칠 뒤에 또 서리書吏와 싸웠는데, 어찌 갑사들의 작은 일을 가지고 소사所司를 책할 수 있는가?"

하였다. 영무가 말하기를,

"갑사들이 떼를 지어 고소하였습니다."

하니, 임금이 말하기를,

"경이 어째서 이런 말을 하는가? 만일 갑사가 떼를 짓는 것을 두려워한다면, 나도 역시 두려워할 것이다. 그렇다면 갑사가 도움이 되지 않을 뿐만 아니라, 도리어 해가 되는 것이다. 갑사가 사헌부의 아전과 싸웠다면, 마땅히 모두 순금사巡禁司에 가두어 시비를 분변해야 할 것이다. 내가 들으니, 전일에 갑사들이 하연의 집을 파괴하려고 하였다 하니, 비록 한 간間 집이라도 어찌 파괴할 수 있는가? 갑사의 잘못이 크다."

하니, 영무가 감히 다시 말하지 못하였다.

— 〈태종실록〉 6권, 3년(1403년) 11월 22일

태종과 조영무를 앞세워 사헌부와 갑사가 정면으로 대립하였는데, 경과에 따라서는 우려할 사태가 벌어질 수도 있었다. 이때 태종은 갑사들을

대표하여 찾아온 조영무를 크게 꾸짖어 물리쳤다. 그것은 국가의 기반이 무력이 아니라 정예의 관료라는 선언이며, 아무리 아끼는 갑사라고 해도 감히 왕권에 도전하는 것은 결코 용납지 않겠다는 의지의 표현이었다. 조영무도 어쩔 수 없이 물러갈 수밖에 없었는데, 신생국가인 조선이 본격적인 관료국가로 진입하는 상징적 의미로 기능했다고 할 수 있다.

이 사건에서 흥미로운 것은 갑사들이 쳤던 신문고다. 태종이 신문고를 설치하라는 교서를 내린 것은 재위 2년째인 1402년 1월 26일의 일이다. 재위 첫해에 신문고의 필요성이 제기되었는데, 왕자의 난을 일으켜 형제들을 죽인 전력이 있던 태종으로서는 자비롭고 엄정한 이미지를 홍보할 필요가 있다고 판단한 결과일 것이다. 대부분 그렇듯 신문고도 중국을 본받아 실행하게 되었다.

그렇게 실시한 신문고에 의해 처벌당한 영광의(?) 1번 타자는 조호趙瑚라는 중앙의 관리였다. 참찬參贊 급의 고위직에 있던 조호가 방약무인하여 남의 노비를 빼앗으며 사헌부를 욕하고 비난하는 등 함부로 굴다가 격고(擊鼓, 신문고를 침)를 받아 처음으로 처벌받게 된 것이었다.

첫 전과치고는 그리 나쁘지 않다고 할 것인데, 문제는 신문고를 친 사람이다. 최초로 격고하여 억울함을 호소한 사람은 태종이 굽어 살피려고 했던 백성이 아니었다. 지금주사知錦州事 안속이라는 자였는데, 지금의 금산 지방을 총괄하는 관리였으니 상당히 높은 지위라고 할 수 있다. 그런 사람이 조호가 자신의 노비를 빼앗아 갔다고 고발한 것은 백성들의 삶의 질을 높이거나 억울함을 푸는 것과는 아무런 관련이 없지 않은가. 신문고의 용도가 처음부터 가진 자들이 더 많이 가지게 해주는 것으로 시작하였으니 계속해서 많은 문제를 야기할 우려가 컸다.

게다가 이번에는 신문고를 설치한 태종 자신이 가장 아끼는 갑사들에 의해 신문고의 표적이 되고 말았다. 최고기관인 임금의 판결에 불복하여 신문고를 쳤다면 태종이 피고가 될 판이었다. 만일 이 일에 제대로 대처하지 못한다면 왕으로서의 권위가 심각하게 훼손당하여 강한 파워를 가진 공신들과 척족들을 제압하기 어려웠을 것이었다. 조영무와의 신경전은 본질적으로 공신 세력과의 갈등이었으며, 그때 강하게 나가지 못했다면 이후의 정국 운영에 애로가 많았을 것이다. 갑사들이 친 신문고는 그만큼 파괴력이 컸다. 하마터면 태종 자신이 만든 제도에 당할 뻔했는데, 그처럼 신문고는 역기능이 많았다.

따지고 보면 조선처럼 사법제도가 잘 구현된 나라도 드물었다. 《경국대전》을 살펴보면 지방의 군, 현의 수령은 장형杖刑 이하, 관찰사는 유형流刑 이하의 사건만을 처리하게 하였으며, 특히 사형은 삼심제三覆制를 시행하여 국왕의 결재에 의해서만 집행할 수 있게 하였다. 또한 형벌권의 남용을 막기 위해 위반이 적발되었을 때는 엄중하게 책임을 물었으며, 각 지방에 훈도訓道와 검율檢律을 파견하여 지방관을 보좌하게 하였다. 그뿐 아니라 피의자와 수감자의 인권도 보호하게 하였으니, 고문 등의 가혹한 수단을 제외하면 지금의 사법과 견주어도 그리 손색이 없다.

또한 사건의 처리기간도 명확하게 규정되어 있다. 재판에 필요한 문건과 증인 등의 요소가 모두 확보된 날을 기준으로 하여 사형에 해당하는 큰 사건은 30일, 징역과 노동을 겸하는 도형徒刑과 유배流配 같은 중급 사건은 20일, 매로 다스리는 태형笞刑과 장형杖刑처럼 가벼운 사건은 10일로 한정하고 있다. 모든 여건이 충족되었는데도 기한 내에 처리하지 않으면 역시 책임을 추궁받게 된다. 기간에 쫓겨 졸속하게 처리될 우려도 있지만, 그것보다는 고의적으로 계속 가두어두거나 처리가 늦어져 피해를 당하는 것을 막기 위한 것에 주안점을 두었다.

재판에 패소해도 승복하지 않을 권리가 있었다. 판결을 내렸던 지방관이 교체되면 다음에 부임한 자에게 새로 판결을 요청할 수도 있었으며, 군현郡縣의 판결에 불만이 있다면 상급기관인 관찰사觀察使에게 호소할 수도 있었다. 지방최고기관인 관찰사의 판결도 승복할 수 없다면, 그때는 신문고를 치러 갈 수 있는 것이다. 제도가 완비되고 사형수들까지 국왕이 직접 심사하는 나라라면 적어도 사법에서만큼은 선진국으로 분류될 수 있지 않겠는가. 제도를 구축하는 것과 그것이 제대로 시행되는 것은 별개의 문제겠지만, 이런 수준의 제도를 갖춘 조선에서 신문고는 어떤 필요성이 있었을까?

형조판서 박은朴訔과 정랑 성엄成揜이 파면되었다. 처음에 부사직副司直 최금강崔金剛이 그 종매從妹 수미須彌가 부사직 송현우宋玄祐와 간통하였다고 고발하였다. 형조에서는 '간통하는 것을 붙잡은 것도 아니고, 노비를 다투는 일로 인하여 분함을 품고 간통하였다고 지적한 것'이라 하여,

최금강의 직첩을 거두고 법률에 의하여 논죄하도록 청하니, 최금강의 아내가 신문고를 쳐서 억울하다고 호소하였다. 사헌부에 내려 핵실覈實하게 하니, 사헌부에서 말하기를,

"수미라는 계집이 송현우와 간통한 것은 사실입니다. 그러나 최금강은 마땅히 서로 감싸주어야 할 처지인데, 도리어 그 추악한 짓을 고소하여 더러운 일을 외부에 드러냈습니다. 빌건대, 최금강과 수미라는 계집, 송현우 등을 법률에 의하여 논죄하소서."

하여, 그대로 따랐는데, 송현우는 도망하였다. 사헌부에서 드디어 형조판서 박은과 정랑 성엄이 송사를 밝게 분변하지 못한 것을 탄핵하니,

(중략)

임금이 곧 헌사憲司의 탄장彈狀을 내려 주고 박은 등을 파면시켰다.

— **〈태종실록〉 9년**(1409, 기축년) **2월 17일**

재판을 잘못한 결과 대법원장 격인 형조판서가 파직되기까지 하였으니, 조선의 사법이 얼마나 엄중했는가를 잘 보여주고 있다. 그것과 겸하여 신문고가 제대로 기능한 몇 되지 않은 사례다.

갑사 한중겸韓仲謙 등을 경성鏡城 수졸戍卒로 충당하였다. 한중겸 등이 신문고를 쳐서, 지난해 야인과의 싸움에 공로가 있다고 하며 승진시켜 주기를 요구하였으므로, 이를 하옥시켜 신문하도록 명하였다.

— **〈태종실록〉 11년**(1411, 신묘년) **6월 22일**

전 장흥부사長興府使 김기金頎를 덕산德山에 안치(安置, 유배)하였다. 김기가 신문고를 쳐서 원종(原從, 원종공신)의 반열에 참여하기를 원하였다. 임금이 불러서 원종의 사유를 물으니, 대답하였다.

"무인년에 주상이 경복궁 남문 밖에 계실 때 신이 장철張哲 등 15인과 함께 세자 이방석李芳碩을 성 서쪽에서 죽였습니다."

(중략)

지신사 김여지金汝知 등이 대답하였다.

"이 사람(김기)의 말은 주상께서 차마 들으실 수 없는 것이니, 국문하면 말이 길어질 것입니다. 신 등은 생각건대, 신문고를 잘못 친 것으로 장杖 100대를 때리어 먼 변방에 귀양 보내는 것이 가할까 합니다."

임금이 말하였다.

"불가하다. 옛적에 당 태종唐太宗이 영명한 임금으로 오히려 규문閨門의 참덕慙德을 면치 못하였다. 하물며 무인년 위급한 때를 당하여 골육이 상잔相殘하는 것을 내가 어떻게 면하겠는가? 그 대체는 그러한데, 지금까지 하늘에 고하고 뉘우친다. 그러나 그때를 당하여 내가 흥안군興安君을 구제하고자 하였으나 마침내 구하지 못하였는데, 하물며 김기 등 15인으로 하여금 골육을 죽이겠는가? 그때에 싸움이 일어나서 공을 이룬 자가 많으니, 김기가 또한 반드시 말을 들은 곳이 있을 것이다. 반드시 국문하여 의혹을 풀어야 하며 국문한 뒤에는 어찌 반드시 죄를 주겠느냐?"

김여지가 대답하였다.

"주상의 말씀이 옳습니다."

명하여 국문하니, 과연 사실이 아니었다. 죄가 장 100대에 도 3년에 해당하는데…….

위의 두 사건은 신문고를 이용하여 영달을 꾀하다가 오히려 신세를 망친 케이스다. 실제로 실록을 보면, 신문고에 의한 판결은 조선 전체를 통틀어 불과 100건에도 미치지 못하고 있다. 연산군 당시에 폐지되어 영조 때 다시 부활시킨 탓도 있겠지만, 연산군 이전에도 신문고는 그리 활성화되지 못했다. 연산군에 의해 폐지되기 이전인 문종 시대에는 6건, 단종 시대에 1건, 세조 시대에는 2건이며, 예종 시대에는 아예 신문고에 대한 기사가 나타나지 않는다. 다시 부활된 영조 시대 이후인 헌종과 철종의 시대에는 1건도 없는데, 그렇다면 그들의 시대가 굳이 신문고가 필요 없을 정도로 태평성대였다는 것일까.

신문고와 관련된 내용 총 311건 가운데는 오히려 신문고의 폐단을 지적하는 것들도 상당수다. 상식적으로 생각해도 피고와 원고를 모두 만족시킬 수 있는 판결은 존재하지 않는다. 오늘 재판이 100건 있었다면, 그 판결을 받은 사람 가운데 50퍼센트는 이번 판결은 잘못되었으며 그에 따라 자신이 피해자라고 여기게 될 것이다. 쉽게 말해 1건의 재판은 1명의 피해자를 만들게 되어 있다는 말이다. 정식으로 법을 적용하여 진행해도 불만이 생기는 것은 어쩔 수 없다. 하물며 신문고처럼 정규의 법제法制 외에 설치된 장치가 불만을 획기적으로 해소하기는 어렵다. 오히려 그것을 이용해 이득을 취하려는 자들 때문에 몸살을 앓을 지경이었다. 이처럼 신문고가 개인의 사리사욕에 이용되어 문제를 야기하자, 신문고를 이용할 수 있는 사건을 제한하게 하였다. 관리나 노비가 상관이나 주인을 고발하거나, 타인을 매수하고 사주하여 고발하게 하려는 목적 등으로 신문고를 쳤다가 적발되면 엄하게 처벌했다. 그래도 신문고에 대한 시비가 끊이지 않았다.

성군으로 추앙받는 세종의 치세에서조차 신문고에 대해서 우왕좌왕 했다.

임금이 대언代言 등에게 이르기를,
"지난번에 '신문고를 함부로 치는 자에게는 죄를 주라' 했었는데, 이제 다시 생각하니, 이렇게 하면 품은 생각이 있어 아뢰고 싶은 사람도 법을 두려워하여 말하지 못할 것이요, 또 어리석은 사람은 이것을 모르고 치게 될 것이다. 그러므로 나는 그들에게 죄를 주지 않을 터이니, 경들은 그리 알라."
하였다.

—〈**세종실록**〉 **12년**(1430, 경술년) **10월 29일**

임금이 말하기를,
"지난번에 대신들이 의논을 올려 말하기를, '무릇 송사를 판결하는 데는 이미 성규成規가 있어 중외에 반포 시행했으니, 혹시 탐포貪暴한 사람이 비록 정당한 판결을 잘못 판결했다고 일컬으면서 신문고를 함부로 치지마는, 이를 금하지 못하면 송사의 판결에 기한이 없을 것이니, 마땅히 형률에 의거하여 죄를 다스려야 될 것이다' 하였다. 하지만 내 생각에는 비록 사리를 아는 사람이라도 송사를 판결할 적에는 또한 혹시 정당함을 잃는데, 하물며 그 무지한 사람이 이익으로써 마음을 먹고 금령을 범하는 것이랴. 마땅히 이를 생각 밖에 두고 그 죄를 다스리지 말아야 될 것이다. 근래에는 함부로 고소하는 사람이 지나치게 많으니, 지금부터 두 번씩이나 함부로 고소하고 격고하는 자는 1등等을 감하여 죄를 다스리게 하라."

하였다.

—〈세종실록〉 13년(1431, 신해년) 10월 28일

기록을 보면 세종 시대에도 신문고에 대한 정책이 갈팡질팡하고 있었다는 것을 알 수 있다. 그만큼 운영이 혼란스러웠다는 반증일 것이다. '마음대로' 와 '함부로' 의 경계는 이렇듯 분명하지 못하다.

신문고에 의한 황당한 사건도 벌어졌다.

사비私婢 자재自在가 광화문의 종을 치고 자기의 원억冤抑한 일을 호소하므로 승정원에서 그 까닭을 물으니 대답하기를,

"의금부의 당직원當直員이 신문고 치는 것을 금하기 때문에 종을 쳤습니다."

하였다. 임금이 말하였다.

"신문고를 설치한 것은 사람들이 마음대로 칠 수 있게 하여, 백성들의 사정이 위에 통할 수 있게 하려는 것이다. 무슨 까닭에 금하였는가. 만약 진

술한 말이 사실이 아니라면 죄는 그 사람에게 있는 것이니, 북을 관리하는 관리에게 무슨 상관이 있겠느냐마는 이와 같이 금지를 당한 사람이 반드시 여러 사람일 것이니, 그 의금부의 당직원을 헌부에 내려 국문하게 하라."

드디어 김중성金仲誠과 유미柳渼의 의금부 관직을 파면시켰다.

—〈세종실록〉 10년(1428, 무신년) 5월 24일

사노비인 자재라는 자가 감히 광화문 앞에 있는 종루에 올라 종을 치기에 잡아들이니, 신문고를 치지 못하게 하여 어쩔 수 없이 종을 치게 되었다는 것이다. 즉시 조사하자 의금부 당직이 신문고 치는 것을 금지하였다는 것이 밝혀졌다. 본래 신문고는 의금부당직청義禁府當直廳에서 관리하여 왕에게 직접 알리도록 하였다. 그런데 어쩐 이유에선지 그날 당직을 섰던 김중성과 유미가 신문고를 치지 못하게 한 것이다. 두 사람은 엄중한 국문을 받고 파면당하기에 이르렀는데, 노비가 신문고 치려고 하기에 사연을 조사해보니(의금부는 그럴 권리가 있었다) 격고의 사안에 해당되지 않는 것으로 판단했기 때문이 아니었나 싶다. 만일 신문고 치는 것을 막아달라는 부탁을 받았다거나 하였다면 파면당하는 것으로 그치지 않을 것이기 때문이다. '누구나' 와 '아무나' 의 경계 역시 이렇게 모호했다.

고심 끝에 정부는 신문고를 이용할 수 있는 경우를 크게 4가지로 구획했다. 본부인과 첩을 구분하거나 그들 사이의 사건인 적첩분별嫡妾分別, 자신이 형벌을 받아 위급하게 되었을 때 호소하는 형륙급신刑戮及身, 양인과

천예 사이의 사건인 양천변별良賤辨別, 집안 내부의 사건인 부자분별父子分別이 바로 그것이다. 그것을 일러 사건사四件事라고 하였다. 반드시 사건사에 해당하지 않더라도 아주 억울하거나 원통한 사안에 한하여 신문고의 사용이 가능했다.

그러나 신문고는 널리 백성들의 애로사항을 해결해주겠다는 취지와 부합하지 못했다. 신문고를 치기 위해서는 복잡한 절차를 거쳐야 했다. 도성에 사는 자들은 우선 사헌부나 의금부에 가서 신고를 한 다음에야 신문고를 칠 수 있었는데, 사헌부와 의금부는 평소에도 꺼리는 곳으로서 일반 백성들이 접근하기 매우 어려웠다. 잘못 들어갔다가는 경을 치기 일쑤였으니 접근 자체가 어려웠을 것이다.

지방의 백성들은 자신이 거주하는 곳의 현감이나 현령 등의 사또에게 상급기관에 호소하겠다는 허가를 얻어야 했다. 그것은 사또들의 재판처리에 불만을 가졌다는 것인데, 상급기관에서 판결이 뒤집히는 날에는 사또들은 삭탈관직까지 감수해야 할 것이다. 자신들의 잘못이 드러나 밥줄이 끊길 위험을 감수하고 허가장을 써줄 사또가 몇 명이나 되겠는가.

독하게 마음먹고 사또들의 허가를 얻은 다음 감영을 통해 도성으로 올라와 다시 사헌부나 의금부를 거치려면 최소한 너끈히 두어 달은 소요되고도 남을 것이다. 그동안의 생계는 누가 꾸릴 것이며 집안은 누가 돌보겠는가. 예나 지금이나 송사訟事에 휘말리면 돈과 배경이 없는 집안은 거덜나게 마련이다. 그런 만큼 지방의 백성들에게는 그림의 떡에 지나지 않았다. 한성이나 인근의 사람이라고 해도 신문고를 치게 되기까지의 과정을 조리 있고 상세하게 진술할 수 있는 사람이 대체 몇이나 되겠는가. 신문고를 의도대로 이용할 수 있는 계층은 기득권층으로 제한되었으며, 그들의 이득을 대변하기 위한 도구로 전락하고 말았다.

신문고 이외에 흡사한 기능을 갖춘 것도 있었다. 격쟁擊錚이라 하여 억울한 자가 대궐에 들어가 직접 호소하거나 왕이 거둥하는 길목에서 징이나 꽹과리를 쳐 임금에게 하소연하는 것이 그것이었다. 대궐에 들어가 호소하는 것이 궐내격쟁闕內擊錚이며, 왕이 거둥할 때 호소하는 것을 위내격쟁衛內擊錚 혹은 위외격쟁衛外擊錚이라 하였다. 조선 중기에는 궐내격쟁 위주였으며, 후기에는 위내와 위외격쟁이 행해졌다. 격쟁의 호소가 대궐 밖으로 옮겨지게 된 것은 그만큼 문제가 많았기 때문이다. 실제로 격쟁인擊錚人들이 함부로 대궐에 들어가 배회하는 기록이 있는바, 도저히 궐내격쟁을 허용하기 어려웠을 것이다.

격쟁도 신문고처럼 자손이 조상을 위하고, 아내가 남편을 위하고, 아우가 형을 위하고, 노비가 주인을 위하는 등의 네 가지 용도로 제한하였다. 제한 이외의 내용 등을 들어 함부로 격쟁하는 것에 대한 처벌도 엄하게 규정했지만, 그것이 제대로 지켜질 리가 만무했다. 자신을 제대로 섬기지 않은 것에 대해 다투고 남을 비방하거나 송사를 해결하려는 이기적인 용도로 전용되기 십상이었다. 북 대신 징과 꽹과리를 쓴다는 것이 신문고와 다를 뿐이었다. 골머리를 앓던 조정에서 엄벌에 나섰다. 취미 삼아 함부로 격쟁을 일삼는 자는 가족을 연좌하여 처벌하는 전가사변全家徙邊에 처하였고, 관리를 무고할 목적으로 격쟁하는 자는 장杖 80대에 처하였다. 또한 거짓으로 격쟁한 자는 장 100대를 치는 등 중벌에 처하였는데, 형벌을 당하다가 죽는 자들까지 나타날 지경이었다. 그렇게 가혹하게 처벌해도 격쟁의 문제가 끊이지 않았다.

마침내 격쟁은 최후의 순간을 맞았다.

상께서 전교하기를,
"지금 격쟁인 이병두李丙斗의 원정原情을 보았는데, 이재만李載晩이 허다하게 불을 저지른 것이 매우 통탄스럽다. 이를 심상하게 처리해서는 안 되니, 우선 섬에 유배시키는 법을 시행하라. 원정 가운데 제반 일들은 의당 처분이 있을 것이다."
하였다.

—〈고종실록〉 10년(1410년) 2월 7일

이것이 실록에서 나타난 격쟁의 마지막 모습이다. 최후의 격쟁인 이병두가 상달上達한 것도 다른 사람을 위하는 것과는 거리가 멀어 쓴웃음이 나온다.

신문고도 역사의 흐름을 거스를 수 없었다.

"아! 간사한 무리들이 신 등을 참소하여 죄를 씌우려고 하나 잡아 쥘 만한 죄목이 없게 되자 이에 꼬리를 만들어내서 조정의 신하를 규탄하고 정령政令의 토의에 참여하는 것은 인민의 정상 권한이 아니라고 말하였습니다. 이 말이 임금의 귀를 현혹시켰으며 대관을 격동시켜 일어나게 하기에 충분하였습니다. 그러나 신문고를 쳐서 호소하게 하고 비방목誹謗木을 이용하는 것은 잘 다스려진 세상의 아름다운 일이고, 나무꾼에게서 묻고 미치광이에게서 쓸 만한 말을 골라내는 것은 명철한 임금의 훌륭한 조치인 것입니다. 백성들이 말을 하지 않으면 몰라도 말을 하면 반드시 살펴야 하는 것인데 저 무리들은 반드시 뭇사람들의 입에 재갈을 물려 그들로 하여금 입을 다물도록 하는 것은……."

고종 35년인 1898년 10월 25일, 당시 중추원부의장中樞院副議長이던 윤치호尹致昊 등이 심상훈沈相薰, 민영기閔泳綺의 무리를 규탄하는 데 인용되는 것으로 신문고도 역사에서의 유통기한을 다했다. 조선을 구성하고 상징했던 주요한 성분 가운데 하나라고 배웠던 신문고의 실체는 그리 견고하지 못했다. 그러나 아주 드물게 나타나 애끓는 가슴으로 북채를 부여잡고 손바닥뼈가 드러나도록 신문고를 내리쳤던 민초들의 형상은 너무나 생생하다. 온몸을 비틀어 팽팽하게 긴장된 쇠가죽을 내리칠 때마다 둥둥둥 부르짖는 북소리는 가진 것 없는 그들의 마지막 희망이었을 것이다.

추신 1

신문고의 상징성

〈세종실록〉에는 세자를 정하는 의식에 신문고가 포함된 것이 나타난다.

동궁東宮이 정사를 보는 의식視事儀을 정하였다. 동궁은 승화당承華堂동벽東壁 한가운데 앉고,

(중략)

다음에 신문고를 친 소지所志 한두 장을 아뢰고, 물러나 제자리에 돌아간다. 다음에 여러 승지가 공사公事를 아뢰는데 역시 이 예例와 같이 하고, 그 나머지 아뢰는 자들은 모두 제자리에서 하여 석차를 떠나지 아니한다.

— **〈세종실록〉 29년**(1447, 정묘년) **9월 19일**

세자를 정하는 의식에 신문고가 포함된 것은 민의民意에 소홀하지 말라는 상징적인 의미였을 것이다. 실제로 신문고는 실질적인 기능보다는 상징성이 강했다.

신문고의 기록

신문고는 연산군이 폐지하여 영조 대에 다시 부활되었다는 것이 일반적인데, 실록에는 그 사이에도 신문고를 쳤다는 기록이 몇 번 나타난다.

전교하였다.

“등문고(登聞鼓, 신문고, 또는 승문고라고도 한다)를 쳐서 호소한 바가 사실이 아닌 것 이외에 징을 친 자는 죄를 다스리지 말라.”

—〈중종실록〉 1년(1506, 병인년) 10월 25일

병조가 아뢰었다.

“조하를 받을 때에, 격쟁하는 자가 있기에 물으니, 정병正兵 오윤창吳允昌이었습니다. 전에 격쟁한 사람은 으레 다 논하지 않았으나, 윤창은 전정殿庭에서 격쟁하였으니, 지금 죄주지 않으면, 이를 본받을 자가 반드시 많을 것입니다. 죄를 다스리소서.”

이에 전교하였다.

“그리하라.”

—〈중종실록〉 9년(1514, 갑술년) 2월 1일

임금이 사형수를 삼복三覆하였다. 살인자와 인신印信을 위조한 죄인 5명은 모두 사형으로 논죄하였다. 고양高陽 사람 유함은 비부婢夫를 태살笞殺한 죄로 사형에 해당된다고 하였다. 이에

"아버지가 죽은 뒤에 밤낮으로 절치부심하며 원수 갚기를 생각하였으나, 다만 동생이 어리기 때문에 장성하기를 기다려 힘을 합쳐 복수하려고 지금까지 참아왔었는데, 이제는 소원을 풀었습니다. 죽어도 여한이 없으나 집에 노모가 계시므로 살 길을 처리한 뒤에 비로소 출두하였습니다."

하니, 현관縣官과 도신道臣이 모두 그를 의롭게 여겨 그 옥사를 늦추려고 하였다. 그러나 손지의 아들이 신문고를 쳐서 원통함을 호소하였으므로…….

—〈숙종실록〉 29년(1703, 계미년) 12월 3일

태안 백성들이 태복시太僕寺에서 고목장古牧場이라 칭하여 대대로 전해온 전토田土를 횡탈하니, 신문고를 치며 원통함을 호소하였다. 태복시에서 낭관郎官을 보내어 조사하게 하고 말하기를…….

—〈숙종실록〉 30년(1704, 갑신년) 4월 22일

사건비화

六… 수십 명을 죽였는데 증거가 없다

— 조선 시대의 살인사건과 마녀사냥 —

조선 시대에 벌어진 살인사건 가운데 최대 규모인 동시에 가장 미스터리한 사건을 소개하겠다.

경기 광주廣州 사람 김대뢰金大賚의 종 영만永萬이 저주咀呪하여 김대뢰와 그 노비 무릇 30여 인을 죽이니, 김대뢰의 종 세적世迪이 그 주인과 부모가 모두 저주에 죽은 때문에 영만을 제 손으로 살해하고 관아에 자수하였다. 감사監司 신방申昉이 그 사실을 아뢰니, 사건을 형조에 내렸다. 형조에서 형률에 따라 장杖 60대를 칠 것을 청하니, 임금이 옳게 여겼다.

— 〈**영조실록**〉 **10년**(1734, 갑인년) **5월 5일**

김대뢰라는 사람과 그의 일가와 노비 등등 무려 30여 명이나 살해당했으니 가히 놀랄 만하다. 더욱 놀라운 것은 범인이 한 명인데다, 그 집의 종인 영만이라는 사실이다. 개인에 의해 저질러진 살인사건으로는 단연코 최대 규모다. 그런데 영만에 의해 저질러진 사건은 온통 의혹투성이다. 내용에 비해 기록이 너무 짧은데다, 범행 동기를 위시한 인과관계가 전혀 나타나지 않는다. 종이 주인을 살해하는 것은 조선처럼 상하가 분명하고 엄정한 법률에 의해 유지되는 나라에서는 최악의 범죄라고 할 수 있다. 그런 사건이 벌어지면 특히 엄중히 조사하고 처벌했다. 당연히 실록에 사건의 전모가 기록되게 마련인데, 어떻게 된 것인지 전혀 그렇지 않다. 실로 조선을 뒤흔들 정도의 엄청난 사건임에도 불구하고 기록은 지금 제시한 것이 전부다. 달랑 몇 줄짜리 문장 외에는 사건을 재구성할 어떤 근거와 자료도 존재하지 않으니 이게 어떻게 된 것인가. 더욱 놀라운 점은 범행 수단이다. 과연 저주로 사람을 죽일 수 있었을까. 차라리 김대뢰 일가가 갑자기 미쳐서 서로 죽였다면(실제로 그런 사건이 있었다) 훨씬 수월하게 이해할 수 있을 것 같다.

과연 당국은 무엇을 했을까. 우선 발생지역인 광주에서 1차적으로 초동수사를 했을 것이며 상급기관인 경기도 감영에서 충분히 조사했을 것이 분명하다. 조선의 수사 수준이 그리 녹록치 않다는 것을 감안하면, 타살의 흔적이 곧 발견되어야 했다. 그리하여 사건의 전모가 드러나고 공초供招와 검시檢屍 등의 기록으로 남아야 할 것인데, 전혀 그렇지가 않다.

의혹을 더하는 것은 영만이 미처 조사를 받기도 전에 죽었다는 점이다. 영만을 죽인 자는 같은 댁의 종 세적이다. 세적은 주인과 부모를 저주하여 죽인 영만을 때려죽이고는 관아에 자수하였다. 이에 형조에서는 세적을 정당하게 원수를 갚은 것으로 적용하여 형률에 따라 장 60대를 칠 것을 청하였고, 영조도 그리 하라고 명하였다.

범행을 자백하거나 억울함을 호소할 영만이 조사를 받기도 전에 맞아 죽어버렸으니 사건의 본질에 접근할 방도가 완전히 사라지고 말았다. 이렇게 되면 가장 의심스런 자는 영만을 죽이고 자수한 세적일 수밖에 없는데, 세적까지도 완전히 종적을 감추고 말았다. 조선 최대의 살인사건은 의혹만 숱하게 잉태한 채 역사의 미궁 속으로 사라져버린 것이다.

그러면 '저주에 의한 살인'과 관련된 실록의 다른 기록을 살펴보자.

> 중화군中和郡에 사는 저주한 사람 김견金堅 등 4명이 형벌에 복종하여 참형을 당하였다.
>
> —〈태조실록〉 7년(1398, 무인년) 윤5월 3일

태조 시대부터 저주가 나타난다. 실록에는 저주에 의한 살인이 가능한 것으로 규정하고 있으며, 형량 역시 사형에 해당한다. 김견 등 4명은 자신들이 저주로 사람을 죽인 것을 인정하고 참형을 당했다.

또한 감히 임금을 저주했던 8명이 참형에 처해졌으며, 이후에도 저주로 인해 극형에 처해지는 사건이 나타나고 있다.

> 저주하여 주인을 시해한 죄인 사노비私婢 효양孝陽을 삼성추국三省推鞫하여 자복을 받아 정형(正刑, 사형)하도록 하였다.
>
> —〈숙종실록〉 7년(1681, 신유년) 11월 24일

종이 주인을 저주하여 죽였으니 영만의 사건과 완전히 동일하다. 삼성추국은 인간의 기본을 저버린 범죄에 대해 왕의 특지特旨로 의정부와 사헌부, 의금부가 참여하는 가장 높은 단계의 수사다. 저주는 그만큼 비중이

큰 사건으로 분류되었다.

> 선덕宣德 3년 4월 초8일 새벽 이전에, '모반謀反, 대역大逆, 모반謀叛, 자손으로서 조부모, 부모의 살해를 도모하거나 구타 매언罵言한 자, 처첩妻妾으로서 남편의 살해를 도모한 자, 노비로서 주인의 살해를 도모한 자, 고독蠱毒이나 염매저주魘魅咀呪하였거나, 사람을 고의로 죽일 음모를 한 자, 오직 강도를 범한 자를 제외하고는 이미 발각되었거나 발각되지 않았거나, 이미 판결이 끝났거나 아직 판결이 끝나지 않았거나 간에 다 죄를 용서하고 면제한다. 감히 이 유지宥旨가 있기 전의 일을 가지고 서로 고발하는 자가 있으면 그 죄로써 죄줄 것이다' 하셨으니, 아아, 허물과 더러움을 깨끗이 쓸어 없애버리고, 환한渙汗의 은전恩典을 널리 베풀어 즐거이 고무하여 풍성하고 태평한 다스림에 이르기를 기약하노라.
>
> —〈세종실록〉 10년(1428, 무신년) 4월 8일

그때 명나라의 황태자가 책봉된 것을 기념하여 대사령을 내렸는데, 저주는 제외하고 있다.

고독은 뱀이나 지네, 두꺼비 따위의 독이며, 염매는 주문呪文이나 저술詛術로 남을 저주하여 죽게 만드는 것이다. 염은 사람의 형상을 만들어 놓고 쇠꼬챙이로 심장을 찌르고 눈을 후벼 파거나 손발을 묶는 것이고, 매는 나무나 돌로 귀신을 만들어 놓고 저주를 비는 형태다. 그런 것을 이용하여 사람을 해치는 저주를 저지른 자들은 대사령의 혜택에서도 제외당하고 있다. 저주는 모반謀反, 모대역謀大逆, 모반謀叛, 악역惡逆, 부도不道, 대불경大不敬,

불효不孝, 불목不睦, 불의不義, 내란(內亂, 가정 내부의 불화) 등등 십악十惡에 해당하는 형량을 받고 있다.

또한 세종 시대에 저주에 대한 놀라운 사건이 보고되었다.

함길도 감사가 아뢰기를,
"도내의 각 고을에 사는 저주하는 사람들 중에 한 여인이 뱀의 그림을 음식에 넣고 주문을 외고 한 남자에게 먹이니, 남자가 복통이 일어났습니다. 이에 곧 웅소근雄蔬根을 다려 먹이니 세 마리의 뱀이 뱃속에서 나왔습니다. 그중에서 두 마리는 죽이고, 한 마리 뱀을 개에게 주었더니, 개가 먹고 사흘 만에 죽으므로, 개의 배를 갈라 보니 그 뱀이 살아 있었습니다. 사람들은 여러 해 동안 옥중에 있다가 목을 매어 자살하고, 두 여인만은 정상을 얻지 못하여 옥중에 가두었으니, 억울함이 적지 아니합니다. 형벌을 삼가는 뜻에 위배되오니 석방시키는 것이 어떠하겠습니까."
하니, 임금이 그대로 따르고 말하기를,
"저주하는 일은 옛 글에도 실려 있으나, 물건의 그림이 변하여 살아났다는 것은 글에 보지 못하였다. 예전에 평안도 어느 사람의 저주로 사람을 죽게 한 일이 있으니, 그 옥사를 상고하여 아뢰라."
하였다.

— **〈세종실록〉 13년**(1431, 신해년) **5월 13일**

저주의 과정과 효과가 생생하게 묘사된 극히 드문 케이스지만, 믿기 어려운 괴담 수준이다. 감사 스스로도 확신이 없었는지 '아무리 보아도 고문에 의한 자백 같으니 억울함을 막기 위해 그만 석방시키는 것이 좋겠다'며 보고했다. 이쯤해서 사건을 종결짓고 방면하자는 건의일 것인데, 세종도 어이가 없었을 것이다.

세종은 이전의 기록을 참고하여 다시 보고하라고 명했다. 그것은 그림으로 만든 뱀이 사람과 개의 몸속으로 들어가 죽게 하는 따위의 허무맹랑한 것으로 어찌 증거를 삼겠느냐는 일갈一喝일 것이다. 마음만 먹으면 살인까지 가능한 저주의 실체는 이렇게 허무한 것이었다.

저주에 대해 널리 알려진 사례를 살펴보자.

내가 전년에 세자(世子, 후일의 문종文宗)를 책봉하고, 김씨를 누대 명가의 딸이라고 하여 간택하여서 세자빈을 삼았더니, 뜻밖에도 김씨가 미혹시키는 방법으로써 압승술(壓勝術, 요망한 술법)을 쓴 단서가 발각되었다. 과인이 듣고 매우 놀라 즉시 궁인을 보내어 심문하게 하였다. 이에 김씨가 대답하기를,
"시녀 호초胡椒가 나에게 가르쳤습니다."
하므로 곧 호초를 불러 들여 친히 그 사유를 물으니, 호초가 말하기를,
"거년 겨울에 주빈(主賓, 세자빈)께서 부인이 남자에게 사랑을 받는 술법을 묻기에 모른다고 대답하였으나, 주빈께서 강요하므로 비가 드디어 가르쳐 말하기를, '남자가 좋아하는 부인의 신을 베어다가 불에 태워서 가루를 만들어 가지고 술에 타서 남자에게 마시게 하면, 내가 사랑을 받게 되

고 저쪽 여자는 멀어져서 배척을 받는다 하오니, 효동孝童, 덕금德金 두 시녀의 신을 가지고 시험해 보는 것이 좋겠습니다' 하였다."

했다. 효동과 덕금, 두 여인은 김씨가 시기하는 자이다. 김씨는 즉시 그 두 여인의 신을 가져다가 자기 손으로 베어내 스스로 가지고 있었다. 이렇게 하기를 세 번이나 하여 그 술법을 써 보고자 하였으나 그러한 틈을 얻지 못하였다고 한다.

호초가 또 말하기를,

"그 뒤에 주빈께서 다시 묻기를, 그 밖에 또 무슨 술법이 있느냐고 하기에 비가 또 가르쳐 말하기를, '두 뱀이 교접할 때 흘린 정기精氣를 수건으로 닦아서 차고 있으면, 반드시 남자의 사랑을 받는다' 하였습니다. 가르친 두 가지 술법의 전자는 박신朴信의 버린 첩 중가이重加伊에게서 전해 들었고, 후자는 정효문鄭孝文의 기생첩 하봉래下蓬萊에게 전해 들었습니다."

라고 하였다.

— **〈세종실록〉 11년**(1429년) **7월 20일**

세종 시대에 세자빈이 해괴한 짓을 벌이다 발각되어 폐출당한 사건에서 저주의 실제를 들여다 볼 수 있다. 세자빈이 된 김씨는 2년이 되도록 회임이 되지 않았다. 당시 문종의 나이가 만으로 15세가 되었지만, 그리 건강하지 못하여 아직 생산을 기대할 때가 아니었다. 그래도 일단 세자빈으로 책봉된 이상에는 진득하게 기다리면 될 텐데, 김씨는 그리 신중하지 못한 타입이었다. 어서 원손을 낳아 자리를 완전히 굳혀야만 한다는 강박은 돌이킬 수 없는 실책을 부르게 됐다. 김씨는 세자가 자신을 찾지 않는 것을 효동과 덕금 두 시녀에게 마음을 빼앗겼기 때문이라고 확신했다. 그 시녀들이 아들을 낳기 전에 어떻게든 먼저 원손을 생산하기 위해서는 일단 세자가 자신을 찾게 만들어야 했다.

위기의식을 느낀 김씨는 시녀 호초를 다그쳐 비방을 알아오게 하였다. 그래서 시도한 것은 세자가 좋아하는 여인들의 신을 베어다 불에 태워 가루로 만든 다음 술에 타서 세자에게 마시게 하는 것이었다. 그것이 효과를 보지 못하자, 이번에는 교접하는 뱀이 흘린 정액을 수건으로 닦아 차는 등의 해괴한 짓을 시도하다가 그만 들통이 나고 만 것이다.

격노한 세종은 세자빈을 폐출시키고 말았다. 김씨가 세종의 격노를 산 것은 조선에서 절대 금기시하는 저주와 술법을 사용했기 때문이었다. 세종은 태종과는 달랐다. 태종처럼 외척들의 씨를 말리지도 않을 것이며, 어지간한 투기는 좋게 타이르고 넘어갈 왕이었다. 하지만 아무리 세종이라고 해도 금기를 깨트린 것까지 용납할 수는 없었다.

저주와 술법은 같은 것이다. 술법을 사람을 해치는 데 쓰면 저주가 되고, 좋은 곳에 쓴다고 해도 결국은 남을 해치는 것이다. 지금은 그리 비밀스럽지도 않은 이 사건을 적시하는 것은 저주와 술법을 투사하는 형태가 비교적 상세하게 묘사되어 있기 때문이다. 그것도 왕실의 가장 깊숙한 곳에서 저질러졌으니 어찌 충격적이지 않겠는가.

성종 시대에 원자를 생산한 중전 윤씨가 폐비되고 사약을 받은 사건은 더욱 유명하다. 본래 숙의(淑儀, 내명부의 종2품)로서 성종의 후궁이었던 윤씨는 중전이 생산 없이 죽은 다음 회임을 하게 되어 일약 총애를 받게 되었다. 그러나 같은 후궁이었던 여자들로서는 달가울 리가 만무했다. 먼저 술법을 쓴 것은 후궁들이었다. 소용(昭容, 내관부의 정3품) 정씨가 무당에게 윤씨를 낙태시키려면 처소 부근의 큰 나무를 불태우고 잘라내야 한다는 비방을 듣고는 불을 질렀으나 들키지 않고 나무까지 베어낼 방도가 없었다. 이후에도 여러 차례나 저주를 시행했는데도 효험이 없었고, 왕자는 무사히 태어났다. 성종이 윤씨를 중전으로 맞아들이자 후궁들로서는 주춤할 수밖에 없었다.

이후에는 중전이 된 윤씨가 소용 정씨를 저주하게 된다. 성종이 소용 정씨를 총애하여 발길이 뜸해지자 성종의 사랑을 되찾기 위한 비방으로 어린아이의 뼈를 소용 정씨의 처소에 가져다 두었던 것이다. 그것이 효험을 보지 못하자 이번에는 후궁들이 다니는 길목에 사람의 뼈를 묻었다. 그것을 밟고 다닌 후궁들이 저주를 받아 죽게 만들기 위해서였는데, 당연히 효험이 없었다.

이후 소용 정씨의 처소에서 저주에 소용되는 물품이 발견돼 크게 처벌당할 위기에 몰렸다가, 마침 임신했기 때문에 넘어갔다. 다음에는 윤씨의 거처에서 흡사한 것이 발견되는 바람에 큰 물의를 일으키게 된다. 중전 윤씨와 대비전을 등에 업은 소용 정씨의 대립이 격화되다가, 윤씨가 실수로 성종의 얼굴에 손톱자국을 내는 바람에 폐비되기에 이른다. 결국 윤씨가 사약을 받았다.

또한 숙종 시대의 장희빈이 인현왕후를 저주하려고 무당을 불러 굿을 하고 요사한 짓을 하다가 들켜 사약을 받게 된 것은 아주 잘 알려진 케이스다. 그것 말고도 왕실의 사람들이 무당을 불러 저주를 하거나 사람의 뼛가루를 사용하여 저주한 사례가 적지 않다. 가장 지엄해야 할 궁중과 왕실에서도 저주와 주술이 난무하였으니 민간에서는 오죽했겠는가.

이제는 저주나 주술로 살인할 수 없다고 단정할 수 있다. 그러면 영만이가 아무리 힘이 장사라도 혼자서 건장한 주인 댁 아들과 노비를 포함한 30여 명을 죽일 수 없다는 결론이 난다. 만에 하나라도 그런 시도가 있었다면 금방 눈에 띄는 흔적이 남았을 것이며 주변에서도 알아채기 쉬웠을 것이다. 그러나 전혀 그런 기미가 없었다.

그렇다면 돌림병이나 기타 질병과 사고로 인해 순차적(?)으로 죽었을 것이라는 추정이 가능하다. 그것은 검시 결과가 없다는 점에서 생각해볼 수 있다. 기본적으로 초검初檢과 복검覆檢을 2차례 이상 실시하게 되어 있는데 검시결과가 나오지 않았다는 것은 시신을 확보하지 못했다는 말이 된다. 한두 명도 아니고 30명이 넘는 시신을 확보하지 못했다는 것은 예전에 죽어서 매장한 것 이외에 다른 이유가 있을 수 없다.

범인이 죽어버린 상태에서 시신마저 오래 전에 매장했다면, 발굴해도 증거를 얻기 어려웠을 터이니, 저주로 치부하는 것이 가장 무난할 것이다. 실제로 그쪽 집안에서 그렇게 주장하였으니 저주로 종결하는 것은 그리 어렵지 않다.

지금도 한 집안에서 계속 사람이 죽어나가면 불길한 무엇이 있다고 생각하기 쉽다. 하물며 저주와 주술로 사람이 죽을 수 있다고 믿었던 당시는 어땠을까. 김대뢰 집안사람들은 30여 명이나 되는 죽음을 우연이 중첩된 결과로 판단하지 않았을 것이 분명하다. 그들이 저주를 혐의에 두는 것은 당연할 수 있는데, 범인으로 지목된 영만이 변명할 기회도 얻지 못하고 맞아 죽은 것은 아무리 보아도 석연치 않다. 누군가가 세적과 짜고 만만한 영만을 제물로 삼았다는 추측도 가능하다. 저주에 의한 것이 분명하다고 생각하던 와중에 영만의 거처에서 요상한 도구가 발견되었다면 어떻게 되었을까? 또한 누군가가 영만의 거처에 요사한 저주에 쓰는 도구를 감춘 다음 영만이가 저주하는 것을 보았다고 고발할 수도 있다. 영만이 변명하려 하자 알려지지 않은 어떤 이유로 인해 세적이 나서서 죽을 지경으로 구타했을 것이다. 이때 함께 있던 친지들은 분노한 나머지 변명을 듣기보다는 세적의 구타를 묵인하거나 함께 힘을 합쳐 영만을 죽였을 개연성이 크다. 영만을 죽인 다음에는 세적이 곤장을 맞는 것으로 총대를 메어 사건을 종결시킨 것은 아닐까.

마지막으로 광해군 시대를 인용해보자. 광해군은 연산군에 이은 폭군으로 규정되어 강제로 폐위당했는데, 반정의 명분이 폐모살제廢母殺弟에 있었다. 폐모는 선왕의 계비인 인목대비仁穆大妃를 서인으로 강등하고 유폐시킨 것을 이르며, 살제는 인목대비 소생의 영창대군永昌大君을 사사한 것을 말한다.

그렇지 않아도 광해군이 명나라에게 고분고분하지 않아 사대에 찌든 자들이 매우 못마땅하게 여기는 판이었는데, 유교적 질서에 움직였던 그 시대에 발생한 폐모살제는 반정에 충분한 명분이 되었다.

애초에 폐모살제의 명분이 된 것도 저주였다.

대사헌 이병, 대사간 윤인尹訒, 집의 임건林健, 사간 남이준南以俊, 장령 한영韓詠, 지평 정양윤鄭良胤, 김호金昈, 헌납 조정립曺挺立, 정언 이강李茳, 박종주朴宗冑가 아뢰기를,

"국가가 불행하여 변이 가장 가까운 내부에서 일어났습니다. 무고하고 저주한 일이 궁궐에 낭자하고 밖으로 역모에 응한 것이 적의 공초에서 분명하게 드러났으며, 자기 소생을 왕으로 세우려 꾀하여 성상을 모해하려 한 정상이 불을 보듯 환히 밝혀졌습니다. 유릉(裕陵, 의인왕후의 능)을 눌러 이기려고 흉악한 짓을 저지른 절차를 보면 차마 듣지도 못하고 말하지도 못할 점이 있는데, 이는 박동량朴東亮의 공초에 나타났을 뿐 아니라 수호군守護軍 등도 모두 가슴을 치고 눈물을 흘리면서 말한 것입니다. 이 어찌 종묘사직에만 죄를 지은 것이겠습니까. 그야말로 신민들 모두가 토죄하면서 용서해서는 안 될 것이라 하겠습니다."

하였다.

누군가가 광해군의 부친인 선조의 정비 의인왕후의 능인 유릉에 허수아비를 묻는 등 저주를 가한 사건이 있었다. 그것만 해도 대역에 처해질 일이었는데, 의인왕후가 광해군의 실질적인 모친이었다는 것이 더욱 큰 문제였다. 광해군의 생모는 후궁인 공빈 김씨였으나, 모친이 어려서 죽는 바람에 의인왕후에게서 길러졌다. 그런 의인왕후의 능에 저주가 가해졌다는 것은 결코 좌시할 수 없는 사건이었다.

그런데 범인이 인목대비 일파로 지목된 것이다. 당장 처벌하라는 상소가 빗발쳤다. 부왕 선조의 계비로서 어머니뻘 되는 인목대비라고 해도 저주사건의 배후로 지목되었으니 무사히 넘어가기 어려웠다.

왕이 하교하기를,

"나인들을 신문하기를 '너희들이 오래도록 나인으로 있었으니 궁금宮禁 사이의 사체를 어찌 모르겠느냐. 그런데도 악행을 저지르도록 부추기면서 못하는 짓이 없었는데, 그중에서도 유릉에 가서 저주하게 한 일을 보면 차마 듣지도 못하고 말하지도 못할 일들이 많다. 흉계를 같이 모의한 자, 몇 월 몇 일에 어떤 사람을 보내 흉악한 일을 저지르게 하였는지에 대한 절차, 망극한 말을 허위로 지어내어 몰래 흉적에게 이야기해 줌으로써 그들로 하여금 격문을 짓고 중국 사신을 사살할 계책을 꾸미게 한 일, 금백金帛을 많이 내어 널리 흉도와 관계를 맺은 정상, 보통 때 김제남이 북문을 통해 궐내에 들어와 직숙直宿하면서 나인과 상종했던 자취 등을 하나하나 바른 대로 고하라' 하라."

하고, 전교하기를,

"이런 조목들을 가지고 나인을 엄히 국문하라."

하였다.

— **〈광해군일기〉 5년**(1613, 계축년) **5월 22일**

유릉에 저주를 가한 범인들을 색출하도록 광해군이 직접 명령했다. 실록에는 그렇게 기록되어 있지만 과연 사실일까 의아스럽다. 총명하기로 소문난 그가 '유릉의 변' 이 조작되었다는 것을 모를 리가 만무하기 때문이다. 게다가 〈광해군일기〉를 작성한 자들이 인조반정仁祖反正을 일으킨 서인들이라는 것을 보았을 때는 충분히 의심을 살 만도 하다. 여하튼 광해군이 저지른 폐모살제의 비극은 결국 그가 부담할 채무로 작용했다. 인조반정 직후 원금에 이자까지 붙은 청구서가 날아온 것이다.

"내인 생이生伊 등 14인 및 여무女巫 수란개秀蘭介는 폐군(광해군)을 끼고 학정을 도우면서 요망을 부려 저주를 자행하였다. 그러고도 도리어 그 악명을 나에게 전가하고, 궁인 30여 명을 요사한 일로 무고하여 모두 죽임을 당하게 하였다.

또 계축 연간에 양궁兩宮의 행로 및 침실 온돌 밑에 흉측한 물건을 묻었고, 갑인년 가을에는 폐인 부처와 내인 등이 내인 천복天福을 꾀어 내가 있는 처소로 들여보내 경동시키기도 하고 공갈하기도 하였으며, 전옥殿屋의 주변에 저주하는 물건을 많이 묻었다. 심지어는 불을 놓아 나를 타서 죽게 하려고까지 하였고, 선왕의 능침에 요사한 물건을 묻어 두었는가 하면, 어용御容의 화상에 활을 쏘기도 하고 능욕하기도 하였다.

이 사람들의 죄악은 참으로 일일이 열거하기가 어렵다. 나의 부형과 어린 자식이 마음속에 한없는 통분을 지녔을 뿐 아니라, 유폐 중에 온갖 고초를 겪은 것이 지금 10년이 되었다. 다행하게도 경들의 해를 꿰는 충의를 힘입어 오늘날 지극한 통분을 씻게 되었으니, 경들의 공로는 그 무엇으로도 보답하기 어렵다. 오직 바라노니, 경들은 율에 의해 속히 조처하고 갇혀 있는 내인 역시 속히 처치하여 그 죄를 밝게 바로잡으라."

— 〈**인조실록**〉 **1년**(1623, 계해년) **3월 17일**

이번에는 광해군이 저주의 혐의를 쓰게 되었다. 본인은 조작이라고 펄쩍 뛰었겠지만, 유릉의 변 당시에도 진범은 없었다. 다만 '진범으로 만들어진 자들' 이 있었을 뿐이었다. 이번에도 제물로 선택된 것은 애꿎은 무녀들이었다. 무녀들을 색출하여 철퇴를 가하는 모습은 마녀사냥과 그리 다르지 않아 보인다.

주술은 조작하기 쉽고 혐의를 걸기도 쉬운데다, 들키게 되면 파멸을 불렀기 때문에 남을 모략하려는 자들에게는 아주 매력적이었을 것이다. 그렇기 때문에 금기로 여기고 엄금하였을 것인데, 아이러니하게도 가장 높은 사법기관인 왕들까지도 거리낌 없이 사용하고 자작하였다. 이러니 저주와 주술이 근절될 리가 만무했다.

그러나 저주와 주술 자체로는 결코 사람을 죽이거나 파멸시킬 수 없다. 그것에 극한의 위력을 부여한 것은 그것을 이용하고자 하는 사람들이었다. 자작극이라는 것이 빤하게 보여도 권력을 가진 자의 뜻대로 되는 것이 세상의 논리다. 조선 시대뿐 아니라 바로 지척인 7, 80년대에도 그런 일이 비일비재했다. 심한 경우는 사형을 확정한 다음 바로 집행하였을 정도였으니 일러 무엇하겠는가.

의인왕후의 능에 저주를 가했다는 미확인의 소문이 엄청난 피를 뿌린 것과 김대뢰 집안의 종 영만이가 저주를 하여 30명이나 넘게 죽이고 본인도 맞아 죽은 사건은 동일한 출발선상에 있다. 한 가지 다른 점이 있다면 영만의 사건은 이득을 본 자가 누구인지 알려지지 않았다는 것이다. 희대의 살인사건과 마녀사냥은 그렇게 자작과 왜곡의 안개 사이로 증발되어 버렸다.

추신 1

단독 살인의 최고 기록

단독에 의한 살인의 최고 기록은 1982년 4월 26일에 경남 의령군 궁류면에서 벌어진 사건이었다. 궁류면 지서에 근무하던 우범곤 순경이 술에 만취해 무기고에서 꺼낸 소총과 수류탄으로 무고한 주민을 무려 56명이나 죽이고 30여 명에게 중상을 입힌 사건이 바로 그것이다.

1964년 일가족을 도끼로 살해하여 공포의 대명사가 된 도끼 살인마 고재봉의 피해자는 6명이었으며, 70년대의 연쇄살인마 김대두는 17명이었다. 2000년대에 와서는 유영철이 21명을 연쇄적으로 살인한 기록이 있다.

사건비화

七 … 반역의 제국

— 나라를 뒤엎으려던 역모의 실체 —

조선에는 역모가 많았다. 역모가 없던 시대가 없었다고 해도 과언이 아닐 정도였다. 은밀히 파종된 역모는 여러 차례의 반란으로 실체화되었다. 두 차례의 반정 또한 본질은 역모일 것인데, 역모 가운데 특이한 사건 하나를 소개하겠다.

영조 10년인 1734년에 남극南極이라는 자가 관리를 사칭하여 공명첩空名帖을 팔고, 남의 아들을 군대에서 빼주겠다고 하여 재물을 받고 달아나는 등의 사기를 치고 다니다가 체포되었다. 어보(御寶, 국새 또는 옥새)와 관인官印을 위조하여 국가에 공을 세운 것을 인증하고 포상하는 공명첩을 만들어 판 혐의만 해도 극형을 면하기 어려웠는데, 놀랍게도 남극은 반역까지 모의하고 있다는 것이 밝혀졌다. 남극에게 역모 혐의가 걸리게 된 것은 6년 전에 일어났던 이인좌李麟佐의 반란과 관련이 있었기 때문이다.

이인좌의 난은 당쟁이 극단적으로 격화된 나머지 반란의 형태로 나타난 것이었다. 원인을 따지자면 19대 왕인 숙종의 후사가 제대로 이어지지 못한 것부터 주목해야 할 것이다. 숙종은 왕비를 3명이나 두었으나 원자를 얻지 못하였고, 장희빈에게서 왕자를 얻는데, 그가 곧 20대의 경종이다. 경종은 노론과 소론의 당쟁에 휘말려 제대로 일하지도 못하고 즉위 4년 만에 요절하고 말았다.

영조는 경종을 등에 업은 소론에게 위협을 당했지만, 즉위한 다음 보복하지 않았다. 오히려 자신과 뜻을 같이하였던 노론이 소론을 응징하려는 것에 제동을 걸었다. 당쟁에 신물이 난 영조가 더 이상의 소모적인 싸움을 막으려는 의도에서 어느 특정한 당파를 중용하는 것을 기피하고 모두에게 기회를 주려는 탕평책蕩平策을 시도한 결과다.

그러나 탕평책은 동등한 기회를 부여하는 장치보다는 균형추로서의 기능이 강했다. 영조는 노론의 독주를 막기 위해 소론을 등용하고, 소론의 입김이 강해지려는 조짐을 보이면 다른 정파를 이용하여 제어했다. 영조로서는 최선의 선택이었으나, 아무래도 자신의 지지기반인 노론과 가까울 수밖에 없었다.

언젠가 팔이 안으로 굽게 되어 처참하게 당할지 모른다는 위기감에 소론은 극단의 선택을 하게 된다. 소수 정파와 연합한 소론의 일부가 마침내 반란을 일으키게 되는바, 그것이 바로 이인좌의 난이다.

중종반정과 인조반정의 뒤를 이어 임금을 끌어내리고 자신들의 세상으로 만들려던 자들이 어찌 명분이 없겠는가. 반란군들은 소현세자昭顯世子의 증손자인 밀풍군密豊君을 왕으로 추대했다. 인조의 장남으로서 세자에 봉해진 다음 병자호란丙子胡亂 이후 청나라에 인질로 끌려갔다가 돌아와 의문의 죽음을 당한 소현세자의 자손을 택한 것은 나름대로 의미가 있었다. 비록 의문사를 당했다고 해도 소현세자는 본래가 적장자로서 세자에 봉해졌기 때문에 적통을 주장할 수 있었다. 실제로 소현세자의 후손들이 경종의 양자로 거론되기까지 하였으니, 반란군들이 밀풍군을 추대한 것은 제대로 맥을 짚은 것이었다.

그런데 영조를 끌어내려야 할 이유로 제시된 것들이 아주 불측했다. 첫 번째 이유는 영조가 경종을 독살하였으니 원수를 갚겠다는 것인데, 앞서 살펴봤듯 그것은 별로 새로울 것도 없었다. 본래 경종은 건강이 좋지 않아 요절할 가능성이 컸지만 독살설이 제기되어도 별로 이상할 것도 없는 상황이었다. 실제로 그런 내용의 소문과 괘서가 드물지 않게 나돌기도 했다. 사실여부는 알 수 없으나 도덕성을 의심받게 된 영조로서는 크게 불편할 수밖에 없었다.

그런 와중에 영조가 숙종의 아들이 아니라는 소문까지 퍼지기 시작했다. 이 의문의 시작은 영조를 낳은 후궁 숙빈 최씨가 무수리 출신이었다는 주장에서 비롯된 것이다. 무수리는 정식으로 발령받은 궁녀와는 달리 궁궐 외부에서 출퇴근하면서 힘든 잡역을 도맡는 비정규직이다. 항간에는 인현왕후가 숙종의 중전으로 간택되어 궁궐로 들어올 때 따라온 하녀였다는 말도 있다.

반란군들이 영조가 숙종의 아들이 아니라고 주장하는 근거를 보자. 숙빈 최씨가 숙종의 승은을 입기 전에 이미 임신하고 있었다는 것이 주장의 골자다. 무수리로서 근무를 마치고 퇴근한 숙빈 최씨가 누군가와 눈이 맞아 회임한 다음 승은을 입게 된 것이니 영조는 숙종의 아들이 아니라는 것이다. 그들은 한술 더 떠 대궐 밖 상민들의 마을에 영조의 친형이 살고 있다고까지 말했다.

여하튼 영조의 모친이 무수리라는 의문이 제기되고, 그것이 역모의 명분으로 활용될 정도라면 당시로서는 뭔가 확증이 있지 않았겠느냐는 생각을 해볼 수 있다.

비록 반역을 통해서였지만 문제가 제기된 이상 영조가 받은 충격은 엄청났다. 본래 등잔 밑이 어둡듯이 본인에 대한 소문이나 의문을 가장 늦게 아는 사람은 당사자다. 연산군이 자신의 어머니 폐비 윤씨가 처참하게 죽었다는 사실을 즉위한 다음에 알게 된 것을 보면, 영조도 크게 다르지 않았을 것 같다. 후궁의 소생이라도 당당한 왕자로서 즉위했다는 자부심은 무수리가 낳은 상민의 핏줄일지도 모른다는 의혹에 함몰되어 버렸다. 그때 영조의 심정이 어땠을 것인가. 하늘이 무너진다는 것이 바로 그런 경우가 아닐까.

그러나 반란은 성공하지 못했다. 애초부터 감정이 앞서서 정교하게 계획하지 못한데다, 노론과 영조가 경계를 늦추지 않았기 때문이었다. 게다가 영조가 노론의 독주를 견제하기 위해 소론을 중용하는 모습을 보이자 반란의 목적 자체가 희석되었다.

그러자 가담한 자들 사이에 균열이 발생하게 되고 이탈하는 자들이 늘어나다가 마침내 들통나게 되었다. 그런 상태에서 어쩔 수 없이 봉기한 반란이 성공할 리가 있겠는가. 본래부터 졸속했던데다 제대로 봉기하지도 못한 반란은 파멸을 부를 수밖에 없었다.

공명첩을 위조해 팔고 갖은 사기를 치고 다니다가 체포된 남극은 이인좌의 난에 가담했던 이조겸李祖謙의 사위였다. 이조겸은 고문 끝에 주살당하고 재산이 적몰籍沒되었으며 가솔(家率, 한 집안에 딸린 구성원)이 연좌緣坐되어 노비로 떨어지고 말았다. 역적의 사위는 직접 처벌을 당하지는 않아도 먼 곳으로 유배당하거나 벼슬길이 막히기 마련이다. 그렇게 되면 앞으로의 일생은 없는 것이나 마찬가지였다. 또한 일단 역모에 얽혀든 이상 까닥했다가는 재판도 없이 죽을 수 있다는 것이 더욱 두려웠을 것이었다. 그런 이유로 사라졌던 역적의 사위가 붙잡혔으니 보통 사건이 아니었다. 남극을 압송하여 추국하자 술술 대답하기 시작했다.

"4년 전(영조 6년, 1730년) 10월에 남정명南庭明과 함께 청량산淸涼山에 갔었는데, 거기에 권각權恪, 권치權緻, 이증간李增幹, 우치범禹致範, 남운기南雲紀, 남성운南聖雲, 남녀형南汝亨, 장용채張龍采, 유광우柳光遇, 권침權忱, 정윤석鄭允碩 형제와 민원귀閔遠龜, 이태제李泰齊, 배윤휴裵胤休와 배윤영裵胤榮 형제, 신중태申重泰, 남두광南斗光, 남두추南斗樞, 남두표南斗彪와 이름을 모르는 임 선달任先達, 애꾸눈인 김성金姓을 가진 사람들이 와서 모였으며, 모인 사람은 모두 7, 80인이 되었습니다. 비록 청음서원淸陰書院을 배척하기 위한 것이라고 핑계했습니다만, 그 실상은 당여黨與를 모으는 것이었습니다.

그런데 좌중의 권각이 창언倡言하기를, '영남에서 각립角立한다면 잘되면 육국(六國, 중국 전국 시대의 나라)의 임금처럼 될 수 있고 잘못되더라도 제후처럼 될 수는 있다' 하였으며, 어떤 사람은 시를 짓기도 하고 어떤 사람은 연구聯句를 짓기도 하였습니다. 애꾸눈인 김씨 성을 가진 사람은 '뒷날 을묘년(영조 11년, 1735년)을 기다리자'는 시구를 지었는데, 이는 그 모의를 을묘년에 거사하기로 기약한 것입니다. 김성金姓을 가진 사람이 또 권각에게 증여한 시에 '중간에 환난을 당한 일이 그대와 내가 똑같다'는 내용이 있었는데, 이는 권각의 오촌五寸 권세룡權世龍이 무신년(이인좌의 난이 일어났던 영조 4년, 1728년)에 역적으로 복주伏誅되었으며 김성을 가진 사람의 처부妻父 정가鄭哥도 국청에서 죽었기 때문에 두 사람의 환난이 서로 같다는 뜻이었습니다.

권각의 족인族人이 남운기에게 증여한 시에 '뒷날 이 산에 있었던 것을 매우 부끄러워할 것이다' 하였는데, 그 아래 글귀에 '반세 동안 경영한 남방의 일에 대해 그 성패를 의당 첩사의 한가를 찾아 물어보아야 한다'라고 하였습니다.

이에 대해 황도중黃道重이 말하기를, '성주星州의 첩사동牒寺洞에 유명한 점쟁이 한성천韓聖天이 있는데 민원귀의 무리가 모사의 성패에 대해 물어보려 했기 때문에 시구의 내용이 이러했다' 했습니다. 그 이튿날 좌중의 사람들이 모두 책자에 이름을 썼으며, 그날 저물녘에 남성운, 남운기, 권각 등이 서로 말하기를, '우리들은 모두 화를 당한 둥지에 남아 있는 새알과 같은 처지이지만, 임 선달은 선척船隻을 가지고 있는데 하동河東에 있는 전화錢貨가 장차 1만여 전錢에 이르고, 권각은 또 집이 부유하니, 충분히 각립할 수 있다' 하였습니다.

2일을 머문 뒤 또 권각, 유광우, 배윤휴, 이증간, 황도중, 장용채, 민원귀, 남윤기 등이 도로 남성운의 집으로 왔는데, 권각이 말하기를, '수상선水上船이 온다면 계책을 성취시킬 수 있다' 하였습니다. 수상선이란 순흥順興의 역적인 정가鄭哥의 삼촌 정몽석鄭夢錫이 울산蔚山에 살았는데 큰 배를 가지고 있었고, 그 배 위에 집을 지어놓고 항상 그 속에 있었기 때문에 하는 말입니다.

그런데 그 배가 지금 하동河東의 사리포沙里浦에 있었고 그곳에는 임 선달의 배가 정박하는 곳이었으며, 정몽석은 흉모를 꾸민 영수領首이기 때문에 한 말인 것입니다."

첫날 남극이 진술한 내용이다. 언뜻 보기에도 기본 골조와 실행 등 반란에 필수적인 내용이 충분히 포함되어 있다. 비명에 간 선왕先王에 충성하는 강개한 인사들이 모여 나라를 도모하는 내용은 장쾌하기까지 하다. 구성원들의 대부분이 문무를 겸비하고 역할을 분담하였으며 자금을 댈 사람까지 있었다. 시를 지어 호방한 기개를 발산하며 모두가 함께 거사할 것을 서약하였다. 이쯤 되면 양산박梁山泊의 108 호걸이 부럽지 않을 지경이고 진秦나라 말기에 '연작燕雀이 어찌 홍곡鴻鵠의 뜻을 알리오' 라며 거병했던 진승陳勝이 무색할 지경이다.

그런데 남극이 체포된 지 여러 날이 지났어도 특별한 진척이 없었다. 체포된 기록은 어이없게도 남극의 남종과 여종 한 명씩이다. 진술에 의하면 적어도 80명이 넘는 도당이 있는데다, 그 밖에 연루된 자들도 적지 않다고 하지 않았는가. 게다가 역할까지 분담했다는 구체적인 진술이 있었는데도 막상 체포된 사람은 남극의 종 2명에 지나지 않았다.

군주의 존재를 부정하는 가장 큰 위협인 역모의 수사가 어찌 이럴 수가 있다는 말인가. 최초진술의 내용으로 보아서는 엄청난 배후가 드러나야 마땅하다. 최소한 왕으로 추대하려던 왕족의 이름이 밝혀지고 연루자들이 고구마처럼 줄줄이 끌려 나와야 하지 않겠는가. 그런데 어떻게 된 것인지 역모의 증거가 될 수 있는 편지 한 장 발견되지 않고 있으니 기가 막힐 노릇이다.

그런 와중에 놀랍게도 남극이 탈옥했다. 목에는 칼을 쓰고 발에는 차꼬가 채워져 의금부의 전옥典獄에 수감되어 있어야 할 사람이 감쪽같이 사라진 것이다. 도술이라도 부려 홀연히 사라졌는가 싶었는데, 다행히도 이튿날 포도청 군관이 경기도 광주에서 체포하여 보내었다.

나졸들이 뇌물을 받고 남극이 달아나게 도왔다는 것은 나중에 밝혀졌다. 체포된 날짜가 3월 4일인데 처음 수감된 날짜가 2월 14일이었으니, 20여 일만의 일이다. 또한 제 발로 도망간 것을 보니 그동안 심한 고문은 당한 것 같지 않다.

이번에는 본격적인 고문이 포함된 형신刑訊이 가해졌다. 그런데도 수사가 전혀 진척이 없었다. 남극이 함께 공모했다는 자들을 체포하여 대질을 하여도 하나같이 극구 부인하는 것이었다. 특히 권각은 오촌 권세룡이 역모에 연루되어 죽은데다, 가장 먼저 이번 사건을 언급했다고 하는 자다. 게다가 수상선을 운운하는 등 주모자와 행동대장을 겸한 혐의가 있지 않은가. 그러나 역모를 발의하고 가장 막중한 임무를 맡았다는 권각마저 강력하게 부인하고 모든 자들이 일관되게 부인하자 수사는 답보에 빠지고 말았다.

그러던 가운데 혐의자 남운기의 동생 남운병南雲炳이라는 자가 밤늦게 변복을 하고 돌아다니다가 순군巡軍에게 체포된 사건이 있었다. 남운기는 역적 민암閔黯의 사위이며 함께 체포된 민원귀의 고모부인데, 그의 아우가 변복을 하고 밤에 다녔다는 것은 매우 수상할 수밖에 없었다. 그리하여 심하게 다그쳤는데도 특별한 혐의가 드러나지 않았다. 그동안 밝혀진 것이라고는 민원귀가 뇌물을 써서 남극을 탈옥시켰다는 정도인데, 이번에는 남원기가 스스로 음독자살했다. 그러나 그런 일이 있었다는 것 외에는 더 이상 밝혀지지 않았다.

3월 26일, 네 번째 형신을 당한 남극이 마침내 진실을 털어놓았다.

"신이 스스로 지은 죄가 지극히 중하다 생각했습니다. 때문에 목숨을 연장할 계책을 쓰려고 청량산에서의 모임에 대한 이야기를 지어낸 것입니다. 신이 어릴 때 청량산을 한번 본 적이 있었는데, 아직도 그 지형을 기억하고 있었기 때문에 대답하기 쉬운 점을 사용한 것입니다. 계契의 도목都目을 통문通文한 일은 모두 지어낸 것이고, 청음서원에 대한 일은 신이 연전에 이런 의논이 있단 말을 들었기 때문에 이를 빙자하여 제가 말을 만든 것입니다.

(중략)

수상선에 대한 일 역시 갑자기 지어낸 말이었습니다. 발고한 사람들은 혹은 그 이름을 듣기도 하고 혹은 그 얼굴을 알기도 하고 혹은 없는 이름을 만들어 내기도 했는데, 모두가 이름이 알려진 인사이기 때문에 많은 사람을 두루 거론하여 그 모임에서 역모를 의논했다는 일을 실증한 것입니다. 시구는 모두 신이 지은 것으로……."

반역의 정체는 신기루의 골조 위에 덧씌워진 허위의 너울에 지나지 않았다. 왕과 제후가 될 수 있다며 기염을 토하고 시를 지어 강개하였으며, 죽음을 각오하고 함께 봉기하기로 맹세한 것이 모두 거짓말이었던 것이었다. 배와 1만여 전을 가진 하동 부자 임 선달은 배를 가졌던 일조차 없는데다, 그 밖의 인물들도 역모와는 거리가 멀었다. 게다가 민원기의 죽음도 음독에 의한 것이 아니라 고문을 당한 것이 사인이었다.

대부분의 역모가 그런 식이다. 그러나 이번 사건보다 훨씬 경미한 혐의라도 그것을 이용하려 드는 자들에게는 다시없을 도구로 기능한다. 나라를 뒤엎으려는 역모를 밝히려는 노력은 법의 적용을 받지 않는다.

고통을 견디다 못해 비명과 함께 입 밖으로 튀어나온 모든 것이 움직일 수 없는 역모의 확증이 되어버린다. 어떤 방식으로든 일단 튀어나오기만 하면 역모는 순식간에 증식하여 확대재생산 되기 마련이다. 신체에 가해지는 고통의 강도가 높아질수록 자백의 순도가 짙어지게 된다. 비록 폐인이 되었어도 살아남을 가능성을 약간이라도 높이기 위해 경쟁적으로 남을 끌어대어 상대적으로 높은 혐의를 씌우게 된다.

어떤 알리바이로도 반박할 수 없는 완벽한 증거를 만들어 정적에게 형량을 선고하는 게임에서 무슨 룰을 따지겠는가. 언제라도 상대방의 심장에 칼을 꽂을 준비가 되어 있는 것이 그들의 세계다.

인물비화 02

우리가 몰랐던 조선의 인물들

인물비화

신윤복은 무엇을 그렸던 것인가

—단오풍정에 숨어 있는 불교에 대한 편견—

단원 김홍도金弘道, 긍제 김득신金得臣과 함께 조선 3대 풍속화가로 불리는 혜원 신윤복申潤福의 그림 중에는 〈단오풍정端午風情〉이라는 작품이 있다. 국보 제135호로 지정된 《혜원전신첩蕙園傳神帖》에 수록되어 있는 이 그림은 제목과 출처는 몰라도 누구에게나 낯설지 않다.

단옷날의 개울 풍경을 절묘하게 잡아내어 신윤복의 대명사로까지 불리는 걸작인데, 대담하기 짝이 없는 신윤복의 그림에서도 특히 충격적이다. 화면의 중앙에 배치된 그네 타는 여인의 노랗고 붉은 의상의 색감도 강렬하지만, 왼쪽 아래 배치된 네 명의 젊은 여인들은 에로티시즘의 극한이다. 지금 보아도 파격적인데 조선 시대에는 어땠을 것인가? 남들의 안목에 개의치 않고 거침없이 자신의 세계를 표현하는 신윤복의 작가정신에 감탄을 금할 수 없다.

그림에 나타난 반라의 여인들은 기생이 분명하다. 지금의 젊은 여자들과 비교해 손색이 없는 외모도 그렇지만, 목욕을 하면서도 전혀 부끄러움을 타지 않고 오히려 담담한 모습을 보이는 것에 더욱 확신이 선다. 그녀들의 신분을 결정적으로 증명하는 것은 오른쪽 아래 종으로 보이는 여인네다. 술병과 음식을 싼 보따리를 이고 있는데, 여염의 규수들이 저렇게 목욕을 하면서 주식酒食을 즐기는 것은 상상하기 어렵지 않은가. 도발적이고 퇴폐적이기는 하지만, 말을 알아듣는 꽃, 즉 해어화解語花라는 표현이 조금도 어색하지 않다.

이 그림에서 가장 이채로운 것은 왼쪽 위에 배치된 두 명의 중이다. 혹자는 흐뭇한 표정으로 목욕하는 기생들을 훔쳐보는 중들을 '정적靜的인 구도에 긴장감을 불어넣는 장치' 등으로 평가하기도 한다. 그러나 그런 방식으로 해석하면 불타佛陀의 뜻을 따르기 위해 속세를 떠나 용맹 정진하는 구도자들의 모습은 조금도 연상되지 않는다.

〈단오풍정〉이 아니더라도 조선 시대의 승려들은 매우 부정적인 모습이었다. 대표적인 풍자극 〈봉산탈춤〉과 〈하회별신굿〉 등에서도 중은 아주 음탕하게 묘사되었으며, 실생활에서도 중이 과부가 사는 집에 드나들면 엄벌에 처한다는 규정도 있다. 그런 것으로 보았을 때 신윤복의 그림에 중이 나타나는 것은 어쩌면 자연스러울 수도 있건만, 왜 걸고넘어지느냐는 의문이 제기될 수 있을 것이다.

조선 시대는 승려들이 여염에 근접하는 것을 막기 위해 사대문 출입을 금해서 탁발하기조차 어려운 환경이었다. 그리고 상식적으로 생각해도 여인들이 목욕하는 개울은 여염에서 그리 멀리 떨어지지 않았을 것이다. 지금도 인적이 드문 산속에서 여자들이 홀딱 벗고 목욕을 하다가는 큰 사고를 당하기 쉬운 판에 산적과 무뢰배들이 들끓는 조선 시대에는 오죽하였겠는가. 또한 당시는 정책적으로 중들이 백성들에게 접근하기 힘들게 만들었다. 사대교린事大交隣과 함께 숭유억불崇儒抑佛을 국시國是로 삼던 조선에서는 당연한 조치였다. 그렇게 생각하면 여염에의 접근 자체가 어려웠을 승려들이 〈단오풍정〉에 등장하는 것에 충분한 의문을 품을 수 있다.

조선이 만들어지던 당시에는 태조 이성계가 무학대사無學大師의 가르침을 받는 등 불교가 적지 않은 영향을 끼쳤지만, 이후 정도전이 가차 없이 불교를 비판하고 억압했다. 그것은 정도전의 정적政敵들도 예외는 아니었다.

탄압의 빌미는 불교가 제공했다. 불교는 고려를 구성하는 필수성분으로서 몽골과의 항쟁에서는 호국불교護國佛敎의 위상을 떨쳤다. 승려로만 구성된 항마군降魔軍이 창설되어 영토를 수호하기 위한 전쟁에 참가할 정도였다. 그러나 말기로 가면서 불교는 극도로 타락하고 부패했다. 국가가 지급한 사전寺田이 방대한데도 백성들의 전답을 예사로 빼앗았으며 음란한 짓을 일삼아 지탄을 당했다. 세금을 내기는커녕 오히려 부당한 방법으로 토지와 노비를 늘려갔기 때문에 재정에 큰 부담을 주었다. 게다가 승려들이 병역과 세금을 면제받는 것을 이용하여 허위로 승적僧籍을 발부받는 사례가 빈발하였다.

세속적인 것들을 초탈하고 가장 청량하게 처신하여 모범을 보여야 할 사찰이 온갖 나쁜 짓을 일삼자 백성들의 원성이 높아질 수밖에 없었다. 고려 말에 등장한 신진사대부들도 불교의 폐해를 강도 높게 비판하였으니, 새로운 국가가 들어선 뒤에 철퇴를 맞는 것은 당연한 인과라고 하겠다.

이념으로 보아서도 불교는 성리학과 양립할 수 없었다. 유교적 통치이념으로 무장된 관료들의 시각에서는 사회에 전혀 이바지하지 않으면서 부처에게 충성을 다하고 무가치한 것에 아끼지 않고 돈을 쓰는 불교는 도저히 용납될 수 없었다. 게다가 갖은 부패와 추태가 만연하였으니 사정대상 1호로 지목된 것은 사필귀정事必歸正이었다.

조선 초기에 시행한 토지개혁에 사찰들을 포함시켜 방대한 사전을 압수하고 노비를 떼어버리는 일련의 조치를 취하자 불교는 급격히 침몰했다. 계속하여 승려자격 시험인 승과僧科를 폐지하였으며, 그래도 승려가 되겠다면 엄청난 금액을 내야 하게끔 만들었다. 그것에 그치지 않고 승려들의 도성 출입을 금하였으며, 백성들에게도 사찰의 출입과 시주를 제한하여 생계를 원천적으로 봉쇄하였다. 유생들은 사찰을 음사淫祠로 부르기를 주저하지 않았으며, 도량에 침범하여 행패를 부리고 승려를 구타하기가 예사였다.

결국 도성과 인근의 유서 깊은 사찰들은 모독과 약탈을 감당하지 못하고 문을 닫기에 이르렀다. 이성계의 왕사王師로 예우받은 무학대사가 정진하고 열반했던 고려 이래의 거찰巨刹 회암사檜巖寺마저 방화로 추정되는 화재에 소실燒失되고 말았으니 다른 절은 오죽했을까.

그것만 해도 견디기 어려웠는데 갖은 노역과 부역이 가해졌다. 국책으로 시행하는 공사는 물론, 지방에서도 성을 쌓거나 다리를 놓는 등의 힘든 공사가 발생하면 가장 먼저 승려를 동원하였다. 잡곡과 나물을 섞어 쑨 죽도 먹기 어려워 가뜩이나 체력이 저하된데다 갖은 노역에 동원되었으니 어떻게 견딜 수 있었겠는가. 거기에 나라에 바칠 종이를 만들어야 했고, 특산물도 바쳐야 했다. 게다가 민간에서도 절을 그냥 두지 않았다. 지방의 세력 있는 가문들은 주변의 사찰들에게 강제로 노역을 떠맡겼다. 하다못해 양반들이 인근의 산에 유람을 와도 가마를 메고 산과 계곡을 오르내려야 했으니, 그 고충은 말로 형언할 수 없었다.

불교를 말살시키려는 집요한 정책에 휘말린 사찰들은 몰락하기 일쑤였다. 사찰과 승려가 생존할 수 있는 유일한 방법은 속세의 권력과 분리되는 것밖에 없었다. 그러기 위해서는 권력이 접근하기 어려운 높은 곳으로 올라가야 했으며, 규모 역시 암자 등의 형태로 축소되어야 했다. 이런 마당에 승려들이 어찌 여염에까지 내려와 시시덕거릴 수 있다는 말인가.

> 임금이 말하기를,
>
> "배불리 먹이고 옷을 주어 역사에 나오게 권하여 원망이 없게 하면 옳을 것이다."
>
> 하니, 황희가 대답하기를,
>
> "600명의 중에게 옷을 주기는 어려우나 배부르게 먹일 수는 있습니다."
>
> 하였다.

태종이 광흥창 등을 중축했을 때, 승려들에게는 의복을 지급하지 않았다. 국력이 강할 무렵의 국책 공사여서 의복의 지급은 그리 어렵지 않았을 것이며, 강제로 동원했다면 그쯤은 제공했어야 할 것이다. 실제로 태종이 옷과 음식을 주라고 하였는데, 실무자인 황희는 '옷을 주기는 어렵다'고 말하고 있다.

황희가 거부한 이유는 그리 어렵지 않게 짐작할 수 있다. 황희는 중들이 깔끔한 모습으로 일하는 것을 원하지 않았다. 사회적으로 지탄받는 중들은 남루한 차림을 하고 다녀야 격에 맞았다. 특히 많은 사람이 보는 공사에서 비루한 차림의 중들을 일하게 하면 충분한 전시효과를 거둘 수 있었을 것이다. 중은 천하고 비루하다는 인식을 심어줄 좋은 기회라고 생각하고 있는 황희가 그들에게 의복을 주라는 태종의 명을 따를 이유가 있겠는가.

이처럼 조선의 중들은 대부분 제대로 입고 먹지 못했을 것이다. 그럼에도 불구하고 〈단오풍정〉에 등장하는 중들은 영양상태가 매우 좋아 보이고 차림이 정갈한데다, 표정에도 아무런 걱정 근심이 없다. 하물며 불교가 거의 고사枯死할 무렵인 시대, 이런 모습으로 그려지는 것은 이해하기 어렵다. 물론 개중에는 권력과 결탁하거나 기타의 방법을 이용해 잘 먹고 잘 살면서 음탕한 짓을 일삼는 사찰도 없지는 않았을 것이다. 실제로 실록에는 그런 중들을 처벌한 기록이 나타나고 있다. 그러나 그런 것으로 인하여 대부분의 승려들을 음탕하다고 매도할 수는 없다. 간음과 축재를 일삼아 지탄당하는 승려는 어디까지나 극히 일부에 지나지 않을 뿐이었다.

그럼에도 불구하고 〈단오풍정〉의 방식으로 묘사하면 후세에서는 그것이 일반적인 것으로 받아들여지기 쉽다. 앞서 말했듯 중들이 여염에 접근하기도 어려웠다는 것까지 감안하면 심각한 오류가 아닐 수 없다.

그러나 다시 반론이 제기될 여지는 충분하다. 대중에게 공연되는 민속극에서 중들이 음탕하게 묘사되는데, 아니 땐 굴뚝에 연기 나겠느냐는 반박은 충분히 예상할 수 있다. 그러나 승려들이 사대문을 들어오지 못하게 한 것처럼 부녀자들의 사찰 출입도 자유롭지 못했다. 또한 부녀자들이

가고 싶다고 해도 높은 산속에 있는 절을 쉽게 갈 수도 없을 뿐더러, 중에 대한 편견이 심각할 무렵에 그것을 허용할 남정네들도 없을 것이다.

그렇다면 탈춤 등의 민간놀이에서 나타나는 음탕한 중은 어디에서 모티브를 따왔을까? 결론부터 말하자면 그것 역시 편견의 부산물에 지나지 않는다. 교양을 갖추지 못한 중들이 함부로 행동했던 적이 없지는 않았지만 그것은 고려 말과 조선 초기의 일이었다. 그것이 편견으로 작용하여 민간에게 회자된 결과라고 할 것인데, 고려 말의 사회현상이 혜원의 작품에까지 나타나는 것을 보면 편견이 무섭다는 것을 충분히 체감할 수 있다.

혜원의 〈단오풍정〉은 사실에 입각하지 않았다는 결론을 얻을 수 있지만, 혜원이 의도적으로 그러지는 않았으리라고 본다. 그림을 그릴 때 자신도 모르는 사이에 편견이 이입되었을 가능성이 크다. 의도적 오류가 아닌 만큼 굳이 혜원을 비판할 생각은 없다. 영조와 정조의 르네상스를 거치는 과정에서 비밀스러웠던 성적 욕구가 아주 높은 수준으로 과감하게 표현되었다고 생각하고 싶다. 가장 중요한 것은 혜원은 작품을 도구로 삼아 복선을 깔아두거나 무언가를 주장하는 사상가가 아니라 그림 자체를 사랑하는 화가라는 점이다. 혜원의 작품은 미술사적 의미를 따지기 이전에 충분히 존중받을 가치가 있다.

문제는 혜원 같은 예술가가 아니라 희생양을 요구하는 세상에 있다. 중세의 서양에서는 마녀사냥이 횡행했고 최근까지 유태인과 집시는 편견의 대상이었다. 조선도 서북인西北人에게 차등을 두었으며 어려운 환경 속에서도 묵묵히 정진하는 승려들까지 음탕하다고 매도하지 않았는가. 서북인의 차별은 국경방어의 대부분을 책임져야 하는 부당함에 대해 이의를 원천적으로 제기하지 못하게 하는 장치다. 또한 승려들이 음탕하다고 지탄당하게 된 것은 곳곳에 산재했던 사찰의 토지와 노비를 몰수하는 과정에서 발생한 루머였다. 사정대상 1호로 지목된 사찰의 재산은 먼저 보는 자가 임자였으니, 정권을 잡은 자들이 눈독을 들이는 것은 당연한 일이었다. 그것을 몰수하기 위해서는 그럴듯한 명분이 필요했는데, 음행淫行의 소굴을 소탕한다는 것만큼 좋은 명분은 없었을 것이다.

추신 1

조선 시대의 불교

조선 시대에 불교가 대우받은 적이 없지는 않았다. 임진왜란 당시에 승병僧兵이 궐기하여 큰 공을 세웠을 때가 바로 그때인데, 워낙 다급했기 때문에 억지 춘양으로 그렇게 된 것이었다.

실제로 전쟁이 끝난 다음 다시 예전의 상태로 돌아갔다. 아쉬울 때만 대우하는 인간의 습성이 그대로 반영된 것인데, 그들이 추앙한 성리학의 성현들은 은혜를 그런 식으로 갚으라고 가르치지는 않았을 것이다. 배운 자들이 더하다는 생각을 금할 길이 없다.

그리고 조선의 왕들이 내부에 불당을 꾸미는 사례도 적지 않았다. 태조 이성계부터 시작하여 세종과 세조가 그러하였으며, 선왕이나 왕비의 능묘를 조성할 때 분향할 수 있는 사찰을 곁에 배치하지 않았던가. 그러면서도 억불정책을 고수하였으니 그저 쓰게 웃을 뿐이다.

인물비화

二 : 중국 사신을 망신준 사람

— 명나라 사신의 요구를 묵살한 이징옥 —

조선은 건국할 때부터 명나라에의 사대事大를 당연시하였으며, 국호國號까지 받는 등으로 극한의 예의를 다했다. 중원에게서 정신을 분양받은 변방의 제후국을 자처하는 조선으로서는 명나라에 사신을 보내는 것이 가장 중요한 외교였다. 조선의 외교는 명나라를 위해 존재한다고 해도 과언이 아니었던 만큼, 칙사勅使로 불리는 명나라의 사신이 오면 예의를 다하여 맞이했다. 번국에서 종주국의 사신을 맞음에 소홀함이 있을 수 없었다. 대신大臣 급의 영접사가 국경인 의주까지 나가서 대기하는 것은 기본이었다. 사신이 의주에서 떠나 남하하는 행로인 용천, 선천, 곽산, 정주, 가산, 박천, 영변, 안주, 평양, 개성 등지의 수령은 열과 성을 다하여 사신을 맞았으며, 도성에 근접하면 왕이 직접 나가 영접했다. 그들을 맞이하고 주연을 베푸는 등의 의전을 치르고 마음에 드는 것을 마련해주기 위해서는 적지 않은 비용이 들어갔을 것이다. 명나라의 황제는 사신을 보낼 때마다 재물을 요구하거나 민폐를 끼쳐 종주국의 체통을 상하게 하지 말 것을 엄명하였으나, 제대로 지켜지지 않는 것이 관례였다.

특히 광해군光海君 시절에는 자신들의 허락도 없이 장남 임해군臨海君을 제치고 왕위에 오른 것을 조사한다는 명목으로 온 사신들을 무마하느라

엄청난 뇌물을 바쳐야 했다. 광해군은 특수한 사례겠지만, 반드시 그렇지 않더라도 명나라 사신을 맞는 것이 얼마나 부담스러웠는가는 충분히 짐작할 수 있다.

그런데 명나라의 사신을 대놓고 모욕한 사람이 있었다면 믿을 수 있겠는가? 지금 시대에서도 한국을 예방한 미국의 중요인사가 망신과 모욕을 당하는 광경은 생각하기 어려운 일이다. 하물며 조선 시대라면 죽음을 각오하지 않고서야 감히 종주국의 사신을 모욕할 엄두라도 냈을까. 설령 어떤 이유에 의해 죽을 각오를 하고 뛰어들었다고 해도 본인 하나가 죽는 것으로 끝나지 않을 것이다. 외교적 문제로 비화되어 집안이 몰살당할 것이 뻔한데, 어떤 사람이 그런 짓을 벌일 수 있겠는가. 그런데 실제로 그런 사건이 벌어졌다. 후일 강제로 청나라의 속국이 되었을 무렵에는 비분강개하여 그럴 수도 있겠다. 그러나 그때는 명나라와의 관계가 매우 돈독하던 세종 시절이었다.

사건의 발단은 매였다.

임금이 좌우에게 말하기를,

"연전에 사신 김만金滿이 매를 잡아들이라고 독촉하여, 나도 힘을 다하여 잡아서 70여 연(連, 쌍)을 진헌하였는데, 김만이 요동遼東에서 오래 머물렀기 때문에 병이 생겨 도중에서 모두 죽어버리고, 겨우 10여 연만을 갖다 바쳤다. 창성昌盛 등도 매를 잡으러 왔는데, 잡은 해청을 중지시키고 못

보내게 하는 것은 자기들이 직접 황제께 갖다 바쳐, 봉사를 근실하게 했다는 뜻을 보여 그 공로로 뒤에 다시 나오려는 것이다."

하니, 맹사성孟思誠이 아뢰기를,

"황제께서 노리개로 쓰실 물건을 바치지 않고 오래도록 머물러 두는 것은 매우 옳지 못합니다."

하니, 임금이 말하였다.

"내가 들으니, 10월 이내에 갖다 바치면 매를 놓아 날려 볼 수가 있다는데, 지금 마침내 이렇게 오래도록 머물러두게 되었다."

—〈세종실록〉 **12년**(1430, 경술년) **10월 29일**

해청, 해동청, 보라매, 송골매 등으로 불리는 조선의 매는 예기銳氣가 날카롭고 사냥을 잘하여 명나라에서도 인기가 높았다. 황제까지 조선의 매를 좋아하여 애완하고 있으니 얼마나 값지고 귀할 것인가. 명나라에서 조선의 매는 실질적인 용도 이외에 신분과 권위를 상징하는 도구로 기능하였다. 사신으로 가는 자들에게 조선의 매를 가져다주면 톡톡히 성의를 표시하겠다는 청탁이나, 매를 주지 않으면 재미없을 거라는 압력이 쇄도했을 것은 불문가지다. 그에 따라 명나라의 사신들이 올 때마다 매를 요구하였는데, 그것이 백성들을 몹시 괴롭게 하였다.

당초에 세 사신이 와서 해청(海靑, 야생의 매)을 함길도에서 잡고자 하매, 정부와 육조로 하여금 여러 사람이 그 일의 편의 여부를 의논토록 하니, 판서 신상申商이 말하기를,

"지난해는 사신 네 사람이 함길도에 와서 매를 잡았사온데, 올해에도 왔사오니, 어찌 뒷날에 또 오지 않을지 알겠습니까. 이같이 하여 마지아니하면 함길도의 백성만이 살아갈 길을 잃게 될 뿐 아니오라, 온 나라가 폐해를 입어 장차 나라가 쇠모衰耗하게 될 것이오니 염려하지 않을 수 없습니다. 은근히 함길도에 유시하시어, 고의로 잡기 어려운 척하라 하시고, 비록 잡았더라도 놓아버리라고 하시어, 긴 앞날의 폐단을 덜어 버리게 하소서."

하고, 여러 사람의 의견이 모두

"그렇습니다."

하매, 임금이 말하기를,

"이것은 진실로 어려운 일이나, 다시 대신들이 이미 멀리 생각한 것인즉, 내 말리기 어렵도다."

하고, 함길도에 유시하라 하였다. 다시 조금 있다가 후회하여 말하기를,

"내 지성으로 사대하였고, 철이 난 이래로 조금도 거짓된 일을 행함이 없음은 천지신명天地神明이 다 아는 바이거늘, 하물며 이 일에 있어서 감히 속이는 마음을 두리오."

하였다.

—〈세종실록〉 **14년**(1432, 임자년) **11월 18일**

백성들이 괴로우니 매를 애써 잡지 말게 하자는 판서 신상의 의견은 나름대로의 머리를 짜낸 것이라고 할 수 있다. 처음에는 세종도 솔깃했지만 가만히 생각하니 도저히 실행에 옮기기 어려웠다. 현실감각이 뛰어난

세종은 매를 적극적으로 잡지 말자는 신상의 의견을 채택하지 않고 오히려 더욱 분발하여 잡아들이라는 명령을 내렸다. 그런 상황에서 놀랍게도 이미 잡아 놓은 매를 날려 보낸 자가 나타났다.

경성鏡城 사람이 해청 1연을 잡았으나, 이징옥李澄玉이 짐짓 놓아주었다.

내용으로 보아 실수나 과실이 아니라 고의로 날려준 것이 분명하다. 게다가 이징옥은 병조참판으로서 사신들을 접대하는 접반사接伴使의 신분이었다. 한 마리라도 더 잡아오라고 닦달해도 시원치 않을 사람이 무엇 때문에 일껏 잡은 매를 날려주었다는 말인가. 그것을 알게 된 조정이 발칵 뒤집혔다. 이것은 국가적인 위기감을 부르고도 남을 사안이었다. 즉시 이징옥을 잡아들여 세종이 직접 심문하였는데, 고의적으로 매를 놓아준 것은 어김없는 사실이었다. 기가 막힌 세종이 호통을 치자 이징옥은 차분하게 대답했다.

"소신이 어리석고 미혹하여, 매우 수효가 많은 것을 싫어했던 까닭으로 놓아 보냈습니다."

목이 열 개라도 모자랄 지경인데도 이징옥은 전혀 두려워하지 않았다. 그러나 그의 대답이 어찌 정당한 사유가 될 수 있을 것인가. 이 사건은 단순하게 놀랍다는 것으로 표현되기 어렵다. 태평성대에 갑자기 전쟁이 터졌다는 것만큼이나 충격적이고 파괴적이었다. 이에 세종은 즉시 황희,

맹사성, 권진, 허조, 안순, 신상 등등의 정승과 판서를 모두 불러들여 사태 수습에 골몰했다. 그러나 이미 명나라의 사신이 알고 있는 이상에는 수습할 도리가 없었다. 그때 세종은 크게 통탄했다.

> "내가 즉위한 이래로 사대事大의 일에 있어서는 조금도 거짓을 행한 것이 없는데, 이제 징옥이 대사를 그르쳤으니 어찌하여야 할 것인가."

의금부에 갇힌 이징옥은 대형大刑, 즉 사형을 피할 도리가 없었다. 왕부터가 그렇게 언급하였으니 이징옥의 운명은 결정적이었다. 대체 이징옥은 무엇 때문에 접반사의 의무를 저버리고 감히 명나라의 사신을 욕보여 죽음을 자초했는가.

당시 사신으로 왔다가 이징옥에게 모욕을 당한 자는 윤봉尹鳳이라는 자였다. 그런데 놀랍게도 그는 명나라 사람이 아니라 조선인이었다. 윤봉은 본래 환관의 신분이었으며, 어렸을 때 명나라에 보내진 자였다. 명나라가 요구한 품목에는 처녀와 환관 같은 인적자원도 포함되었다. 그렇게 보내진 처녀 가운데는 황제의 후궁이 되어 총애를 받는 사례도 있었으며, 뛰어나고 명석한 환관들은 크게 출세할 수 있었다. 명나라에서는 그런 자들을 조선과의 관계에 적절히 이용했다. 그들이 조선의 사정에 정통했기 때문에 이용가치가 적지 않았으며, 윤봉이 대표적인 케이스였다.

> 내사內史 이원의李原義, 윤봉 등 19인이 와서 대궐에 나아가 숙배肅拜하고

태평관太平館에 머물렀다. 원의 등은 모두 본국에서 바친 환자宦者들이었는데, 황제가 그들로 하여금 고향으로 돌아가 성친省親하게 한 것이다.

—〈태종실록〉 6년(1406, 병술년) 8월 6일

내사로 표현되는 이원의, 윤봉 등 19인은 환관으로서 부모를 뵙기 위해 잠시 돌아왔다고 되어 있다. 그러나 명나라가 조선 출신의 환관들에게 부모를 만나 보고 오라고 휴가를 줄 만큼 한가하지 않았을 것이다. 조선의 내부사정을 알아보기 위해 보냈을 것이 분명하다. 윤봉은 1년 뒤인 태종 7년 8월 6일에 흠차내사欽差內史 한첩목아韓帖木兒와 함께 조선을 정식으로 방문하였다. 이때 문무백관이 서대문 밖 반송정盤松亭에 나가 맞이하였으며, 태종은 창덕궁의 인정문仁政門에서 맞이하여 정전正殿으로 맞아들였다. 그때의 요구도 환관으로 쓸 인적자원 3천 명을 보내라는 것이었다.

이틀 뒤의 실록은 윤봉을 정식 사신으로 기록하고 있다.

사신 윤봉 등이 잔치를 사례하기 위해 대궐에 이르다.

—〈태종실록〉 7년(1407, 정해년) 8월 8일

사람으로 취급하지도 않았던 고자들이 종주국의 사신이 되어 돌아오자, 국왕이 직접 맞아 연회를 베풀어야 했다. 조선으로서는 분통이 터질 노릇이었으나, 그래도 하늘처럼 섬기는 명나라 황제가 보낸 사신이었으니 어쩔 수 없이 모든 예우를 다해야만 했다. 그래도 윤봉 같은 자가 소용이 없는 것은 아니었다. 공물을 요구할 때 명나라가 어느 선까지 양보할 수 있다는 정보를 주거나, 조선 측의 애로사항을 전달하는 창구로 활용할 수 있었다. 실제로 실록에는 윤봉이 공물로 바치는 보물과 인적자원, 특산품의 수량을 낮게 조정되도록 힘써주었다는 기록이 적지 않다. 태종 6년(1406년)에 처음 나타난 그의 이름은 실록에 무수할 정도로 등장한다.

> 관반館伴이 아뢰기를,
> "최안崔安이 통사(通事, 통역관) 황중黃中으로 하여금 신臣 등에게 말하게 하기를, '내가 회정回程할 때에 서흥瑞興의 윤태감(尹太監, 윤봉) 본가本家를 들려 보고, 이어 태감 선조의 분묘에 제사하고자 하니, 전하에게 아뢰기를 청합니다'고 하였습니다."
> 하므로, 즉시 황해도관찰사黃海道觀察使에게 치서馳書하기를,
> "최안이 회정할 때에 윤봉의 본가를 들리고 윤봉이 선영先塋에 치제致祭하고 간상看詳하려 하여 지금 사목事目을 보내니, 제반사諸般事를 미리 준비하고, 또 윤봉의 본가를 수즙修葺하게 하라."
> 하였다.
>
> —〈**예종실록**〉 **1년**(1469, 기축년) **4월 19일**

예종 1년(1469년)에 기록된 윤봉의 위세는 당당하기 이를 데 없다. 윤봉은 태종 이후 무려 다섯 번이나 왕이 바뀌어도 영향력이 줄지 않았으며, 9대 임금인 성종 시대에까지 이름이 오르내리고 있다. 그런 윤봉을 어찌 소홀하게 대할 수 있겠는가. 윤봉이 가는 곳마다 죽은 부모가 다시 살아온

이상으로 극진하게 대접했다. 수백 명이나 되는 사신 일행을 대접하는 것도 만만치 않았는데, 매와 모피 등의 특산물까지 바치려니 백성들이 죽어날 수밖에 없었다. 실록에는 윤봉이 조선에 호의적이었다는 기록이 많지만, 그것은 어디까지나 공식적인 사신의 임무를 수행할 때로 제한되었다. 명나라의 실세들에게 바칠 뇌물과 자신의 주머니를 채울 부수입을 잡기 위해서는 조금의 양보도 없었다.

이징옥이 목격한 상황도 그리 다르지 않았다. 갖은 민폐를 끼치던 윤봉이 사냥개가 필요하다 하여 백성들의 개까지 빼앗으려 들자 이징옥은 일언지하에 거절했다. 그러자 윤봉은 이징옥이 세상물정을 모른다고 책망하고 개를 빼앗은 다음 먹이까지 요구했다. 이징옥은 이때도 안 된다고 거부하고는 개를 모두 주인에게 돌려보냈다. 계속되는 거부에 크게 노한 윤봉이 다시 개를 끌고 오게 하였는데, 개를 빼앗길까 두려워한 백성들이 윤봉에게 바치지 않고 이징옥에게 보내었다. 이에 이징옥은 개를 숨기고 내놓지 않았다.

말도 안 되는 대우를 처음 당한 윤봉이 몽니를 부리기 시작했으나, 직접 꾸짖기는 민망했다. 이징옥이 병조의 참판으로 고관 축에 드는 종2품의 관리라지만, 조선 왕도 우습게 여기는 윤봉이 보기에는 벼슬이랄 것도 없었다. 윤봉은 책임추궁의 차원에서 하급관리들을 구타했다. 본래 상전이 잘못하면 부하나 노비를 잡아다 곤장을 치는 법이었으니, 윤봉의 행동도 무리는 아니었다. 하지만 도가 너무 지나쳤다. 수하들에게 줄 모피가 모자란다는 핑계로 통역관과 역리들을 거의 죽을 지경에까지 구타하자, 이징옥은 놀랍게도 매를 놓아주는 행동으로 대응한 것이다.

명나라 사신의 요구를 정면으로 거부하고 매까지 날려버린 이징옥의 행동은 조선 역사상 전무후무한 쾌거가 아닐 수 없다. 그러나 쾌거의 대가는 너무 비쌌다. 전옥에 갇혀 자신의 죽음과 일가의 파멸을 기다리던 이징옥에게 뜻밖의 소식이 전해졌다.

윤봉이 말하기를,

"이징옥은 험하고 먼 지방에서 고생하고 돌아왔사온데, 이제 죄를 받게 되었다니 마음에 미안함이 있습니다. 전날 임효신任孝信이 북변北邊에서 사신 일행이 먹을 양곡을 운반하였을 때도 지극히 노고勞苦를 다하였으나, 돌아오자 파직되었사오니, 비록 모두 죄가 있다 하더라도 관대히 용서하시기를 비옵니다."

하니, 지신사 안승선에게 명하여 회답하기를,

"강아지 한 마리는 중한 보배가 아니요, 특히 한때의 놀리고 보는 동물일 뿐인데, 징옥이 어리석은 백성을 달래어 훔치게 하였다니 간사하기 막심하고, 사신을 속임은 실로 하늘을 속임과 같으니 다른 잘못에 비할 바가 아니다. 임효신은 오로지 운량運糧하는 일을 관리하였으니 마땅히 칙서에 의하여 실어 보내야 할 것인데, 사신이 두 번이나 힐책하였으되 실어 보내지 아니하였는즉, 죄가 진실로 작은 것이 아니나 간사함에는 이르지 아니한 까닭으로, 단지 두 사람의 관직만을 파罷하였을 뿐이니, 사신이 비록 청한다 하더라도 내가 용서할 수 없노라."

하니, 윤봉이 말하기를,

"전하께서 용서하지 아니하시면 어떻게 할 도리가 없습니다."

하였다.

—〈세종실록〉 14년(1432, 임자년) 11월 21일

놀랍게도 윤봉이 직접 이징옥을 용서해달라고 청했다. 말도 안 되는 망신을 당한 윤봉이 가해자 이징옥을 위한 이유는 무엇일까?

이 사건이 명나라에 알려지는 날에는 윤봉은 바로 죽은 목숨이었다. 이징옥이 저지른 행위는 외교적으로 극히 중대한 사안이기 때문에 당연히 명나라에 알려야 할 것이었다. 그렇게 되어 명나라가 특명어사特命御使를 파견해 조사에 나서게 되는 것은 절대 피해야만 했다.

그동안 윤봉이 챙긴 몫도 결코 적지 않았을 것이다. 게다가 비록 형식적이나마 사사로이 뇌물을 받지 말라는 황제의 교칙도 있지 않았던가. 조사가 시작되면 윤봉은 감히 황제의 명을 어긴 죄가 적용될 수 있었다. 그리하여 명나라의 형부刑部에 끌려가 고문을 당해 그동안 불법적으로 받은 내역이 소상히 밝혀진다면 어떻게 되겠는가.

그리고 윤봉을 대체할 자는 얼마든지 있었다. 좋은 자리에 경쟁률이 높은 것은 당연하다. 명나라의 실세들이 자신과 가까운 내관을 그 자리에 심기 위해 윤봉을 죽이려 들 것은 그리 어렵게 생각할 것도 없었다.

그러니 윤봉이 살아날 길은 하나밖에 없었다. 이징옥이 거기까지 계산에 넣었는지는 알 수 없지만, 조선의 일개 신하가 종주국의 사절에게 망신을 선사한 것과 피해를 당한 칙사가 오히려 선처를 부탁한 것은 조선과 현재를 통틀어도 유일무이한 사건이라 하겠다.

뜻밖의 명분을 얻은 세종은 가급적 빨리 사태를 수습하려 했다. 그런

데 갑자기 이징옥의 죄목이 '어리석은 백성을 사주하여 강아지 한 마리를 훔친 것' 으로 나타난다. 분쟁의 원인이 되었던 매는 오간 데 없이 사라지고 겨우 강아지 한 마리로 축소되었으니 다시 한 번 어이가 없다. 말도 되지 않아 보이지만 사실대로 기술하기는 어려운데다, 이전에 대신들과 가진 대책회의에서 개로 인해 문제가 발생한 것도 사실이니 그쪽으로 유도하자는 의견이 도출되었기 때문이다.

사건은 그렇게 수습되었다. 이징옥은 직첩(職牒, 임명장, 고신告身이라고도 한다)이 박탈되고 파직당했지만, 1년 뒤에는 다시 직첩을 돌려주고 최전방인 영북진寧北鎭의 절제사節制使로 발령하는 것으로 명나라 사신 모욕사건은 완전히 일단락되었다.

이징옥은 그리 낯설지 않은 이름이다. 이징옥이 처음 역사에 등장하는 것은 태종 16년(1416년)이다. 이때 당대의 권신인 이숙번李叔蕃의 갑사 가운데 하나로 등장한다. 이숙번은 왕자의 난에 결정적인 공을 세워 태종과 형제처럼 가깝게 지내던 자였다. 그는 교만하기 이를 데 없었는데, 후세에도 교만한 자가 나타나면 '아무개는 이숙번처럼 교만하다' 라고 매도할 정도였다. 그런 이숙번의 호위무사는 아무나 될 수 없었을 것이다. 당연히 무예와 용맹이 상대를 찾기 어려울 정도로 출중해야 할 터인데, 놀랍게도 그때 이징옥의 나이가 겨우 만으로 17세에 지나지 않았다.

놀라기에는 아직 이르다. 이징옥은 그해 8월에 태종이 친림한 무과에서 장원으로 급제했다. 불과 17세의 나이로 친시親試에서 장원을 따내고 일약 종4품의 사복시소윤司僕寺少尹에 올랐으니 문무과를 통틀어 거의 유례가 없는 대기록이다. 이후 북방으로 가서는 흉악한 여진족들을 닥치는 대로 격파하는 큰 공을 세웠다. 놀라운 일은 계속 된다. 세종이 이징옥에게 어약御藥을 하사한 것이 바로 그것인데, 당시 이징옥은 최전방인 경원의 병마사로서 나이는 29세에 불과했다. 나이든 대신들을 예우하는 차원에서 어약을 하사하는 경우는 종종 보았어도, 서른도 먹지 않은 무관이 어약을 하사받은 사례는 이징옥이 유일할 것이다.

이징옥에 대한 세종의 신임은 그만큼 절대적이었고, 이징옥은 절대적인 신임에 부응했다. 동북육진東北六鎭을 개척하여 지금의 국경선을 확정짓는 데 결정적으로 이바지한 것이다. 동북육진은 김종서가 개척한 것으로 아는 사람이 많지만, 김종서는 본래 문관文官이었기 때문에 실전에서 공을 세울 수 없었다. 지금의 국경선은 세종이 주창하고, 김종서가 기획하였으며, 이징옥이 싸워 이뤄낸 결과였다. 〈세종실록〉에는 이징옥이 여진족과의 전투에서 거둔 연승을 치하하는 것과 그가 연로한 부모를 봉양하기 위해 사직을 청해도 허락하지 않는 내용이 있다. 흉악한 여진족들을 완벽하게 제압한 이징옥이 없이는 북방의 안전을 보장하기 어려웠던 것이다.

그런 관점에서 보면 윤봉 사건은 당시 병조참판이었던 이징옥을 함길도 최전방의 지휘관으로 발령한 것은 전혀 문책성 인사가 아니다. 그에게 북방은 고향과 같지 않은가. 무관으로 임관하여 인생의 대부분을 북방에서 보낸 이징옥에게는 안온한 도성의 병조참판으로 일하거나 온갖 민폐를 끼치는 칙사를 대접하는 것이 오히려 가혹한 형벌이었을 것이다.

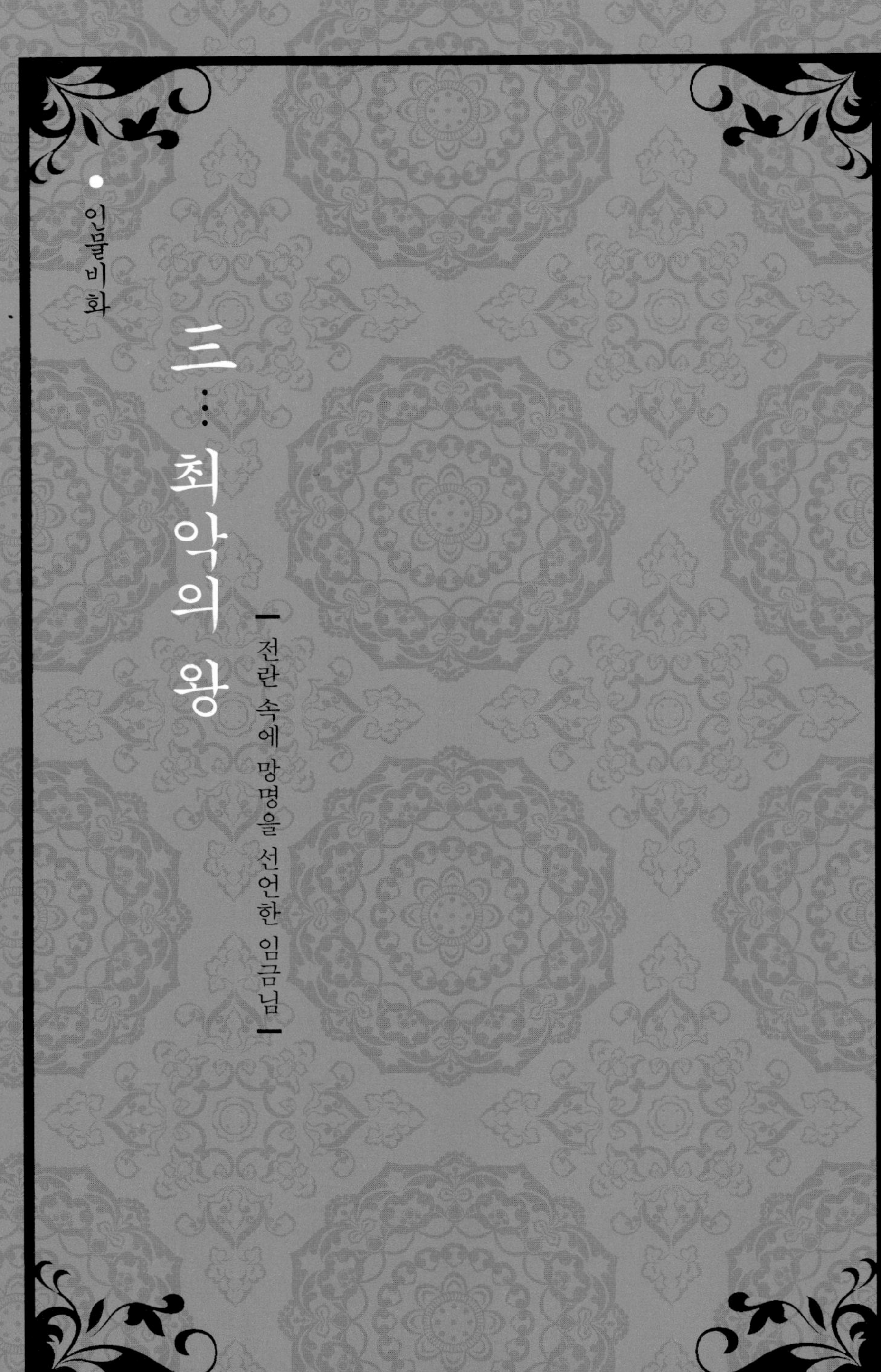

인물비화

三… 최악의 왕

— 전란 속에 망명을 선언한 임금님 —

"기근이 극도에 이르러 심지어 사람의 고기를 먹으면서도 전혀 괴이하게 여기지 않습니다. 그러므로 길가에 쓰러져 있는 굶어 죽은 시체에 완전히 붙어 있는 살점이 없을 뿐만이 아니라, 어떤 사람들은 산 사람을 도살하여 내장과 골수까지 먹고 있다고 합니다. 옛날에 이른바 사람이 서로 잡아먹는다고 한 것도 이처럼 심하지는 않았을 것이니, 보고 듣기에 너무도 참혹합니다. 도성 안에 이와 같은 경악스런 변이 있는데도 형조에서는 무뢰한 기민飢民이라 하여 전혀 체포하거나 금하지 않고 있으며 발각되어 체포된 자도 또한 엄히 다스리지 않고 있습니다. 당상과 낭청을 아울러 추고하고, 포도대장捕盜大將으로 하여금 협동하여 단속해서 일체 통렬히 금단하게 하소서."

임금이 이르기를,

"경상도에서는 사람들이 서로 잡아먹는다고 하는데 사실인가?"

하니, 아뢰기를,

"그렇습니다. 신이 팔거八莒에 갔을 때에 사람을 잡아서 먹은 자가 있다는 말을 듣고는 즉시 군관을 보내어 베었습니다. 양호兩湖에 들어갔을 적에는 이런 일이 있다는 말을 못 들었습니다."

하였다. 백성들이 굶주린 나머지 서로 잡아먹는 상황에까지 이르렀으므로 임금이 자신을 죄책하는 교서를 제로諸路에 내렸다.

유성룡柳成龍이 아뢰기를,

"근래 기근이 너무 심해 경릉敬陵과 창릉昌陵 근처에서는 행인을 잡아먹는 자가 있어서 그 옆 둔전관屯田官이 무서움을 이기지 못하여 책柵을 세우고 산다 합니다."

최흥원崔興源이 아뢰기를,

"굶주린 백성들이 요즘 들어 더욱 많이 죽고 있는데, 그 시체의 살점을 모두 베어 먹어버리므로 단지 백골만 남아 성 밖에 쌓인 것이 성과 높이가 같습니다."

하고, 유성룡이 아뢰기를,

"비단 죽은 사람의 살점만 먹을 뿐 아니라 살아 있는 사람도 서로 잡아먹는데, 포도군捕盜軍이 적어서 제대로 금지하지를 못합니다."

하고, 이덕형이 아뢰기를,

"부자 형제도 서로 잡아먹고 있으며 양주楊州의 백성은 서로 뭉쳐 도적이 되어 사람을 잡아먹고 있습니다. 반드시 조치를 취하여 살 수 있는 길을 열어 준 뒤에라야 서로 죽이지 않게 될 것이니, 그렇지 않으면 금지시키기 어려울 것입니다."

하였다.

이것은 《수호지水湖志》에 나오는 인육人肉식당이나 홍콩 무협영화의 한 장면이 아니다. 출처가 불분명한 야사나 괴담에서 발췌한 무책임한 내용도 아니다. 소름끼치는 식인의 광경은 가장 공신력 있는 기록인 실록에 기재된 것이다. 조선에서 이렇게 무서운 일이 벌어졌다니 정말이지 믿기 어렵지만, 때는 조선의 14대 왕이었던 선조宣祖의 치세였다. 곳곳에서 식인食人이 횡행하여 농사를 지을 수조차 없게 되었다면 인간세상이 아니라 지옥의 풍경이 분명하다.

기록을 살펴보면, 식인이 반드시 선조의 시대에서만 나타나지는 않았다. 성군이었던 세종 시대에도 발견되고 있으며, 그 외에 간과 쓸개를 약으로 쓰기 위해 사람의 배를 갈랐던 사례도 이따금씩 나타난다. 하지만 선조 시대를 제외한 식인의 대부분은 무혐의 판정을 받았고, 사람을 죽여 간과 쓸개를 꺼낸 것 역시 정확한 실체가 파악되지는 않았다. 대규모의 식인이 일반화되었던 것은 선조의 시대가 유일하다. 실록뿐 아니라 《연려실기술練藜室記述》과 《난중잡록亂中雜錄》 등의 기록에서도 동일한 광경이 목격되고 있으니, 실로 공포의 시대라고 해야 할 것이다.

백성들이 '절대 먹어서는 안 될 것' 까지 먹게 된 데는 그만한 이유가 있다. 최악의 야만행위인 식인은 원치 않는 전쟁의 부산물이었다. 임진왜란壬辰倭亂과 정유재란丁酉再亂으로 기록된 전쟁은 조선을 극한의 너머로 몰고 갔다. 1592년에 발발하여 1598년까지 장장 7년이나 지속되었던 전쟁은 순박한 백성들을 식인귀食人鬼로 만들어버리기에 충분했다. 처참한 전쟁의 와중에서 굶어 죽지 않기 위해서는 선택의 여지가 없었다. 전쟁이 아니었으면 백성들이 먹고 먹힐 일도 없었고, 식인이 횡행하는 공포의 땅으로 전락하지도 않았을 것이다.

광기狂氣가 지배하고 생존이 최대의 미덕으로 칭송되는 전쟁을 논리적으로 이해하기는 어렵다. 그 가운데서도 임진왜란은 특히 이해가 가지 않는 점이 많다. 가장 먼저 눈에 띄는 것은 너무나 쉽게 수도를 잃었다는 점이다. 전쟁이 발발한 것이 1592년 4월 13일인데, 불과 20일 만인 5월 3일에 도성을 빼앗겼다. 당시의 도로 여건과 왜적의 대부분이 보병으로 편성되었다는 것을 감안하면, 6 · 25 전쟁 때 3일 만에 서울을 빼앗긴 이승만 정부가 무색할 지경이다. 이후 진행되는 과정을 보노라면 조선이 스스로 문을 열어주고 길안내까지 해줬다고 해야 타당하다는 생각마저 든다. 왜 조선은 제대로 싸워보지도 못하고 참패를 반복하였을까? 200년의 역사를 가진 조선이 국가라기보다는 무력집단에 가까운 일본에게 그토록 어이없게 패배한 것은 자신의 손으로 무장해제를 단행했던 것에 있다.

조선의 무장해제와 직접 관련이 있는 것은 선조 22년(1589년)에 발생한 최대의 역모사건인 기축옥사己丑獄死이다. 역모의 주인공은 정여립鄭汝立인데, 그는 반란의 명분으로 나라가 어느 개인의 것이 될 수 없다는 '천하공물설天下公物說'과 누구라도 임금으로 섬길 수 있다는 내용의 '하사비군론何事非君論'을 주창하였다. 역모가 적발되어 수사가 마무리 될 때까지 무려 1천 명이 넘게 죽었다. 기축옥사는 이전에 발생했던 네 차례의 사화士禍를 모두 합친 것보다 훨씬 큰 파괴력으로 조선을 강타했다. 사화가 주로 사림士林이 훈구와 권신과 대립했던 형태인 것에 비해 기축옥사는 사림과 사림이 대립한 결과였다. 당시는 당파싸움이 발원한 동서분당東西分黨의 시기였는데, 역모를 꾀했던 정여립은 동인東人이었다. 그에 따라 주류세력으로 정국을 이끌던 동인들이 철퇴를 맞게 되었다.

역모는 대개 억울하기 마련이다. 억울하게 끌려가 파멸당한 피해자들 가운데는 근거 없는 밀고에 당한 사례가 적지 않았다. 법과 전례의 모든 것을 초월하여 일방적으로 진행되는 역모에 걸려드는 날에는 죽지 않는다고 해도 집안이 망하기 일쑤였다. 그것을 이용하여 개인 간의 이해관계를 해결하려는 자들이 벌인 밀고가 역모의 확대재생산에 기여했다. 억울한 죽음이 양산된 결과 주류세력인 동인은 붕괴되고 말았다. 그러나 반대급부를 수혜하여 정국을 장악했던 서인西人의 세력으로는 정국을 운영하기 어려웠다. 공백을 메우기 위해 운 좋게 살아남은 동인들의 핵심을 끌어들였어도 마비된 운영능력을 복구하기는 역부족이었다.

게다가 서인들도 정치파동에 휘말렸다. 기축옥사의 수사책임을 맡은 자는 서인의 영수인 정철鄭澈이었다. 선조가 원하는 대로 잔혹하게 수사를 지휘하여 확고하게 신임받았다고 오판한 정철이 세자를 정하자고 건저建儲한 것이 치명타였다. 정철은 선조의 정실인 의인왕후懿仁王后 박씨가 전혀 생산이 없었던 것에 비해, 후궁 소생의 왕자들이 득시글거리는 것에 주목했다. 세자를 건저하여 선조 이후의 구도까지 확실하게 해두려던 정철의 야망은 철퇴를 맞았다. 선조는 "내가 죽기를 바라는 것이 아니냐." 며 펄펄 뛰었다. 이번에는 정철이 유배당한 다음 서인들이 밀려나고 다시 동인이 복귀했다. 동인은 이번 기회에 기축옥사를 확실하게 보복하자는 북인北人과 그렇게까지 할 필요는 없지 않느냐는 남인南人으로 갈라졌다. 그렇게 되자 가뜩이나 취약하던 국정운영능력이 거의 뇌사상태에 빠지고 말았다.

기축옥사는 당파싸움의 역사적인 출발점으로만 기능하지 않았다. 조선의 가장 큰 자산은 유능하고 우수한 관료들로 짜인 조직력과 행정력이었는데, 현직의 관료들이 무수히 연루되어 죽어나갔으니 어찌 후환이 없겠는가. 겨우 살아남은 관료들도 극도의 공포에 사로잡히게 되었다. 말 한마디만 삐끗해도 목이 달아나는 세상에 어느 누가 앞장서서 의욕적으로 일하겠는가. 관료와 행정조직의 부재는 조선 전체에 극히 부정적인 효과를 파급했다. 기축옥사의 파괴력에 그렇지 않아도 취약했던 조선은 국방력의 기초부터 붕괴당하고 말았다.

백년에 이르는 내전으로 단련된 일본군이 침공준비에 들어갈 무렵, 조선은 자신을 지킬 방어력을 완전히 상실한 상태였다. 충분히 늘어난 것은 당파의 수효와 충성 경쟁, 그리고 반대 당파에 대한 적개심밖에 없었다. 이순신李舜臣의 전라좌수영全羅左水營처럼 유능한 무관들에 의해 제대로 준비된 곳이 없지는 않았다. 하지만 그들을 지휘하고 지원할 시스템이 총체적으로 붕괴되었으니, 껍질 깨진 달팽이와 진배가 없는 상태에서 미증유의 전쟁을 맞게 된 것이다. 전쟁이 발발하자마자 채 한 달도 되지 않아 수도를 빼앗기는 것은 당연한 결과라고 하겠다.

임진왜란에서 제기되는 의문점 가운데는 선조의 행적도 포함된다. 계속 피난 다니던 선조가 놀랍게도 망명하겠다고 공표한 것이다. 당연히 신하들은 경악했다. 종주국인 명나라로 들어가 직접 구원을 호소하기 위함이라는 명분을 세우기는 하였으나, 왕이 나라를 떠나는 것은 바로 망국을 의미하는 것이다. 선조가 도성을 나와 몽진蒙塵했을 때만 해도 잘 싸우던 이순신 함대를 위시한 일부 군인과 곽재우를 비롯한 의병들이 받았던 충격은 대단했다. 왕이 도성을 떠나도 큰 충격을 받는 판에 아예 나라를 떠난다면 어떻게 될 것인가. 조선의 모든 군인과 의병들은 일시에 전의를 잃고 붕괴될 것이 뻔했다. 그나마 조선을 방어했던 면역체계까지 사라져버리면 그때는 멸망밖에 얻을 것이 없었다. 모처럼 하나로 뭉친 신하들이 극력으로 간해도 선조의 결심을 돌리지 못했다. 선조는 망명을 기정사실로 굳히고는 광해군光海君에게 신하들을 떼어주어 분조分朝를 구성하게 하고 옥새를 맡기는 등으로 자신이 망명한 이후를 대비하게 하였다. 왕이 압록강을 넘었다는 비보가 퍼지는 날이 바로 조선 최후의 날이었다. 나라와 백성을 이끌어야 할 왕이 오히려 멸망을 재촉하는 기가 막힌 광경에 신하들이 땅을 치며 통곡했다.

그러나 선조의 생각과는 달리 명나라가 그리 탐탁하게 여기지 않았기 때문에 망명은 실행되지 못했다.

> 비변사가 아뢰기를,
>
> "경성을 수복한 것은 온 나라의 큰 경사이므로 군신들은 마땅히 하례하여야 합니다. 그런데 전하께서는 위로할 일이지 축하할 일이 못 된다고 하시니, 경성의 수복은 억조창생의 다행일 뿐만 아니라 종묘사직의 경사에는 그 어떠한 것이겠습니까. 그러니 덤덤히 여겨 경하하는 행사를 하지 않을 수 있겠습니까?"
>
> 하였다.
>
> — **〈선조실록〉 26년**(1593, 계사년) **5월 1일**

적에게 빼앗겼던 수도를 1년 만에 되찾았으니 그것보다 큰 경사가 어디 있겠는가. 처음에는 꼼짝없이 나라가 망하는 줄로만 알았는데, 이순신이 적의 수군을 격파하여 바다를 통한 보급을 차단한 것이 반전의 원동력이었다. 그에 힘입어 곳곳에서 의병이 궐기한데다, 명나라의 지원군이 당도한 결과 빼앗겼던 도성까지 다시 되찾게 된 것이었다. 그렇다면 가장 기뻐해야 할 사람은 선조다. 즉시 크게 축하행사를 열고 조정에 돌아갈 준비를 갖추라고 명하여야 할 텐데, 전혀 예상 밖으로 '위로할 일이지 축하할 일이 못 된다' 고 말하고 있다. 게다가 행사의 개최에도 그리 탐탁지 않아 하는 눈치를 보이고 있으니, 정말 알 수 없는 일이다.

그 무렵에 더욱 이해가 가지 않는 일이 벌어졌다.

경기좌도관찰사 성영成泳이 치계하기를,
"왜적이 선릉宣陵과 정릉靖陵을 파헤쳐 재앙이 재궁梓宮에까지 미쳤으니 신하로서 차마 말할 수 없이 애통합니다."
하니, 상이 정원에 분부하기를,
"이 서장을 보니, 몹시 망극하다. 속히 해조該曹로 하여금 의논하여 조처하게 하라."
하였다.

— <선조실록> 26년(1593, 계사년) 4월 13일

한성을 점령한 일본군들이 성종의 묘 선릉과 중종의 묘 정릉을 파헤

치는 만행을 저질렀다. 유교국가인 조선에서 선왕의 무덤이 훼손당한 것은 차마 상상조차 할 수 없는 치욕이었다. 이 같은 사실은 당시 도체찰사都體察使였던 유성룡이 아직 일본군의 수중에 있던 한성에 수색대를 파견하여 다시 확인하였다. 당시 어진(御眞, 왕의 영정) 가운데 태조와 세조의 어진을 제외한 전부가 불탔는데, 그것만 해도 큰 치욕으로 여기던 시절이었다. 그러니 선왕의 능묘가 훼손되고 시신까지 봉변을 당한 것은 필설로 형용될 충격이 아니었다. 피난지에서 사실을 알게 된 선조는 자신의 부덕함이 선왕들까지 욕을 보게 하였다며 하늘을 우러러 통곡하였다. 그리고는 정무를 3일간 중단하여 사죄하였으나, 이미 엎질러진 물이 아닌가. 유일한 해결책은 어서 빨리 돌아가 수습하는 것밖에 없었으며, 백성들을 보아서도 가급적 빨리 돌아가야만 했다. 신하들 역시 그렇게 하는 것이 옳다고 주청했다. 그런데 선조는 이번에도 상식의 범주에 있지 않았다.

> 상이 아침에 벽제역碧蹄驛을 출발하여 미륵원彌勒院에서 잠시 쉬었다가 저녁에 정릉동貞陵洞의 행궁으로 들어갔다.
>
> —〈선조실록〉 26년(1593, 계사년) 10월 1일

선조가 돌아와 불탄 경복궁 대신 정릉에 소재한 월산대군月山大君의 사저私邸를 행궁으로 삼은 것은 계사년 10월 1일이었다. 수도 한성을 다시 탈환한 것이 4월 20일이었으며, 그 사실은 즉시 선조에게 보고되었다. 그렇다면 적어도 두 달 이후에는 환궁해야 할 것인데, 10월 1일에 돌아왔다면 탈환했다는 보고를 받고도 무려 반년이나 지난 다음에야 돌아온 것이다.

게다가 선왕들의 능묘가 훼손되었으며, 백성들을 위무하기 위해 한시라도 빨리 돌아가야 한다는 주청이 빗발칠 때였다. 그럼에도 불구하고 선조는 무엇 때문에 반년이나 지나서야 돌아왔다는 말인가?

한성으로 돌아오기 이전에도 큰 의혹이 있다.

"밤이면 병풍에 기대어 밤을 새우고 낮이면 정신이 혼란하여 멍청이가 되는데, 그런 와중에 광병狂病, 목병目病, 비병痺病, 습병濕病, 풍병風病, 한병寒病 등 온갖 병이 함께 일어나서 이 한 몸을 공격하니, 한 줌의 원기元氣로써 어찌 그 병들을 감당할 수 있겠는가. 광병으로 말하면 때때로 노래를 부르기도 하고 곡을 하기도 하며, 물불을 가리지 않고 고함을 치며 달려가기도 하며, 무언가를 보고서 눈물을 흘리기도 하고 놀라 머리털을 곤두세우기도 하니, 예로부터 어디에 광병을 앓은 임금이 있었던가. 목병으로 말하면 두 눈이 어두워 사물을 분별할 수 없어 모든 계사啓辭의 글씨도 알아보지 못하는 경우가 많으니 머지않아 소경이 될 것인데, 예로부터 어디에 소경의 임금이 있었던가. 비병으로 말하면 몸의 반쪽이 허약한데다가 안개와 이슬을 맞은 뒤로는 그 증세가 점점 심해져서 오른쪽 수족을 전혀 움직일 수 없고 밤이면 쑤시고 아픈데 손으로 만져도 감각이 없어 마치 마른 나무 토막 같으니, 예로부터 어디에 한쪽 수족만 가진 임금이 있었던가."

놀랍게도 선조가 자신을 폐인이라고 공언했다. 미친 증상을 포함하여 눈이 보이지 않고 운신하기조차 어려운 등의 중환이 무려 여섯이나 겹쳐 있다. 하나만 걸려도 치명적인 중환을 종합선물세트로 가지고 있으니 머지않아 유명을 달리하게 될 것이 분명하다. 그리하여 광해군에게 선위禪位하겠다고 하였는데, 말과는 달리 선조는 환후가 있지도 않았을 뿐 아니라 자리를 물려줄 생각은 더욱 없었다. 그렇다면 무엇 때문에 스스로를 폐인으로 말하고 왕위를 물려주겠다고 공언하였던 것일까?

그 원인은 선조 스스로가 왕의 자격을 상실시킨 것에 있었다. 전쟁 초기에 명나라로 망명할 결심을 굳힌 다음 공표하고 광해군에게 분조를 출범하게 한 것은 이쯤해서 조선의 왕을 그만두겠다는 선언이나 진배없었다. 그러나 믿었던 명나라가 받아주지 않자 입장이 극히 난처해졌다. 이후 전황이 호전되고 다시 한성을 탈환해도 내켜하지 않는 모습을 보인 것은 조선을 떠나려 했다가 실패한 것이 계속 마음에 걸렸기 때문이었다.

백성들도 자신들을 버리려 한 왕에게 결코 호의적이지 않았다. 선조가 도성을 빠져나가던 날 백성들이 들고 일어나 경복궁을 위시한 궁궐을 불태웠으며, 피난하는 선조에게 욕을 퍼붓고 돌을 던지기까지 하였다. 평양에서는 분노한 백성들이 정승과 궁녀를 구타하는 폭동사태까지 발생했을 지경이었다. 곳곳에서 반란이 일어났으며 함경도에서는 반란군들이 임해군臨海君과 순화군順和君의 두 왕자를 체포하여 적에게 넘겨주기까지 하였다. 나라를 버리려 했던 대가를 체감한 선조로서는 백성들이 반란하여 궁궐까지 불태운 한성으로 돌아가고 싶은 생각이 없었을 것이다.

또한 광해군이 너무 잘한 것도 문제였다. 광해군이 가는 곳마다 백성들이 구름처럼 모여들었다. 임금이 도망가고 나라가 망할 줄로만 알았던 백성들에게 광해군의 존재는 절대적이었다. 눈물을 흘리며 몰려드는 백성들을 달래고 위무하는 광해군의 위풍은 바로 제왕의 모습이었다. 더 이상 떨어질 것이 없는 자신의 처지와 눈부시게 솟구치는 광해군의 모습은 완벽한 대조를 이루었다. 만일 백성들에게 선택권이 주어졌다면 만장일치로 광해군을 선택했을 것이 분명했다. 실제로 선조를 하야시키고 광해군을 추대하려는 반란까지 발생하기에 이르렀다.

게다가 명나라까지도 광해군을 대우했다. 황제가 직접 광해군에게 칙서를 보내 '부왕의 실책을 만회할 것' 을 당부하기까지 하였는데, 선조는 그것을 중대한 위협으로 간주했다. 내부에서 반란을 맞는데다 종주국의 신임까지 얻지 못하던 선조는 정치적인 사형선고를 받기 전에 생존을 위한 승부수를 던졌다. 자신이 폐인으로서 제대로 정사를 돌볼 수 없기 때문에 광해군에게 선위하겠다는 선조의 선언에 광해군 본인은 물론 신료들이 크게 놀랐다. 광해군이 즉위하기 위해서는 선조의 죽음이 필수적이었다. 그런데 선조는 시퍼렇게 살아 있지 않은가. 설령 선조가 운신도 못할 정도의 중병에 걸렸다고 해도 유력한 중신들이 상의하여 정국을 이끌다가 선조가 죽게 되면 자연스럽게 광해군이 즉위할 수 있는 것이다. 그럼에도 불구하고 그리 아파 보이지도 않는 선조가 스스로의 입으로 선위를 거론하는 것은 억지로라도 신임을 받기 위한 술수였다. 이에 신하들과 광해군이 제발 선위를 거두어 달라고 며칠이나 주청하기에 이르렀다.

마침내 선조가 선위 의사를 철회했다.

좌의정 윤두수尹斗壽가 백관을 인솔하고 선위하지 말 것을 계청하면서 재차 아뢰니 답하였다.

"민망스럽고 절박하여 눈물까지 나는 것을 감당할 수가 없다. 견딜 수만 있다면 어찌 감히 그렇게 했겠는가. 서울에 돌아가서 능침陵寢을 배알한 다음에는 즉시 나의 뜻을 받아 주겠는가? 그렇게 해준다면 지금은 억지로라도 따르겠다."

—〈선조실록〉 26년(1593, 계사년) 9월 8일

그런데 어이없게도 능침을 배알한 다음 자신의 뜻을 따르는 것이 조건이다. 훼손당한 선릉과 정릉의 배알은 지극히 당연한 것임에도 차일피일 미루다가 그것과 결부시켜 자신의 뜻을 관철시킨 것이었다. 그런 선조의 처신은 사관史官들의 극렬한 비판을 불렀다.

사신(史臣, 사관)은 논한다. 상이 200년 조종祖宗의 기업基業을 당저에 이르러서 남김없이 다 멸망시켜 놓고 겸퇴(謙退, 물러남을 청하다)하면서 다시는 백성의 윗자리에 군림하지 않고자 하여 하루아침에 병을 이유로 총명하고 인효仁孝한 후사後嗣에게 대위大位를 물려주려고 하니, 그 심정은 진실로 서글프나 그 뜻은 매우 아름다운 것이다.

(중략)

세월을 끌며 말을 바꿔 임금과 신하 사이에 마치 어린아이가 서로 희롱하는 것처럼 하였으니 이것이 도대체 무슨 사리인가. 당시에 세자의 나이가 이미 약관이었고 학문도 고명高明하였으며 덕망도 이미 성숙하였으니 대위大位를 이어받는다고 하더라도 충분히 난을 평정하고 화를 종식시켰을 것인데, 계속 어린 세자沖嗣라고 하였다. 예부터 약관의 어린 세자가 언제 있었던가. 끊임없이 간쟁하여 상의 훌륭했던 생각을 중지시켰으니 매우 애석한 일이다.

— **〈선조실록〉 26년**(1593, 계사년) **9월 7일**

역사를 기록하는 사관은 '사관 위에 하늘이 있다'며 자부심과 사명감으로 뭉친 사람들이다. 그런 사관이 선조가 200년을 이어온 조종의 기업을 남김없이 멸망시켰다고 극렬하게 비판했다. 그것만 해도 상상하기 어려운 비판인데, 정말 왕을 그만두고 싶으면 얼마든지 그럴 수 있는데도 불구하고 신하들의 허락을 받으려는 것은 또 무엇이냐며 기막혀 하고 있다.

선조를 극언으로 비판하는 사관의 기록을 약간 더 살펴보자.

상이 이르기를,
"원균元均 한 사람에게만 핑계대지 말라."
하였다.
사신은 논한다. 한산의 패배에 대하여 원균은 책형磔刑을 받아야 하고 다른 장졸將卒들은 모두 죄가 없다. 왜냐하면 원균이라는 사람은 원래 거칠고 사나운 하나의 무지한 위인으로서 당초 이순신과 공로 다툼을 하면서

백방으로 상대를 모함하여 결국 이순신을 몰아내고 자신이 그 자리에 앉았기 때문이다. 겉으로는 일격에 적을 섬멸할 듯 큰소리를 쳤으나, 지혜가 고갈되어 군사가 패하자 배를 버리고 뭍으로 올라와 사졸들이 모두 어육魚肉이 되게 만들었으니, 그때 그 죄를 누가 책임져야 할 것인가. 한산에서 한 번 패하자 뒤이어 호남이 함몰되었고, 호남이 함몰되고서는 나랏일이 다시 어찌할 수 없게 되어버렸다. 시사를 목도하건대 가슴이 찢어지고 뼈가 녹으려 한다.

— **〈선조실록〉 31년**(1598, 무술년) **4월 2일**

선조가 이순신을 잡아 가두고 등용한 원균이 칠천량漆川梁에서 수군을 전몰시키고 사라진 다음의 기록이다. 원균을 등용한 사람이 바로 자신이거늘 다른 대신들에게 책임을 전가하는 것으로 모자라 원균이 패전한 것은 부하장수들의 무능한 탓이니 그들을 잡아다가 처벌해야 할 것을 주장하고 있다. 이때 사관은 '가슴이 찢어지고 뼈가 녹으려 한다'는 것으로 울분을 터뜨리고 있다. 이것 외에도 '선조가 곧 나라를 망칠 것이다' 라는 초극한의 비판도 있었다.

임진왜란에 관련한 사건 하나를 더 소개하겠다.

비변사가 아뢰기를,

"하삼도下三道에 먼저 무과를 설시設施하여 철전鐵箭 5대씩을 세 차례 쏘는 것으로 규정을 삼아 전라도에서 3천 명, 경상 좌우도에서 각각 1천 명, 충청도에서 1천 명을 시취試取하여 초시初試 합격으로 인증하고, 초시에 입격한 자가 왜적의 수급 하나를 베어 올 경우 우선 도시都試에 나아갈 수 있는 자격을 주고 왜적의 수급을 많이 베어 오는 자를 장원 1등으로 삼으며, 도회都會는 한 곳마다 설치할 것이 아니라 적을 막는 중요한 여러 곳에 도회를 열어 왜적의 수급 하나를 베어 오더라도 모두 전시殿試를 볼 수 있는 자격을 주라는 뜻으로 도원수都元帥와 3도 관찰사에게 급속히 행이行移하는 것이 어떻겠습니까?"

하니, 답하기를,

"아뢴 대로 하라. 그러나 왜적의 귀를 베어 오는 자는 제외하고 전두全頭를 바치면 사실 여부를 조사한 뒤에 급과給科하겠다고 하는 것을 전일에 백성들이 믿지 않았으니, 지금은 마땅히 공명홍패空名紅牌 몇 장을 내려 보내어 도원수로 하여금 수급을 조사한 다음 그 사람의 이름을 홍패 속에 써 넣어 즉석에서 주어서 그들을 용동聳動시키도록 하라."

하였다.

— 〈선조실록〉 26년(1593, 계사년) 7월 16일

위의 내용은 비변사가 전쟁이 급하여 쓸 만한 무관을 선발하는 것에 대한 상세한 대책을 올리자 선조가 그대로 시행하라고 윤허한 것이다. 그래도 일단 형식으로 갖추어 6천 명에게 응시하게 하였는데, 놀랍게도 본선에 나갈 수 있는 자격이 왜적의 수급을 베어 오는 것이다. 왜적의 목을 베어가면 본선에 참가할 자격을 주고 가장 많이 베어 오는 자를 장원급제를 삼는다고 하였으니 저마다 왜적의 목을 베어 들고 왔겠다. 그러나 그 가운

데 진품(?)이 과연 몇이나 되었겠는가? 당시의 일본군은 조총으로 무장하여 1천 보步 밖의 사람을 쏘아 죽이고 일본도의 예리함은 100보 밖의 사람도 여지없이 벤다는 소문이 퍼졌을 때였다. 그런 일본군에게 덤벼들었다가는 공을 세우기는커녕 적에게 자원하여 공을 바치는 것이나 진배가 없을 터였다. 게다가 그때는 왜적이 철수하여 부산을 비롯한 남쪽에 요새를 구축하고 웅크렸기 때문에 만나기조차 어려운 상태였다. 그런데 어떻게 된 것인지 왜적의 목은 차고도 넘쳤다.

인재도 선발하고 왜적도 죽이자는 일석이조의 계책이 보기 좋게 성공했으면 오죽이나 좋겠는가만, 무과에 합격하기 위해 바쳐진 목은 우리 백성의 어깨 위에서 잘라낸 것이었다. 무고한 백성이 무차별로 살육당하고 적에게 잡혀갔던 자들이 돌아오고 싶어도 죽을까봐 두려워 귀순을 주저할 지경에까지 이르렀던 것이다. 보다 못한 비변사와 사헌부가 아뢰어 그만두게 하였으나 억울하게 죽어간 백성들은 이루 헤아릴 수조차 없었다.

이미 공명첩空名帖을 발급하였을 때부터 그런 문제가 제기되었다. 적의 목을 가지고 오면 천민은 면천免賤하고 양민은 벼슬을 주었는데, 무기도 시원치 않고 훈련도 받지 못한 민간인들이 정규군도 싸워 이기기 어려운 적을 어떻게 벨 수 있겠는가? 하지만 적의 목을 들고 와서 공명첩을 발부받는 자들이 줄을 이었다. 미곡을 바쳐 같은 효과를 얻게 하는 납속納贖도 실시하였지만 목을 얻는 것이 백배 수월하고 확실했다. 백성들이 지천으로 널렸기 때문에 마음만 먹는다면 얼마든지 목을 구할 수 있는데다, 어차피 죽은 자는 말이 없기 마련이다. 공명첩과 교환된 적의 수급은 강포한 자들이 힘없는 백성을 죽이고 잘라낸 목이라는 것은 길게 생각할 것도 없을 것이다.

대저 나라의 근본은 백성이고 그들을 보살피는 것이 군주의 의무인데, 아끼고 보살피기는커녕 벼슬을 미끼로 삼아 백성의 목을 잘라오라고 부추겼으니 참으로 소름끼치는 왕이 아닐 수 없다. 조선뿐 아니라 우리 역사를 통틀어도 이렇게 처신한 왕은 없었다. 백제를 망친 의자왕義慈王도 이렇지는 않았을 것이다.

이런 치세에서 순박한 백성들이 식인귀가 된 것도 그리 이상하지 않다. 비록 전쟁을 막을 수는 없었을지라도 조선이 스스로를 무장해제하지 않았다면 그렇게까지는 되지 않았을 것이다. 선조가 조금만 제대로 처신하였다면 도성을 비롯한 곳곳에서 식인이 횡행하였다는 끔찍한 기록은 남지 않았을 텐데 참으로 안타까운 일이다.

선조 독살설

선조도 독살의 의문이 제기되는 왕 가운데 하나다. 여러 사람 앞에서 먹은 음식이 독살의 증거로 제시되는 모습은 앞서 소개한 경종과 매우 유사한 형태다. 그러나 선조는 이미 만으로 56세여서 당시로서는 언제 죽어도 이상할 것이 없는 노인에 해당하는 나이였다. 미증유의 전쟁을 겪은데다, 극도로 심신이 피폐했기 그만하면 많이 살았다는 생각마저 들 지경이다. 선조의 죽음은 스트레스에 의한 돌연사일 가능성이 높다.

흡사한 사례를 선조와 거의 비슷한 시대의 일본에서 살펴보자. 전쟁으로 날을 지새우던 전국 시대戰國時代의 무장들은 당연히 건강관리에 적극적이었을 테지만, 그들 가운데서도 돌연사가 적지 않게 발생했다. 다케다 신겐武田信玄과 더불어 최고의 무장으로 손꼽히던 우에스기 겐신上杉謙信은 48세의 나이에 갑자기 죽었다. 겐신과 함께 일대를 풍미했던 다케다 신겐도 42세에 진중陣中에서 죽었는데, 그의 죽음도 그리 정상적이지 못하다. 닌자忍者에 의한 암습과 저격 등의 의견이 많지만, 그것보다는 돌연사의 가능성이 농후하다. 또한 일본 역사상 제일의 풍운아로 추앙받은 오다 노부나가織田信長의 부친 오다 노부히데織田信秀도 급사하였는데, 아무렴 조금만 약점을 보여도 바로 도태당하는 약육강식의 세계에서 건강관리를 제대로 하지 못하였겠는가. 강인한 전국 시대의 무장들과 정력에 좋은 것이라면 종류를 가리지 않는 현재의 중년들이 돌연사하는 현상은 생존을 위한 스트레스가 그만큼 무섭다는 것으로 이해하면 될 것이다.

인물비화

四 … 나라를 뒤흔든 섹스 스캔들

— 시대를 풍미한 유감동과 어우동 —

이번에 소개할 인물들은 아주 익숙하다. 특히 어을우동於乙宇同이라고도 불린 어우동은 조선을 뒤흔들었던 섹스 스캔들의 주인공으로서 역사에 별로 관심이 없는 사람들에게까지 매우 잘 알려져 있다. 어우동은 조선 시대의 섹스 심벌로 손색이 없다. 유감동兪甘同은 어우동에 비해 인지도가 낮지만, 어우동처럼 영화로도 만들어졌으며 지금도 드물지 않게 거론되고 있다.

차제에 같은 테마로 조선을 뒤흔들었던 두 사람의 여성에 대해 알아보도록 하자. 먼저 말해둘 것은 유감동과 어우동은 흡사한 듯 보이지만 합치되지 않는 부분이 적지 않다는 것이다. 각자 이루 헤아릴 수조차 없는 남자들과 간음하며 엄청난 충격을 불러왔어도 동기와 결과가 다르다. 앞서 소개한 살인자 신여척과 김은애가 범행동기와 수단을 비롯한 모든 요소가 전혀 달라 보이는데도 동일한 출발선상에 있다는 것과는 정반대의 상황이라 할 것이다.

이제부터 실록을 통해 두 여인의 행각을 추적해 보자. 어우동 사건이 성종 11년(1480년)에 표면화되는 것에 비해, 유감동은 세종 9년(1427년)에 나타나고 있으니 유감동부터 다루는 것이 순서일 것 같다.

임금이 대언 등에게 묻기를,

"사헌부에서 음부淫婦 유감동을 가뒀다는데, 간부奸夫는 몇이나 되며, 본 남편은 누구인가. 세족世族이 의관衣冠 집의 여자인가."

하니, 좌대언 김자金赭가 대답하기를,

"간부는 이승李升, 황치신黃致身, 전수생田穗生, 김여달金如達, 이돈李敦 등과 같은 사람이고, 기타의 몰래 간통한 사람은 이루 다 기록할 수 없사오며, 본 남편은 지금 평강현감平康縣監 최중기崔仲基입니다. 중기가 무안군수務安郡守가 되었을 때에 거느리고 가서 부임했는데, 이 여자가 병을 핑계하고 먼저 서울에 와서는 음란한 행실을 마구 하므로 중기가 이를 버렸습니다. 그 아비는 검한성윤檢漢城尹 유귀수兪龜壽이니 모두 사족士族입니다."

—〈세종실록〉 9년(1427, 정미년) 8월 17일

확인된 것만 해도 무려 38명과 간음한 세기의 음녀 유감동은 놀랍게도 사대부 집안의 딸이었다. 부친 유귀수는 비록 명예직이라고 해도 고위직인 검한성을 지냈으며, 남편 최중기도 종4품의 군수를 역임한 미래가 창창한 관리였다. 기록에는 유감동이 매우 음란하였다고 하지만, 가정교육을 엄하게 받았을 사대부의 딸이 처음부터 그러지는 않았을 것이다.

임금이 근정전에 나아가 양로연을 베푸는데 여러 노인에게 명하여 절하지 말라 하고, 4품 이상이 올라올 때 임금이 일어나서 맞고, 2품 이상은 전내에서 동서로 서로 향하여 자리 잡게 하니, 동쪽에는 좌의정으로 치사致仕한 이귀령李貴齡과 검한성윤 강의姜毅이고, 서쪽에는 검한성윤 유귀수와 검판내시부사檢判內侍府事 김양金亮이며…….

—〈세종실록〉 15년(1433, 계축년) 윤8월 3일

지금의 명예서울시장 격인 검한성이었던 유귀수는 가장 높은 서열의 관리였다. 유귀수는 정2품의 판윤判尹 급으로서 녹록치 않은 비중의 소유자였을 것이 분명하다. 그런 사람의 딸이 엄청난 풍파를 일으키게 된 동기는 자발적이지 않다.

김여달金如達이라는 자에게 강간을 당한 것이 사건의 출발인 것 같은데, 간통을 하다가 들키자 강간당했다고 둘러대었을 것이라는 의견이 많다. 실록에도 유감동이 자의로 김여달과 간음한 것으로 보고 함께 처벌할 것을 주장하고 있지만, 이후의 기록은 그렇지 않다.

지사간원사 김학지金學知 등이 상소하기를,

"유감동 여인의 추악함도 처음에는 이렇게까지 심하지 않았는데, 김여달에게 강포한 짓을 당하여 이렇게 된 것입니다. 이전에도 부녀들이 강포한 자에게 몸을 더럽힌 사건이 간간이 있었지만 모두 시정과 민간의 미천한 무리뿐이었는데, 지금 여달은 어두운 밤을 타서 무뢰배와 결당結黨하여 거리와 마을을 휩쓸고 다니다가, 유감동 여인을 만나 그가 조사朝士의 아내인 줄을 알면서도 순찰을 핑계하고는 위협과 공갈을 가하여 구석진 곳으로 끌고 가서 밤새도록 희롱했으니……."

하였다.

—〈세종실록〉 9년(1427, 정미년) 9월 29일

김여달은 유명한 무뢰배로 갖은 불법을 자행하고 다니다가, 우연히 마주친 유감동을 순찰을 핑계로 협박하여 강간하였다. 유감동이 높은 가문의 딸이라는 것을 알고 나서도 김여달이 서슴없이 집에까지 찾아들자 낭패한 유감동은 병을 핑계로 하여 도성으로 올라갔다. 그러나 김여달이 도성에까지 따라와서 치근대었는데, 이때 갖은 공갈과 협박이 가해졌을 것은 불을 보듯 뻔하다.

누가 보아도 유감동은 피해자가 분명하다. 그러나 그 시대에 여성들이 호소할 수 있는 수단이 얼마나 되었겠는가. 결백을 입증하기 위해 스스로 목숨을 끊을 수 있는 여성은 그리 흔하지 않겠지만, 그 상황에서는 결단을 내린다고 해도 얻을 것이 없었다. 지체 높은 사대부의 딸이 무뢰배에게 강간을 당했다는 것이 알려지면 수모만 더할 뿐이었다.

사면초가의 유감동은 자포자기의 상태가 되었을 것인데, 누군가가 그 사실을 알게 되자 걷잡을 수 없이 번져나갔다. 본래 그런 소문이 나면 여기저기서 집적이기 마련인데, 여성이 고위직의 딸이라면 더욱 호기심이 발동할 것이다. 유감동의 간부가 기하급수적으로 불어나는 것은 당연한 일이었다.

마침내 알게 된 남편으로부터 이혼을 당한 이후에는 더욱 거칠 것이 없었다. 기왕 버린 몸이 되어버린 유감동은 세력가의 첩이 되기도 하였으나, 곧 창기娼妓를 자처하고 나섰다. 상식적으로 보아도 사대부의 딸이 몸을 파는 창기가 되는 것은 어렵겠지만, 이미 동네방네 소문이 났기 때문에 음란행각에는 그리 지장이 없었다.

현직 정승을 포함하여 전, 현직의 고위관리가 망라되었을 뿐 아니라 상호군 이효량李孝良은 유감동의 남편인 최중기의 매부임에도 불구하고 간음을 저지르는 등 강상(綱常, 삼강오륜을 어긴 죄)의 성격까지 띠었다. 그것뿐 아니라 숙부와 조카, 고모부와 조카가 함께 연루되기까지 하였으니, 유감동 사건은 매우 심각하고 중대했다. 유감동의 사안이 세종에게까지 보고되었을 때는 이미 갈 데까지 간 다음이었다.

사헌부에서 계하기를,

"유감동의 간부奸夫로서 총제 정효문鄭孝文, 상호군 이효량李孝良, 해주판관海州判官 오안로吳安老, 전 도사都事 이곡李谷, 수정장水精匠 장지張智, 안자장鞍子匠, 최문수崔文殊, 은장이銀匠 이성李成, 전 호군 전유성全由性, 행수行首 변상동邊尙同 등이 더 나타났으니, 청하건대 직첩을 회수하고 잡아와서 국문하고, 또 후에도 더 나타나는 사람이 있으면 또한 뒤따라 곧 직첩을 회수하고 잡아 와서 국문하게 하소서."

하니, 그대로 따르게 하되, 효문과 효량은 일단 직첩은 회수하지 말고 잡아 오게만 하고 후에 나타난 사람은 또한 모두 계달啓達하게 하니, 김종서가 아뢰기를,

"효문의 범죄는 비록 사죄 전에 있었지만, 그의 숙부 정탁鄭擢이 간통했는데 이를 알면서도 고의로 범했으니, 죄가 강상에 관계되므로 내버려 둘 수 없으며, 효량은 최중기의 매부妹夫이면서 간통했으니, 두 사람의 행

실이 짐승과 같으니 모름지기 추궁하여 다스리소서."

하였다.

—〈세종실록〉 9년(1427년) 8월 20일

'백두산 호랑이'로 유명한 김종서까지 나서서 엄하게 처벌할 것을 강력하게 주장했다. 이때 김종서는 지금의 검찰에 해당하는 사헌부를 실질적으로 이끄는 정3품의 집의執義였으니 엄정하게 수사할 것을 요청하는 것은 당연할 수 있다. 제대로 처리하면 법정최고형과 함께, 얼굴에 먹으로 글자를 넣어 새기는 자자刺字형도 드물지 않을 판이었다. 그런데 세종이 받아들이지 않았다.

"이 여자를 더 추국할 필요가 없다. 이미 간부奸夫가 십 수 명이 나타났고 또 재상宰相도 끼여 있으므로 일의 대체大體는 벌써 다 이루어졌으니 이것을 가지고 죄를 결단해도 될 것이다. 다시 추국한다 하더라도 이 여자가 어떻게 능히 다 기억하겠는가."

세종은 사건이 종결단계라고 주장했다. 이미 수사한 것만으로도 충분하며 유감동의 기억에도 한계가 있지 않느냐는 것이 세종이 주장한 골자였다. 세종은 가급적 수면 아래에 두고 신중하게 처리하기를 원했다. 연루된 자 전부를 처벌한다는 것은 현실적으로 불가능했다. 관련자의 대부분이 관리였기 때문에 그들 전부를 처벌하게 되면 조정이 개점휴업 상태로 전락할 정도로 규모가 큰 사건인데다, 그 과정에서 전모가 드러나게 되면 조선이 추구하는 도덕성이 치명상을 입게 될 우려가 컸다.

게다가 같은 해 6월에는 큰 정치파동이 있었다. 세종의 오른팔과 왼팔로서 좌의정과 우의정을 역임하던 황희와 맹사성이 파면당하고 대법원장격인 형조판서와 검찰총장에 해당하는 대사헌이 동시에 유배당했다. 그뿐 아니라 다수의 중견관리들이 크게 처벌당하였으니, 전례를 찾기 어려운 일대 충격이었다. 상식적으로 생각해도 건국 당시부터 활약하여 이미 4대에 이르도록 명신으로 칭송이 자자한 황희와 맹사성까지 파면을 당했다면 보통 사건이 아니다.

이는 황희의 사위인 서달徐達이라는 자가 몹시 방자하여 함부로 행동하다가 충청도의 아전 표운평表芸平을 타살한 것이 발단이었다. 아무리 황희의 사위라고 해도 사사로이 아전을 죽였으니 그냥 넘어갈 수는 없었다. 표운평의 가족들이 충청감영에 고발하여 사건이 충청도의 최고위직 관찰사 조계생趙啓生에게 넘어가게 되었다. 조계생이 사건의 전말을 조사하여 세종에게 보내는 날에는 사위의 목숨이 날아갈 판이었다. 그렇게 되자 황희의 발등에 불이 떨어졌다. 사건이 일어난 지역인 신창이 맹사성의 본고향이라는 것을 알게 된 황희가 그에게 피해자의 집과 화해할 수 있도록 해달라고 부탁했다. 때마침 피해자 표운평의 형이 도성에 왔었는데, 맹사성이 불러놓고 당부 반 위협 반으로 타이르고 신창의 현감에게도 따로 서신을 보내어 선처할 것을 당부했다.

표운평의 유족에게 갖은 회유와 압박이 가해졌는데, 미처 합의서를 받기도 전에 조계생이 보고서를 보내고 말았다. 황희 측은 대담하게도 중간에서 보고서를 가로채고 피해자들에게 집요한 공작을 펴 합의서를 받아내었다. 그렇다고 해도 사건이 보고되지 않을 수는 없었다. 황희는 직접 사건을 담당할 형조와 사헌부에 전 방위적 로비를 펼쳤다. 실세 중의 실세인 황희가 전력을 다하고 맹사성이 엄호한 로비가 어찌 효험이 없겠는가. 형조와 사헌부에서 대충 조사하고 넘어가니 살인을 저지른 서달이 무사방면 되기에 이르렀다.

황희가 한숨을 돌리려는 순간, 기어코 사단이 터졌다. 보고서를 받은 세종이 사건을 확인한 결과 너무 무성의하고 졸속하게 처리된 것을 발견한 것이다. 처음부터 다시 하라고 엄명을 내리게 되었는바, 이번에는 사헌부에 맡기지 않고 의금부에서 처리하도록 하였다.

그 결과 가해자 서달에게 극형이 언도되었지만, 외아들이라는 점을 감안하며 유배형과 벌금형에 처하게 되었다. 반드시 외아들이라는 것 때문이라기보다는 정치적인 역학관계가 판결에 영향을 미쳤을 것이다. 그때 청탁을 받아 사건을 은폐하고 감싸던 자들이 줄줄이 처벌당했다. 황희와 맹사성은 머지않아 다시 조정에 출사하게 되었지만, 그때의 충격은 아직 가시지 않은 상태였다.

그런 판에 엮이지 않은 자를 찾는 것이 훨씬 빠를 유감동 사건이 겹쳐지는 날에는 어떻게 되겠는가. 태종의 그늘에서 벗어나 의욕적으로 일하던 세종으로서는 절대 피해야 할 사건이었다.

그러나 사헌부는 갖은 혐의를 대어 유감동 사건을 물고 늘어졌다.

유감동은 남편을 배반하고 도망하여 개가改嫁한 자이니 교형絞刑에 처할 것이며, 김여달은 1등을 감형減刑하여 곤장 100대를 치고 3천 리 밖으로 귀양 보낼 것이며, 유감동이 정탁의 첩이 되었을 때 조카인 정효문은 백숙伯叔의 아내를 간통한 자이니 참형斬刑에 처하고, 첩은 1등을 감형할 것이며, 간통한 증기의 매부妹夫 이효량은 곤장 100대를 쳐야 마땅합니다.

사헌부는 유감동은 물론, 강상을 범한 자들까지 극형에 처해야 마땅하다는 의견을 개진했다. 판서 정탁의 조카로서 함께 간음한 정효문을 극형에 처하고 관련자 전부를 엄밀히 처벌하라는 주청에 북극을 방불케 하는 한파가 정치권에 몰아쳤다.

김종서를 위시한 사헌부가 강력하게 나온 것은 자신들의 의무이기도 하지만, 얼마 전에 대사헌이 유배당한 것과 밀접한 관련이 있다. 대사헌과 형조판서가 유배당한 사건을 의금부가 담당했으니 어찌 원한이 없겠는가. 사헌부의 수장인 대사헌이 유배당한 수모를 이번 기회에 씻겠다는 의도가 어렵지 않게 읽혀진다.

사헌부를 믿지 못하게 된 세종이 의금부에게 맡기는 것은 당연할 수 있겠으나, 비슷한 영역을 담당했던 의금부와 사헌부는 본래부터 앙숙이었다. 유감동의 간부姦夫들 가운데 의금부 관리가 나타나기도 하는데, 사헌부는 의금부에 치명타를 가할 수 있는 확실한 증거를 잡았던 것이 분명하다.

그러나 그것 역시 세종의 뜻과 어긋났다. 사헌부의 주장을 수용하여 일벌백계의 중징계를 내리면 조선이 뒤집어질 판이었다. 유감동 사건을 가급적 축소하기 위해 관련자를 최소한으로 줄이고 수사 중단을 명한 세종의 입장에서는 사헌부의 요청을 절대 수용할 수 없었다. 세종이 크게 고심하였는데 사헌부도 만만하게 물러서지 않았다. 이제 사건은 사헌부와 세종의 대결국면으로 전환되었다.

부친인 태종 시대에도 유사한 일이 있었다. 태종의 무력기반인 갑사들과 사헌부가 정면으로 충돌하게 되자 갑사를 대표하는 조영무와 사헌부를 대리하는 태종이 맞서게 된 사건이 바로 그것이다. 그때는 태종이 사헌부의 손을 들어주었지만, 이번에는 사헌부가 세종의 발목을 잡고 있지 않은가. 참으로 난감한 일이었다. 그러나 세종은 자신의 의도를 관철시켰다. 그렇다고 해서 최종결재권자로서의 권리를 강요하여 막무가내로 행동하지 않았다. 사헌부의 입장을 충분히 반영하여 그들의 체면이 깎이지 않도록 하였다.

사헌부에서 상소하였다.

"신 등이 유감동, 양자부楊自敷, 금음동今音同의 죄를 갖추어 아뢰어 극형에 처하기를 청하였으나, 전하께서는 형률에 의거하여 죄를 처단하시니, 이것은 진실로 전하의 형벌을 신중히 처리하는 아름다운 뜻이므로 감히 목 베기를 청할 수는 없습니다. 그러나 이보다 먼저 이를 범한 사람은 모두 극형을 받았는데, 이 세 명만이 형률에 의거하게 된다면 다만 경중의 적당함을 크게 잃을 뿐만 아니라 부녀의 가져야 될 절개를 힘쓰게 하여 더러운 풍속을 바로잡게 할 수가 없을 것입니다. 삼가 바라옵건대, 이미 곤장을 친 후에 잡아서 변군邊郡의 노비로 삼아 종신終身하도록 하여 비록 사면을 당하더라도 방면되지 못하도록 하소서."

유감동은 곤장을 맞은 다음 변방의 노비로 떨어지게 되었지만 극형은 면하게 되었다. 사건은 그때부터 실질적으로 종료되었다. 다른 관련자들도 가벼운 처벌로 그치게 되었으니, 엄청나게 확대될 뻔했던 파장이 조용히 매몰되고 수습단계로 접어들게 된 것이다. 이후 약간의 소음이 없는 것은 아니었으나, 유감동 사건은 더 이상 파괴력을 발휘할 수 없었다.

따지고 보면 유감동도 여성이 당할 수 있는 최악의 범죄인 강간을 당하지 않았다면 그렇게 타락할 이유가 없었다. 비록 일대의 요부妖婦로 회자되기는 하여도 유감동도 피해자일 뿐이었다. 유감동이 사대부의 딸과는 전혀 맞지 않은 행동을 일삼기는 하였으나 어찌 그것이 자신의 뜻이었겠는가. 유감동을 말살시킨 것은 양반들이었다. 피해자인 유감동을 위로하고 바른 길로 잡아주어야 할 사회지도층들이 앞을 다투어 범간犯姦하고 자랑하였으니 인격이 말살당하지 않았다면 오히려 그게 더 이상할 지경이다.

세종이 너그러운 판결을 내릴 수 있었던 것은 유감동 사건의 본질을 정확히 파악하였기 때문이었다. 만일 유감동이 애초부터 동기가 불순하였다면 판결이 달라졌을 확률이 적지 않다. 미모와 섹스를 팔아 대가를 취할 목적이 포착되었다거나 목적을 이루기 위해 협박 등의 비열한 수단을 동원했었다면, 조용한 결말 대신 충격요법과 극약처방이 불가피했을 것이다. 유감동을 비롯한 여럿의 목숨을 구하고 역사에 오점을 남기지 않을 수 있었던 것은 세종이 사건의 핵심을 제대로 파악하고 현명하게 대처했던 덕택이다.

다음은 유감동과 쌍벽을 이루었던 희대의 섹스 심벌 어우동의 침실을 엿보도록 하자. 어우동은 유감동보다 한 술 더 떠 왕의 가문인 종실宗室의 며느리 출신이었다. 그것도 세종의 형님이신 효령대군의 손자 며느리였다. 일단 어우동의 시댁을 훑어보자. 어우동의 남편이었던 이동李仝은 효령대군의 손자였다. 효령대군은 정실부인에게서 6남 1녀를 얻었고 서출로 1남 1녀를 두었다. 정실부인의 다섯 번째 아들이 영천군永川君에 봉해진 이정李定이었는데, 그는 정실에게서 아들을 두지 못하였고 첩들 가운데서 아들 여럿을 두었다. 그 가운데 장남이 바로 이동이라는 사람인데, 효령대군의 손자가 보통 집안의 서출과 같을 수는 없었다. 그야말로 '귀하신 몸' 인 이동은 정4품에 해당하는 태강수泰康守의 벼슬을 받는 등 사는 데 부족함이 없었다.

그런 집안에서 통혼通婚할 정도라면 어우동의 집안도 보통은 아니었을 것이다. 어우동의 부친 박윤창朴允昌은 1429년인 세종 11년 실시한 문과식년시文科式年試를 급제한 실력파이자 고위직을 역임한 관리였다. 당시가 종실이 번성하여 왕족의 후손이 상대적으로 많았던 시절이라는 것을 감안해도 종실과 사돈을 맺는다는 것은 보통 행운이 아니다. 효령대군의 손자를 사위로 맞게 된 박윤창의 기쁨은 컸을 터였다. 그러나 그것이 상상하지도 못할 악몽이 되었을 줄이야 어찌 알았겠는가.

어을우동을 교형에 처하였다. 어을우동은 바로 승문원지사承文院知事 박윤창의 딸인데, 처음에 '태강수 동仝에게 시집가서 행실을 자못 삼가지 못하였다. 이동이 일찍이 은장이銀匠을 집에다 맞이하여 은기銀器를 만드는데, 어을우동이 은장이를 보고 좋아하여, 거짓으로 계집종처럼 하고 나가서 서로 이야기하며, 마음속으로 가까이하려고 하였다. 이동이 그것을 알고 곧 쫓아내어, 어을우동은 어미의 집으로 돌아가서 홀로 앉아 슬퍼하며 탄식하였는데, 한 계집종이 위로하기를,

"사람이 얼마나 살기에 상심하고 탄식하기를 그처럼 하십니까? 오종년吳從年이란 이는 일찍이 사헌부의 도리(都吏, 우두머리 아전)가 되었고, 용모도 아름답기가 태강수보다 월등히 나으며, 족계族系도 천하지 않으니, 배필을 삼을 만합니다. 주인께서 만약 생각이 있으시면, 제가 마땅히 주인을 위해서 불러 오겠습니다."

하니, 어을우동이 머리를 끄덕였다. 어느 날 계집종이 오종년을 맞이하여 오니, 어을우동이 맞아들여 간통을 하였다.

— **〈성종실록〉 11년**(1480, 경자년) **10월 18일**

위의 기록은 어우동을 극형에 처한 다음 소상하게 죄상을 밝히는 내용의 첫머리다. 유감동이 자신으로 인해 발생된 물의의 강도에 비해 상대적으로 가벼운 처벌을 받은 것에 비해, 어우동은 교수형을 당하고 있으니 너무 편파적이 아니냐는 생각이 들 정도다.

그러나 어우동이 벌인 간음 행각은 출발부터가 유감동과는 사뭇 다르다. 자신의 집에 일하러 온 은장이에게 마음을 두는 것까지는 그럴 수도 있다고 치자. 그런데 그에게 접근하기 위해 계집종처럼 차리고 나갔다고

한다. 그것은 아무리 좋게 보려 해도 적극적인 간음 의사가 있었던 것으로 여길 수밖에 없다. 게다가 그것이 발각되어 친정으로 쫓겨난 다음에는 계집종의 권유에 따라 오종년이라는 외간남자를 끌어들였으니, 애초부터 변명의 여지가 없다. 천한 은장이에게 스스로 접근한데다 영업담당(?)까지 두고 외간남자를 끌어들인 적극적인 행태는 유감동과 전혀 다르다.

오종년과 간음한 이후부터 어우동은 본격적인 섹스 행각에 돌입하게 되었다. 애초에는 인물 좋고 집안도 되는 오종년을 유혹하여 그의 첩으로 들어갈 생각이었던 것 같은데, 얼마 지나지도 않아 새로운 간부를 맞이하기에 이른다.

나쁜 짓은 본래 처음이 어려운 법이다. 일단 저지른 다음에는 별로 거리끼지 않게 되는데다, 계집종까지 척척 협력하여 주니 사업은 날로 번창했다. 역시 종실인 방산수方山守 이난李瀾과 수산수守山守 이기李驥와 간음하여 왕실의 촌수를 애매하게 만드는 것으로 화려한 편력을 시작했다.

이후 어우동은 신분을 속이고 전의감생도典醫監生徒 박강창朴强昌, 양인 이근지李謹之, 내금위 소속 무관 구전具詮, 생원 이승언李承彦 등등과 간음하였다. 특히 이승언은 효령대군의 손자 춘양군春陽君의 사위였으니, 전 남편과 같은 집안의 남자와 사통하기까지 이른 것이다. 그때 이승원의 신분을 알게 된 어우동이 무척 좋아하면서 동숙同宿하였으며, 특히 마음에 들거나 신분이 높은 남자의 이름을 몸에 새겼다고 했다. 그것 역시 유감동과는 많이 다른 면모다.

가장 상이한 부분은 위협에 대한 반응이다.

밀성군密城君의 종 지거비知巨非가 이웃에서 살았는데, 틈을 타서 간통하려고 하여, 어느 날 새벽에 어을우동이 일찌감치 나가는 것을 보고, 위협하여 말하기를,

"부인께선 어찌하여 밤을 틈타 나가시오? 내가 장차 크게 떠들어서 이웃 마을에 모두 알게 하면, 큰 옥사가 장차 일어날 것이오."

하니, 어을우동이 두려워서 마침내 안으로 불러 들여 간통을 하였다.

이웃에 사는 종친의 노비인 지거비가 어우동의 행태를 폭로하겠다고 위협하자 그것이 두려워 지거비에게도 몸을 내주고 있다. 왕실의 며느리였던 신분으로 가장 천한 종과 사통한 것도 목숨을 잃게 되는 요인의 하나가 되는데, 적어도 유감동은 그렇게 처신하지 않았다. 유감동도 은장이 같은 천한 출신들과 관계를 하기는 했어도, 협박에 의한 것은 아니었다. 비록 지탄을 당하기는 하였으되 유감동은 섹스에 있어서만큼은 어느 남자에게나 평등했다.

또한 유감동과는 달리 어우동은 처음부터 죽음이 결정되어 있었다.

방산수方山守 난瀾이 옥중獄中에 있었는데, 어을우동에게 이르기를,

"예전에 감동이 많은 간부奸夫로 인하여 중죄를 받지 아니하였으니, 너도 사통私通한 바를 숨김없이 많이 끌어대면, 중죄를 면할 수 있을 것이라."

하였다. 이로 인해 어을우동이 간부奸夫를 많이 열거하고, 난, 어유소魚有沼, 노공필盧公弼, 김세적金世勣, 김칭金偁, 김휘金暉, 정숙지鄭叔墀 등을 끌어

대었으나 모두 증거가 없어 면免하게 되었다.

자신과 간음했던 방산수 이난이 그렇게 조언하자, 어우동은 주저 없이 따랐다. 이난의 말대로 자신보다 훨씬 많은 상대와 간음했던 유감동의 전례가 있으니 희망을 가졌을지도 몰랐다. 유감동처럼 연루된 상대가 기하급수적으로 늘어나면 처리에 부담을 느낀 성종이 사건을 묻어두려 할지도 모른다고 생각했을 것이다. 그러나 성종은 세종과 달랐다.

의금부에서 아뢰기를,

"태강수 이동이 버린 처 어을우동이 수산수 이기와 방산수 이난, 내금위 구전, 학유學諭 홍찬洪燦, 생원 이승언, 서리書吏 오종련, 감의형甘義亨, 생도生徒 박강창朴强昌, 양인 이근지, 사노비 지거비와 간통한 죄는 율이 결장決杖 100대에, 유 2천 리에 해당합니다."

하니, 명하여 의논하게 하였다.

(중략)

임금이 승지에게 이르기를,

"경들의 뜻에는 어떠한가?"

하니, 도승지 김계창金季昌은 대답하기를,

"어을우동은 귀천과 친척親戚을 논하지 않고 모두 간통을 하였으니, 마땅히 극형에 처하여 나머지 사람을 경계해야 합니다."

하고, 좌승지 채수蔡壽와 좌부승지 성현成俔 등은 아뢰기를,

"어을우동의 죄는 비록 중하지만, 율을 헤아려 보면 사형에는 이르지 않

습니다. 옛사람들이 이르기를, '법을 지키기를 금석金石과 같이 굳게 하고 사시四時와 같이 믿음이 있게 하라' 고 하였으니, 지금 만약 극형에 처한다면 법이 무너질까 두렵습니다."

하자, 임금이 말하기를,

"어을우동은 음탕하게 방종하기를 꺼림이 없게 하였는데, 이런데도 죽이지 않는다면 뒷사람이 어떻게 징계되겠느냐? 의금부에 명하여 사율死律을 적용하여 아뢰게 하라."

하였다.

—〈성종실록〉 11년(1480, 경자년) 9월 2일

사건을 수사한 의금부에서는 어우동의 죄를 결장 100대, 유 2천 리라고 보고했다. 실무 부처에서 중형이기는 해도 사형까지는 아니라는 판단을 내린 것은 형량의 결정에 중요한 요소가 된다. 이후 극형을 주장하는 측과 그렇지 않다는 측이 논쟁을 벌이기는 하였으나, 대체적으로 극형까지는 필요 없다는 의견이 많았다. 무엇보다도 실무를 맡았던 의금부의 의견이 그리하였으니 그것을 참조하면 될 것인데, 성종은 전혀 예상외로 극형이라는 결론을 내리고 있다.

왜 유감동은 살고 어우동은 죽었을까? 그것도 유감동이 죽을죄에서 살아난 것에 비해 곤장과 유배로 끝날 어우동은 극형으로 가중되었으니 이상한 일이다.

최종결재권자인 성종의 입장이 이해되지 않는 것은 아니다. 비록 소박을 당했다고 해도 효령대군의 며느리였던 여자가 행실이 바르지 않은 것은 도저히 용납되기 어려웠을 것이다. 그리고 성종이 13세에 즉위한 이후 조모祖母 정희대비貞熹大妃가 7년이나 수렴청정을 한 다음에야 비로소 친정親政을 할 수 있었다는 것도 감안해야 할 요소다. 친정 직후 발생한 어우동 사건은 '시범 케이스'가 되었을 수 있다. 어우동이 누군지 잘 알고 있을 종친들이 대놓고 간음하는 것은 자신에 대한 모독과 다를 것이 없지 않은가. 그렇지 않아도 한번쯤 똑바로 보여줄 참이었는데, 때마침 나타난 어우동 사건은 아주 시기적절했다.

겸해서 어우동과 관계했던 신료들에게도 분명한 경고가 되었을 것이다. 간부들에 대한 어우동의 진술은 사실이었을 확률이 크다. 어우동과 간음한 자들은 결코 유감동에 뒤지지 않았을 것이었다. 성종은 어우동을 희생시키는 것으로 사건을 종결지었지만, 증거불충분으로 석방된 자들은 물론, 발표되지 않았던 관련자들까지 목이 서늘했을 것이다.

두 여성의 운명을 결정적으로 나눈 것은 진부하지만 각자가 태어난 시대가 아닐까. 신하들의 판단으로는 굳이 죽일 것까지 없었는지 몰라도 성종은 그렇지 않았다. 창업 단계를 그리 멀리 벗어나지 못한 세종 시대와 어느 정도 기틀이 잡혀가는 성종의 치세는 달라야 했다. 그리고 같은 왕으로서 세종에 대한 경쟁심리가 발생했을 개연성은 충분하다.

게다가 유감동의 사례가 인용되어 세종이 어떻게 판결하였다는 주장까지 나왔다. 성종이 보기에도 굳이 죽일 사안까지는 아닐 것 같은데, 그대로 판결한다면 세종의 전철을 밟는 것이나 진배가 없다는 생각이 들지 않았을까.

그런 경쟁심과 함께 당시 성종이 폐비 윤씨 등의 사건으로 몹시 신경이 날카로울 시기라는 것도 감안할 필요가 있다. 왕도 사람인 이상에는 감정에 치우친 판단을 내릴 수 있다. 높은 자리에 있는 사람들의 결정이 항상 이성적일 수는 없는 노릇이다.

그리고 성종이 어우동과 만났다는 야담도 마음에 걸린다. 최근의 사극에서 성종이 어우동을 만나기 위해 궁궐의 담을 넘는 내용이 나오는 것은 야담을 인용한 것이기 때문에 전혀 근거가 없다고 할 수는 없다. 성종이 호색하여 궐외 출입이 잦았다는 평판이 많은 것으로 보아서는 아주 조심스럽게 어우동과의 관계를 상정할 수도 있다. 그럴 경우 성종은 사건이 보고되기 이전에 어우동의 존재를 알고 있었을 개연성이 적지 않은데, 만일 그랬다면 판결에 결정적인 영향을 미쳤을 확률이 크다. 이래저래 어우동이 죽을 수밖에 없는 환경이 조성되었던 것이다.

이제 어우동의 죽음에 대해서 정리를 하자. 어우동이 이난의 조언에 따라 진술한 내용은 조언에 따른 것이 아니라 사실일 확률이 크다. 어우동의 시대라고 해서 점잖은 사람이 많았을 리 만무하다. 왕이 연회를 베푸는 자리에서 감히 기생을 간음했던 조극치曹克治는 성종의 비서관이 아니었던가. 그 정도로 문란했던 시대라면 어우동의 진술은 살기 위해 꾸며댄 것이 아니라 사실에 입각된 것이라는 결론을 내릴 수 있다.

그러나 그것이 오히려 남을 함부로 무고하는 것으로 공박당하게 되었다. 관련자의 대부분이 증거불충분으로 풀려날 수 있었던 것은 어우동의 증언이 허위였다는 전제에 의한 것이었다. 심지어는 그것을 조언했다는 이난까지 방면되지 않는가. 최후의 희망을 담아낸 어우동의 진술은 자신의 몸을 탐한 간부들의 면죄부로 기능했을 뿐이었다.

추신 1

간부들의 부모

유감동의 사건에서 한 가지 특이한 점은 부친 유귀수가 세종 15년까지 검한성을 그대로 유지하고 대우를 받았다는 점이다. 자신의 딸 유감동이 저지른 죄가 표면화하고 처벌당한 것이 세종 9년의 일인데, 어찌 그 이후에도 직책이 그대로 유지되고 경로잔치에 초대되는 대우까지 받을 수 있다는 것인가? 그것은 유감동 사건의 본질이 정치적이거나 다른 것이 개입되지 않았다는 것을 입증하는 동시에, 사건이 걷잡을 수 없이 확대되는 것을 막기 위해 취해진 조치가 아닌가 한다.

반면 어우동 사건의 경우 어우동의 모친 정씨鄭氏까지 연관 지으려는 시도가 있었다. 주변에서 정씨가 관련이 있을 것으로 의심했기 때문이었다. 실제로 계집종이 적극적으로 간음을 권유하는 것을 보라. 윗물이 맑아야 아랫물이 맑듯이 종이 음탕한 것은 주인이 음탕했기 때문일 것이다. 그때 정씨는 "사람이 누군들 정욕情慾이 없겠는가? 내 딸이 남자에게 혹惑하는 것이 다만 너무 심할 뿐이다."라는 명언을 남겼다. 그것에 대해 나름대로 깊은 의미를 부여하는 사람도 있는 모양이다.

그러나 일고의 가치도 없는 궤변에 지나지 않는다. 뭐든지 도가 지나치면 신세를 망치기 마련인데, 하물며 그 시대의 여성들은 오죽하겠는가? 당연히 잘 가르치고 훈육해야 마땅하거늘, 이미 폐인이 되어 죽음만을 기다리고 있을 딸에게 모든 책임을 전가하는 것은 아주 마뜩찮다. 차라리 "내가 잘못 가르친 탓이니 딸을 풀어주고 나를 벌하라."고 외쳤으면 약간이라도 동정할 수 있었을 것이다.

인물비화

五 … 인간의 능력을 초월했던 왕

실록이 전하는 수양대군의 신통력

실록이라고 해서 전부 신뢰성이 충분하지는 않다. 믿기 어렵거나 황당한 내용이 이따금씩 눈에 띄는데, 특히 1453년 2월 26일의 기록은 판타지소설에 가까운 내용으로 도배가 되어 있다.

수양대군이 명나라에 사신으로 가던 도중 요동에 이르러 도지휘사사(都指揮使司, 총사령부)에 나아가니, 중국인들이 몰려와서 담堵처럼 둘러서서 구경하며 말하기를,

"하나하나의 동작이 모두 예도에 맞고 풍모가 아름답고 영특하니, 진실로 장군將軍이다."

하고, 야인들도 또한 옆에서 보고 말하기를,

"부처님이다."

하였다. 도사都司 무영巫英이 사람을 시켜 구경하는 사람들을 금하게 하였는데, 백장白杖을 마구 휘둘러도 금할 수가 없었다. 세조가 연회에 나아가니, 왕상王祥이 마음속으로 매우 경복하여, 사사로이 각위各衛의 지휘들에게 이르기를,

"너희들이 늘 예도禮度를 익혔다고 하나 어찌 왕자에게 미칠 수 있겠는

가? 왕자의 동정動靜과 예도가 다른 사람과 다른 것은 우연이 아니다."

하였다. 세조가 연회가 파하여 돌아오니, 중국인들이 좌우에서 따라오며 탄미歎美하기를 그치지 않았다. 송산성松山城에 이르니, 지휘 관명管銘이 금琴 하나와 헌시獻詩를 봉증奉贈하였다. 요동에서부터 제도帝都에 이를 때까지 시를 지어 올려 칭미稱美하는 것이 끊이지 않았다. 경사京師에 이르러 표전表箋과 방물方物을 바치는데, 세조가 처음에 육부상서六部尚書에 들어갈 때 한 번 절하고 머리를 조아리고, 다시 황제 앞으로 나아가 다섯 번 절하고 머리를 조아리니, 뜰에 있던 자들이 모두 말하기를,

"조선의 왕자는 본시 귀골貴骨의 자손이라, 어질고 덕망이 있음이 보통 사람과 다르다. 지금 목방국木方國의 왕제王弟도 또한 와 있으나 보통 사람과 다를 바 없다."

하였다.

세조가 회동관會同館에 있을 때 종관從官들로 하여금 교역하지 못하게 하고, 또 출입할 때에는 반드시 인솔하는 자가 있도록 하니, 야인들이 찾아뵙지 않으려는 자가 없었다. 통사 장인기張仁己에게 말하기를,

"우리는 반드시 조선에 가서 태자를 뵐 것이다."

하고, 늙은이는 말하기를,

"내가 늙은 것이 마음 아프다. 아마도 조선에 가서 태자를 한 번도 뵙지 못할까 두렵다. 태자의 거동이 비범하니 진실로 이는 부처님이다."

하였다. 중국의 지경에 들어가자, 세조를 보는 사람들이 모두 말하기를,

"대장군이다."

하며, 국왕國王이라 일컬어 공경하였다. 경사京師에 이르니 조관朝官들이

모두 '왕'이라 칭하기도 하고, 혹은 '전하'라 칭하기도 하며, 혹은 '권왕權王'이라 칭하기도 하였다. 세조가 궐문에 들어서니, 여덟 마리의 코끼리가 보고 일시에 놀라 머뭇거리며 두어 걸음이나 뒤로 물러났다. 세조가 예부직방禮部直房에 나아가서 하사하는 표리表裏를 받고자 하니, 낭중郞中 웅장熊壯이 아래 섬돌에서 읍례揖禮로 맞이하여 자리에 앉기를 권하고, 종자從者로 하여금 대신 받게 하였다. 세조가 말하기를,

"황제께서 내리시는 것이니, 의리로 보아 앉아서 받을 수 없다."

하고 일어나서 받으니, 웅장이 놀래어 일어나서 말하기를,

"조선은 본디 예의의 나라지만 예의를 아는 것이 이와 같다."

하였다. 시랑侍郞 추간鄒幹이 반송사伴送使 장윤張倫에게 말하였다.

"듣자니, 왕자가 황제의 하사품을 앉아서 받지 않았다 하며, 상서尙書도 역시 그 지성至誠에 감탄하였다고 한다."

— **〈단종실록〉 1년**(1453, 계유년) **2월 26일**

세조가 수양대군 시절, 명나라에 사은사謝恩使의 정사正使로 갔을 때 자금성에서 코끼리를 사육하고 있었던 모양이다. 그런데 대체 무슨 코끼리들이기에 천하의 인걸을 한눈에 알아보고 그런 예의를 차린다는 말인가? 세조의 비범함이 사람을 초월하여 동물에게까지 미친다는 표현은 〈용비어천가龍飛御天歌〉에 버금갈 지경이다. 또한 조선 사람을 한참 발 아래로 보았던 명나라 사람들이 수양대군을 대장군, 국왕, 태자, 왕, 권왕, 전하라고 불렀다고 하며, 심지어는 부처님으로까지 비유하고 있다. 다른 것이야 그렇다고 쳐도 극도로 억압했던 불교까지 인용하는 모습에는 그저 어이가

없을 따름이다.

늘 세조와 비견되는 태종도 왕자 시절에 흡사한 일이 있었다. 조선이 건국된 지 얼마 지나지 않아 당시 정안군靖安君이었던 태종이 명나라에 사신으로 가게 되었다. 그때는 고려가 요동 정벌을 시도한 지 그리 오래 지나지 않은데다 명나라와의 관계가 그리 좋지 않아 크게 우려가 되었는데, 우려와는 달리 좋은 대우를 받고 돌아올 수 있었다. 그때도 중국 사람들이 누군지 알지도 못하는 조선의 왕자를 크게 존경했다는 기록이 남아 있다. 특히 놀라운 것은 나중에 3대 황제로 즉위하는 영락제永樂帝까지 이방원을 환영했다는 내용이다. 그대로 믿기 어렵지만 종주국에 사신으로 갔다는 자체가 그만큼 큰 자산으로 여겨진다는 증거일 것인데, 수양대군의 자화자찬은 해도 너무 했다는 인상을 받을 수밖에 없다.

이것이 전부가 아니다.

> 9월에 세종이 세조에게 명하여 안평대군安平大君 이용李瑢, 임영대군臨瀛大君 이구李璆와 더불어 음악을 배우도록 하였다. 용은 그 성품이 화려한 것을 좋아하였고, 구는 본래 음률에 밝았기 때문에 모두 즐겨 배웠다. 그러나 세조는 바야흐로 궁마弓馬에 뜻을 두고 날로 무인의 무리와 더불어 힘을 겨루니, 능히 따를 만한 자가 없으므로 문종文宗이 그의 영건英健됨을 칭찬하였다. 세종이 거문고를 탄다는 말을 듣고 크게 기뻐하며 곧 배우기 시작하였다. 어느 날 안평대군 이용과 임영대군 이구와 더불어 향금鄕琴을 타라고 명하였는데, 세조는 배우지 않았으나 안평대군 이용이 능히 따라가지 못하니, 세종과 문종이 크게 웃었다. 또 세조가 일찍이 가야금

을 타니 세종이 감탄하여 이르기를,

"진평대군의 기상으로 무슨 일인들 이루지 못하겠는가?"

하고, 또 말하기를,

"진평대군이 비파를 탄다면, 능히 쇠약한 기운도 다시 일게 할 것이다."

하였다. 세조가 또 일찍이 피리를 부니 자리에 있던 모든 종친들이 감탄하지 않는 자가 없었고, 학이 날아와 뜰 가운데에서 춤을 추니 금성대군錦城大君 이유李瑜의 나이가 바야흐로 어렸는데도 이를 보고 홀연히 일어나 학과 마주서서 춤을 추었다.

—〈세조실록〉 1권 총서 3번째 기사

신유년(1441, 세종 23년) 10월에 문종이 세조 및 여러 아우들과 같이 밤에 앉아 있는데 퉁소 소리가 나더니 바람결에 삽연히(颯然, 가볍고 시원스럽게) 두 번이나 들려 왔다. 세조가 말하기를,

"협종夾鍾의 청조淸調이다."

하니, 문종이 말하기를,

"누구일까?"

하였다. 세조가 대답하기를,

"귀신의 소리입니다."

(중략)

광평대군廣平大君 이여李璵가 말하기를,

"그렇다고 한다면 귀신이 어찌 정대正大한 데를 범한단 말입니까?"

하니, 세조가 말하기를,

"요귀가 간혹 사람에게 의지하여 다니기도 한다. 지난 갑인년(1434, 세종 16년) 여름에 성상께서 헌릉獻陵에 제사하실 때, 귀신불이 밤나무 언덕에 보인 적이 있었는데, 이는 삼군三軍의 위엄과 성덕의 고명하심을 두려워하지 않는 것이 아니지만, 그러나 이를 나타내는 것은 곧 사랑함일 것이다. 이날 감로甘露가 내리고, 또 그달에 영응대군永膺大君 이염李琰이 출생하였으니, 대개 좋은 징조였다. 귀신의 정상情狀을 잘 알기 때문에 감히 작란을 하지 못하는 것이다."

하였다.

—〈세조실록〉 1권 총서 14번째 기사

실록에는 세조가 어릴 때부터 인간의 능력을 초월한 것으로 묘사되어 있다. 특히 피리를 부니 학이 날아와 춤을 추었다는 대목에서는 고소를 금할 길 없다. 세조의 음악적 재능은 우륵于勒과 왕산악王山岳을 뺨치고, 미술로 치면 솔거率去와 담징曇徵이 울고 갈 지경이다. 게다가 귀신이 부는 피리 소리를 알아맞히는데다, 귀신불이 출현하자 단박에 그 의미를 풀어내고 있으니 인간의 능력을 한참이나 초월하고 있다. 또한 그때가 불과 17세 시절이라는 것을 감안하면 아무래도 하늘에 노닐던 신선이 구름을 잘못 밟아 떨어진 것이 분명하다.

그렇게 뛰어난 능력을 가진 사람이 무엇 때문에 한명회韓明澮를 책사로 들였으며, 김종서를 기습하여 죽였겠는가. 도무지 말도 되지 않는 내용으로 도배된 것은 어린 조카의 자리를 빼앗고 처참하게 죽인 것을 합리화하기 위한 용도였을 것이다.

벼락같이 계유정난癸酉靖難을 성공시켜 권력을 틀어잡았지만 그것으로 끝이 아니었다. 상대하기 버거웠던 김종서를 위시한 반대파를 죽인 것은 시작에 지나지 않았다. 북방의 함길도에는 이징옥이 있었다. 하늘 같은 명나라 사신에게 거침없이 개망신을 선사했던 그 이징옥이다. 우직하게 종묘사직에 충성하는 이징옥이 수양대군 일파가 김종서를 죽였다는 것을 알게 되면 가만있을 리 만무했다. 함길도도절제사咸吉道都節制使로서 조선 최강의 용맹과 병력을 가진 이징옥이 쳐내려오는 날에는 당할 도리가 없었다.

이징옥을 한성으로 유인하여 죽일 목적으로 믿을만한 자를 후임 도절제사로 임명하여 교대시키려 했다. 그러나 술책을 간파한 이징옥이 후임으로 보낸 자를 죽여 버렸다. 그것을 알게 된 수양대군 일파는 공포에 질렸다. 당장이라도 이징옥이 이끄는 북방의 최정예부대가 들이닥칠 것만 같았다.

이때 놀라운 일이 벌어졌다.

> 처음에 이징옥이 반역하였다는 소문이 이르니 중외中外가 흉흉하여 말하기를,
>
> "이징옥이 5진五鎭의 정병精兵을 거느리고 야인과 연결하니, 그 형세가 제어하기 어려울 것이다."
>
> 하였다. 세조가 웃으며 말하기를,
>
> "늙은 놈이 감히 미쳐서 반역을 하니, 그 휘하가 이미 사로잡아 죽였을 것이다. 아니라면 내가 마땅히 군사 수십 명을 끌고 가서 그 머리를 베어 대궐 아래에 바칠 것이다."

하였는데, 얼마 아니 되어 관찰사가 이징옥이 이미 복주伏誅하였다고 보고하였다. 이에 조신朝臣과 도성 사람들이 모두 말하기를,

"참으로 밝기가 만 리를 본다."

하였다. 이징옥이 이미 죽으니, 야인들이 그 머리에 활을 쏘며 말하기를,

"우리는 장차 수양 대장군首陽大將軍에게 힘을 다하겠다."

하고, 또 말하기를,

"수양대군은 태조太祖의 후신後身이라."

하였다. 세조가 정치를 잡은 이후로, 어질고 능한 사람을 진용進用하고, 아첨하고 간사한 자를 물리쳐 내어 백사百司의 서위庶位가 모두 그 직책에 맞고, 민간의 질고疾苦를 일체 모두 제거하니, 사방이 화합하여 생업을 편안히 하였다. 여러 사람들이 모두 간당의 족속을 물리쳐 버리기를 청하니, 세조가 말하기를, '괴수가 이미 제거되었으니, 나머지는 물을 것이 없다' 하였다. 이것으로 말미암아 반측反側하는 것이 저절로 편안하여져서 중외가 조용하였다.

—**〈단종실록〉 1년**(1453, 계유년) **10월 27일**

믿기지 않게도 이징옥의 창끝은 남쪽을 향하지 않았다. 이징옥은 기가 막히게도 대금大金의 황제를 칭하고 북쪽으로 올라갔다. 여진족을 규합하여 만주 땅으로 들어가 제국을 건설하겠다는 포부였다. 명나라를 하늘같이 섬기던 조선으로서는 감히 상상조차 하지 못할 일이다. 이징옥은 명나라 사신을 모욕한 이래 두 번째의 엄청난 일을 저지르고 말았다. 그러나 이번에도 수양대군이 특유의 신통력을 발휘하여 문제를 해결했다. 스스로

대금황제를 칭했던 이징옥은 수양대군의 예언대로 믿었던 부하들에게 죽임을 당했다. 앉아서 만 리를 내다보는 수양대군의 신통력은 참으로 신통하기 짝이 없다. 그렇게 알려진 과거의 사건은 어디까지가 진실이고 어느 부분이 창작일 것인가.

> 이징옥이 곧 여러 진병鎭兵을 징발하여 이행검李行儉을 데리고 곧장 종성鍾城에 이르러, 남문南門에 앉아서 내상內廂과 종성 두 진鎭의 군사를 좌우에 늘어세우고 영을 내리기를,
>
> "나를 따르는 자는 4품은 첨지僉知로 승진시키고, 5, 6품은 4품으로 승진시키고, 나머지는 각각 차례로 승진시키겠다."
>
> 하고, 종성교도 이선문李善門을 불러 말하기를,
>
> "이 땅은 대금황제가 일어난 땅이다. 때에는 고금古今이 있으니 영웅도 다름이 없다. 내가 큰 계책을 정하려 하니, 너는 조서詔書를 초안하라."
>
> 하였다.
>
> "이징옥은 '짐朕'이라 칭하고 '칙勅'이라 칭하여 참람하게 황제에 비겼으니, 우리나라의 죄인일 뿐만 아니라 천하의 대역입니다."
>
> 황유黃儒는 이징옥이 '대금황제'라 자칭하고, 이선문을 불러서 칙서勅書를 쓰게 하니…….

〈단종실록〉에는 이징옥의 즉위 사실이 기록되어 있다. 다른 자료에도 여진족들을 규합하여 고구려의 국내성 자리에 나라를 세우려 했다는 구체적인 내용이 있다. 그런 점으로 보아서는 이징옥이 제국을 건설하고 황제

가 되려 했다는 것이 사실에 가깝다고 할 수도 있다.

그러나 이징옥이 정말 황제가 될 능력이 있었다면 북쪽으로 가지 않고 수양대군을 공격했어야 마땅하다. 여진족들을 규합하여 나라를 세울 정도라면 곧 배후가 안전하다는 말과 같다. 배후를 걱정할 필요가 없다면 수양대군을 공격하는데 주저할 이유가 없다. 기왕에 반역을 결심하고 황제가 되려고 했다면 척박한 북방에 나라를 세울 이유가 어디 있겠는가. 그냥 남쪽으로 쳐들어가서 조선을 걷어낸 다음 새로운 왕조를 개창하는 것이 훨씬 쉽고 경제적이다. 그것이 여의치 않더라도 최소한 '조선의 정중부鄭仲夫' 정도는 떼놓은 당상인데, 무엇하러 힘들고 어렵게 북방으로 가서 고생을 자처한다는 말인가. 그리고 국내성 지역은 명목상이라고 해도 명나라의 영토인데, 그런 곳에 새로운 나라를 세웠다가는 명나라를 자극하여 협공당하기 십상이다.

그런 점으로 보았을 때 이징옥이 대금의 황제가 되는 것은 불가능에 가깝다. 이징옥이 수양대군과 건곤일척의 승부를 걸지 못한 것은 배후가 안전하지 못했기 때문이며, '수양대군의 장자방張子房'이라는 한명회라면 충분히 예상에 포함시킬 수 있는 요소다. 여기까지 오면 이징옥이 북쪽으로 갔다는 이유도 그리 어렵지 않게 파악할 수 있다.

어차피 수양대군과의 승부를 피할 수 없다면 그에 따른 대비가 필요했다. 북방을 순찰하여 우호적인 여진족들의 협력을 얻는 동시에 예하부대에 자신의 존재를 인식시키려 했던 것이다. 이징옥의 장악력이 나라를 세울 정도로 확실했다면 여진족들의 유력한 추장들을 소집할 수 있었어야 옳다. 그것이 가능하지 않았기 때문에 직접 북쪽으로 나갈 수밖에 없었던 것이었다. 그런 과정에서 죽임을 당하게 되는데, 과연 실록에 나온 대로 부하들이 배반하여 암살했는지는 분명치 않다.

이쯤 되면 실록에 기록된 이징옥의 즉위에 대해서 의문이 생길 수 있다. 하지만 실록의 기록이 사실과 다르다고 추정하면 간단하게 해결된다. 실록에 적시된 '이징옥 황제 등극론'은 이징옥이 그 정도로 무도한 자였다는 악의적 왜곡이라고 해석하면 간단하다. 이징옥이 스스로 황제가 되었다는 것은 최악의 불경이다. 그것은 조선을 배반하는 것에 그치지 않고, 명나라에 대한 도전으로 보아도 무방하기 때문에 가장 큰 혐의를 걸 수 있는 것이다. 그러나 이징옥은 조선을 배반하여 황제가 될 생각도 없었고, 그럴 처지도 아니었다. 그때의 이징옥은 중국 사신을 모욕할 당시의 혈기 왕성한 청년이 아니었다. 그를 무모하기 짝이 없는 '황제병 환자'로 만들어버린 것은 승리자의 손에 들린 붓이었다.

그에게 발부된 운명은 너무나 가혹했다. 수양대군이 잔혹한 살육을 벌이지 않았다면 이징옥은 조용히 살다가 갈 사람이었다. 북방을 개척하고 방비한 위대한 조선의 장군으로 기억되었을 것이었다. 그러나 정치라는 괴물이 그에게 전혀 어울리지도 않은 반역의 색소를 덧칠하고 황제의 의복을 입혔다. 판타지 같은 왜곡과 숭배를 당당하게 실록에 기록하는 자들이 무슨 짓을 못하겠는가. 역사가 아무리 승리자의 기록이라고 해도 너무하다는 생각이 든다. 붓을 잡은 자들이 이징옥을 비참하게 왜곡하여 매몰시키는 것은 차마 못 볼 꼴이다.

인물비화

六 … 조선의 스파이

— 여진족을 유린한 스파이 박호문 —

기술적 정보취득 수단이 없던 과거에는 전적으로 스파이에 의지해야만 했다. 전략과 전술의 바이블 《손자병법孫子兵法》에도 스파이의 중요성이 특히 강조되고 운용방식에 대해 자세히 서술하여 효용가치를 입증한다. U-2나 SR-71 등의 초고공超高工 정찰기나 인공위성 등이 개발되기 이전인 제2차 세계대전에서도 스파이의 활약이 대단했다. 1941년 당시 일본은 아직 참전하지 않고 있었는데, 그때 소련은 노도 같은 독일의 침공에 무너지기 직전이었다. 패전을 막으려면 극동에 배치한 부대들을 빼내어 위급한 서부전선을 보강하는 수밖에 없었다. 그러나 독일과 동맹을 맺은 일본이 어떻게 나올지 전혀 알 수 없었던 것이 가장 큰 문제였다. 만주와 맞닿은 곳에 배치된 부대를 빼내었다가 일본이 치고 들어오는 날에는 그대로 당할 수밖에 없었다.

그때 일본에서 활동하던 소련 스파이 리하르트 조르게(Richard Sorge)가 일본이 소련 방면에 집중하지 않고 미국을 공격할 것이라는 초특급 정보를 입수하였다. 그 덕분에 소련은 극동의 병력을 차출하여 겨우 독일을 막아낼 수 있었다. 그것이 마침내 독일을 패퇴시킬 수 있던 바탕이 되어 이후의 역사를 바꾸었으니, 스파이의 비중을 잘 말해주는 사례라고 하겠다.

조선에도 스파이가 있었다면 언뜻 광해군 시대의 강홍립姜弘立이 떠오른다. 거세게 일어나는 누르하치奴爾哈赤의 후금後金과 벅찬 승부를 벌이던 명나라는 조선에 여러 차례나 지원부대를 요청했다. 유연한 사고방식과 날카로운 판단력을 갖춘 광해군으로서는 새롭고 강력한 후금과 화친하고 싶었지만 명나라를 종주국 이상으로 떠받들던 당시의 대세를 거스르기 어려웠다. 계속되는 패배에 다급해진 명나라는 소위 재조지은再造之恩이라 하여 임진왜란 때 도와준 것(오히려 피해만 끼쳤지만)까지 거론하며 지원부대를 보내라고 강력하게 요구했다. 신하들도 더 이상 지체할 수 없다고 주장하자 광해군은 어쩔 수 없이 최정예의 전투부대를 파견하게 되었다.

그때 1만 3천 명에 달하는 최정예부대를 이끌었던 도원수都元帥 강홍립은 1619년 3월 2일 심하深河에서 참패하고 만다. 패배의 원인은 조선군에게 있지 않았다. 심혈을 기울여 양성한 5천 명의 조총부대를 비롯해서 대부분이 보병으로 구성된 조선군은 명나라의 재촉으로 인해 쉬지도 못하고 강행군을 계속해야 했다. 마침내 후금과 맞닥뜨렸을 때는 이미 기진맥진한 다음이었다. 게다가 무능하고 무책임한 명나라 지휘부가 정상적인 작전지휘를 하달하지 못했기 때문에 제대로 싸워보지도 못하고 패배하고 말았다.

이때 강홍립이 투항하게 되는데, 그것은 정략적인 것이었다. 기울어가는 명나라와 새롭게 일어나던 후금 사이에서 위태하게 균형을 잡던 광해군이 강홍립에게 '알아서 판단하여 행동하라' 는 밀명을 내린 결과였다. 어쩔 수 없이 보내기는 하였지만, 강홍립에게 전투지휘 이상의 결정권을 부여하는 것으로 이후에 벌어질 사태에 대비하게 한 것이었다. 누르하치는 강홍립의 투항을 크게 기뻐하여 환영했다. 당시 후금의 수도인 홍경노

성興京老城으로 가게 된 강홍립은 중요한 정보를 탐지하여 조선으로 보냈다. 강홍립이 보내준 정보는 순도와 함량이 높아 큰 도움이 되었다는데, 과연 그게 사실일까?

국가정책에 영향을 줄 수 있는 중요한 정보를 얻기 위해서 가장 선행되어야 할 것은 당연히 정예한 정보조직의 운용이다. 리하르트 조르게가 조직도 없고 제대로 운신하기조차 어려웠다면 그토록 귀중한 정보를 얻어내지 못했을 것은 자명한 이치다. 그런데 아무리 누르하치가 우대했다고 해도 강홍립은 본질적으로 포로에 지나지 않았다. 정보조직을 운용하기는 커녕, 행동조차 자유롭지 못했을 강홍립이 어떻게 고급 정보를 취득할 수 있었겠는가. 설령 그럴 수 있었다고 해도 취득한 정보를 조선까지 보내는 것 또한 대단히 어려웠을 것이다. 그럼에도 불구하고 강홍립이 유용한 정보를 보낼 수 있었던 것은 전적으로 누르하치의 덕분이었다.

누르하치가 어떤 인물인가. 맨손으로 일어나 청나라를 건설할 토대를 닦은 영걸이다. 그런 사람이 장차 배후의 위협이 될 수 있는 조선에 주목하지 않았을 리가 만무하다. 먼저 사절을 보내 화친을 청해도 시원치 않은 판에 강홍립이 투항하자 쾌재를 불렀을 것이다. 누르하치는 강홍립에게 적당하게 편집한 정보를 주고 그것을 보내도록 배려했다. 강홍립을 통한 것은 그래야 명나라의 의심을 사지 않을 수 있기 때문이었다. 광해군이 그런 의도를 파악하지 못했을 리가 만무하다. 광해군과 누르하치는 요즘 말로 '선수끼리 짜고 치는 고스톱' 을 친 것이며, 강홍립은 핫라인의 용도를 담당한 것이다. 그러니까 강홍립은 간첩보다는 '비공식적 외교채널' 로 보는 것이 타당할 것이다.

이번에는 진짜 조선의 스파이를 소개하겠다. 그의 이름은 박호문朴好問, 세종 1년인 1419년에 무과에 장원으로 급제하고 1430년에 종4품의 사복시소윤司僕寺少尹이 되었다. 이후에도 대호군大護軍과 상호군上護軍 등의 고급 무관직을 역임하고 문종 즉위년인 1450년에 공조참판工曹參判이 되었으며, 고위직으로의 진입에 필수적이라고 할 수 있는 사신으로 다녀온 경력까지 있다. 은밀하고 비밀스러워야 할 스파이치고는 아주 경력이 화려하다.

박호문이 스파이 역할을 수행한 것은 여진족과의 전쟁 때문이었다.

> 전 소윤 박호문과 호군 박원무朴原茂를 야인 이만주, 심타납노, 임합라 등의 곳에 보내어, 야인들이 도둑질한 진위와 종류의 다소와 산천의 험조險阻와 도로의 멀고 가까운 것들을 자세히 살피게 하였다.
>
> —〈세종실록〉 15년(1433, 계축년) 2월 10일

거듭되는 여진족들의 기습과 약탈에 골머리를 앓던 조정이 마침내 대대적인 토벌작전을 구상하게 되었다. 당시 북방은 여진족의 영역이었다. 압록강 지역은 명나라와 직접 연결되는 통로였기 때문에 조선으로서는 어떻게든 확보해야만 했는데, 여진족들의 위협이 만만치 않았다. 또한 두만강 지역은 태조 이성계의 조상들이 살았던 곳으로 여진족들이 그 방면을 계속 압박하는 것은 정서적으로도 심각한 문제를 유발했다. 조선은 강력한 군사적 대응을 실시했지만, 여진족 특유의 기동력에 바탕 된 '히트 앤

드 런' 전법에 피해가 속출했다. 특히 태종 연간에는 연대 급의 병력이 잇달아 참패하고 지휘관이 전사하는 등의 우려스러운 상황이 발생했다. 계속 이대로 나가다가는 조종朝宗의 발상지와 명나라와의 통로마저 잃게 되는 심각한 상황에 봉착할 수 있었다.

북방의 강역을 지켜 안전을 확보할 수 있는 사군四郡과 육진六鎭의 개척은 필연적이었다. 태종 시대에 이어 세종의 치세에서는 지금의 중강진中江鎭 지역에 여연閭延을 설치하고 인근의 강계도호부江界都護府와 긴밀하게 연결하는 등의 조치를 취하여 압록강 아래를 장악하였지만 우랑카이兀良哈 부족의 추장 이만주李滿住를 비롯한 여진족의 소란이 끊이지 않았다. 지금까지 해왔던 소극적 지역방어에서 벗어나 국경을 넘어서라도 여진족의 본거지를 쳐부숴야 한다는 공감대가 형성될 수밖에 없었다. 수시로 출몰하는 적을 일일이 상대하지 말고 본거지를 강습하여 일시에 기세를 꺾겠다는 의도는 세종 1년인 1417년에 태종이 발의하여 실시된 대마도 정벌작전과 궤를 같이 하는 것이었다.

그런 결론에 이르자 당연히 스파이가 필요했다. 인선을 통해 박호문이 선발되었는데, 그가 해당 방면에 밝고 여진족의 언어도 어느 정도 구사할 수 있었던 것이 낙점의 이유였다. 그런데 마침 그때 박호문은 잘못을 저질러 직첩을 박탈당하고 곤장을 맞을 처지였다. 그래도 공신의 후손이라는 점이 감안되어 직첩만 빼앗긴 상태여서, 일단 직첩을 돌려주어 근무할 수 있게 했다. 지위가 회복된 박호문은 국경을 넘어 여진족에게 향했다. 이만주를 위시한 평안도 북방의 파저강婆猪江 인근의 여진족들이 정탐

할 목표였다.

임무에 의해 여진족의 땅으로 건너간 박호문은 크게 놀랐다. 여진족들이 산에 올라가 대피하고 있는 상태였기 때문이었다. 조선이 군사행동에 나설 것을 우려하여 미리 대피한 것이 분명한데, 그것은 정보가 누설되었다는 의미였다. 그러나 박호문은 전혀 내색하지 않고 우랑카이의 이만주를 위시한 여진족들을 만나고 돌아왔다.

박호문의 보고는 아주 유용했다. 예나 지금이나 생소한 지형에서의 작전은 크게 곤란을 겪기 마련인데, 박호문은 작전에 필수불가결한 지리적 정보와 함께 적들의 정세를 상세히 파악하여 보고했다. 그것을 토대로 계속 정찰을 실시한 결과 작전을 개시할 시기와 병력의 규모 등 구체적인 전략이 제출되었다.

작전에 임하기 전에 명나라의 양해를 구하는 것도 중요했다. 조선이 진격하여 토벌하려는 지역은 명목상이라고 해도 명나라의 영토여서 자칫 외교적 문제가 발생할 우려가 있었다. 조선이 주문사奏聞使를 보내어 작전의 필요성을 설명하자, 역시 여진족 때문에 골머리를 앓던 명나라도 흔쾌하게 동의했다. 그와 동시에 보복이 없을 것이라고 기만하여 여진족들을 안심시킨 다음 은밀히 부교까지 건설했다. 보안이 엄숙히 유지되는 가운데 작전이 차근차근 준비되었다.

1433년 4월 10일, 평안도도절제사平安道都節制使 최윤덕崔潤德을 총사령관으로 하는 1만 5천의 보기步騎 군단이 일제히 강을 건너 진격했다. 미리 놓은 부교를 건넌 다음 여럿으로 분산된 부대가 투망을 치는 것처럼 사방에서 조여들었다. 미처 예상하지 못한 공격에 여진족은 곳곳에서 참패했다.

"신(최윤덕)이 사로잡은 남녀가 62명, 사살한 적이 98명, 각궁角弓 21, 화살 420, 환도環刀 3, 화살통 8, 나도羅韜 3, 궁대弓帒 3, 창날槍刀 28, 소고小鼓 1, 말 25필, 소 27마리이고, 본국 군사로서 화살에 맞아 죽은 자가 4명, 화살에 맞은 자가 20명, 화살에 맞은 말이 18필, 화살에 맞아 죽은 말이 2필이며, 중군절제사 이순몽이 사로잡은 남녀가 56명이고, 죽인 수는 기록하지 않았습니다. 좌군절제사 최해산은 생포한 남자 1, 머리 벤 것 3, 각궁 6, 화살 104, 화살통 6, 나도 2, 환도 1이고, 우군절제사 이각은 생포 남녀 14명, 죽인 도적 43명, 말 11필, 소 17마리이며, 조전절제사 이징석은 생포한 장정 남자 18명, 장정 여자 26명, 남녀 아동 각 12, 사살하여 귀를 벤 것 5, 갑옷 2, 각궁 15, 화살통 7, 환도 1, 화살 330, 창 2, 말 25필, 소 33두, 안지鞍子 3이며, 조전절제사 김효성은 생포한 남녀 16, 죽인 도적 13, 화살 맞은 도적 7, 각궁 2, 화살 14, 말 6필, 소 12두이고, 화살 맞은 우리 군사 2명, 화살 맞은 우리 말이 6필인데, 1필은 즉사하였고, 상호군 홍사석은 생포 남녀 31명, 죽인 도적 21, 화살 맞은 도적 28, 각궁 8, 화살 112, 환도 1, 소 21마리이며, 우리 측은 화살 맞은 군사 3명, 말 3필입니다."

— **〈세종실록〉 15년**(1433 계축년) **5월 7일**

1433년 4월 10일부터 4월 19일 간에 걸친 대규모 진공작전은 '1차 파저강 정벌작전' 이라고 한다. 조선 최초로 국경을 넘어 진격한 정벌작전은 큰 전과를 거두었으며 당분간 여진족들이 기를 펴지 못하게 만들었다. 이번 작전의 1등 공신은 당연히 박호문이다. 실록에도 그의 활동이 단순한 염탐에 그치지 않았다는 것이 나타난다. 보통 대담하지 않고서는 이루기 힘든 성과였다.

이후 박호문은 순조롭게 관직생활을 하는가 싶었는데, 김종서를 모함했다가 탄핵을 받고 참형에 해당하는 중죄를 저지르는 등 문제가 끊이지 않았다. 본래 사형에 처해질 것을 공이 있음을 감안하여 장형에 처하고 용서했는데도 전혀 뉘우치지 않고 남의 재산을 가로채거나 사람을 때려죽이는 등 함부로 굴었다. 그래도 단종 시대까지 건재하여서 무관으로서는 최고직급인 병마도절제사兵馬都節制使까지 오르게 된다.

그런데 단종 1년인 1453년 10월 25일에 박호문이 죽었다는 보고가 들어왔다. 그를 죽인 사람은 현직의 함길도도절제사인 이징옥이었다. 계유정난癸酉靖難을 일으켜 김종서를 위시한 반대파를 참살한 수양대군 일파가 가장 부담이 되는 이징옥을 유인하여 죽이기 위해 신임 도절제사로 보낸 사람이 박호문이었다. 야만스러운 여진족의 본거지도 제집처럼 드나들었던 담대함을 높이 산 모양인데, 그만 정체가 들통나는 바람에 죽임을 당하고 말았던 것이다. 어떤 시각에서 보면 그때도 스파이 역할을 수행했다고 볼 수 있다. 만일 부여받은 임무를 성공시켰다면 명예는 몰라도 부귀영화는 누릴 수 있었을 텐데, 그만 한 순간에 지옥으로 떨어지고 말았다. 그래도 정체가 드러나는 때가 바로 죽는 순간이라는 스파이의 생리는 충실하게 이행했다고 할 수 있지 않을까.

전쟁에 대비하거나 기타의 이유로 정탐을 보내는 것은 당연하다. 조선 역시 그런 정탐은 무수하게 실시했겠지만, 직접 적의 근거지에 들어가 내부와 허실을 파악하고 여론을 얻어내려는 시도는 극히 드물었다. 그 대표적인 사례가 임진왜란 직전에 일본에 통신사를 파견하여 내정과 전쟁 가능성을 염탐하게 한 것이다. 그러나 정사正使와 부사副使의 보고가 정반대로 갈리는 바람에 오히려 혼란만 초래했다. 그것 외에도 몇몇 사례가 있기는 하였으나, 주어진 임무를 완벽하게 성공시켜 국가적인 역량이 투입된 대규모 작전에 결정적인 기여를 한 스파이는 박호문이 유일할 것이다.

> 박호문은 비장裨將으로서 야인과 교결交結하여 형제로 호칭하였고, 야인은 일찍이 절제사 박호문이 있으면 나도 있을 것이고, 절제사가 가면 나도 또한 갈 것이라 하였다.
>
> —〈세종실록〉 22년(1440, 경신 5년) 7월 18일

박호문이 여진족에게 얼마나 신임받고 있었는지 잘 나타난다. 자고로 간첩의 기본소양은 적에게 신임을 얻는 것이 아니던가. 매우 탐욕스럽고 잔혹한 성격의 소유자이기는 해도, 자신에게 부여된 임무를 충실히 이행하여 작전에 이바지한 공로는 칭찬해도 아깝지 않을 것 같다.

사형수를 스파이로

1차 파저강 정벌작전이 끝난 4년 뒤의 실록 가운데 아주 홍미로운 것이 눈에 띈다. 사형수를 작전에 투입하려던 것이 바로 그것이다.

평안도 도절제사 이천에게 전지하기를,

“병가는 오직 정직함만을 숭상할 뿐만이 아니고 부득이하면 기이한 술책도 겸용하여야 한다. 옛 장군으로서 죄수의 무리를 사하여서 그 힘으로 성과를 얻은 자가 있었고, 죄수의 무리로서 자원하여 힘써 성과를 올려 제 몸을 속죄한 자가 있었다. 한고조가 영포英布를 정벌할 때와 이광리李廣利가 이사貳師를 공격하면서 사형수를 사하여 종군토록 한 것이 이것이다. 지금 파저강을 토벌한 후에 적의 동정을 몰라서는 안 된다. 십악을 범한 자는 진실로 사해줄 수 없지마는, 그 나머지 도내의 사형수 중에서 저쪽 길을 알고 용략勇略이 있는 자 두어 사람을 선택하여, 강을 넘어서 들어가도록 하여, 낮에는 산의 숲에 숨고 밤을 틈타 가만히 다니면서 적의 소굴을 염탐하게 하여 죗값을 속하게 한다면, 적의 형세를 거의 알 수 있을 것이다. 가부를 세밀하게 헤아려서 아뢰도록 하라.”

하였다. 이때에 와서 천이 아뢰기를,

“사형수로서 저쪽 경내의 산천과 도로를 아는 자는 대개 적습니다. 또 수허성愁許城은 비록 연변이지마는 염탐하는 사람도 가보지 못한 곳입니다. 만약 사형수를 망령스럽게 저쪽 경내에 들어가게 한다면, 반드시 사로잡히게 될 것이니 염려하지 않을 수 없습니다. 지금은 눈이 깊고 나뭇잎이 져서 은밀하게 왕래하기가 어렵습니다. 오는 여름에 풀이 무성하기를 기다려서, 매우 조심성 있는 사람을 가려서 비밀리에 정탐하는 것이 거의 사리에 합당합니다.”

하였다.

– 〈세종실록〉 **19년**(1437, 정사년) **10월 17일**

세종은 평안도에서 수감 중인 사형수들 가운데 도저히 사면받을 수 없는 십악十惡을 범하지 않는 자들 가운데 두엇을 선발하여 속죄하는 조건으로 정탐을 삼을 것을 제안했다. 중국의 고사를 들면서까지 제안하였는데, 현실성이 없다는 이유로 받아들여지지 않았다. 고도로 훈련된 요원도 실패할 가능성이 적지 않은 특수작전에 전혀 훈련되지 않은 자를 투입한다는 것은 거의 100퍼센트 실패할 확률이 컸기 때문이다. 이미 살기를 포기한 사형수들이니 의외의 결과를 얻을지도 모른다는 기대는 하지 않는 것이 좋다. 죽음에 근접해 본 만큼 더욱 삶에 애착을 느낄 것이며, 자신을 위해 남을 죽였던 자들에게 작전에 필수적인 희생정신이나 충성심을 기대할 수 없기 때문이다. 사형수들을 투입하려 했다는 자체가 흥미로울 뿐이다.

인물비화

七 … 조선의 배반자

— 나라가 잉태한 배반자 사화동 —

조선 시대는 역모가 흔했던 만큼 배반자도 드물지 않았을 것 같지만, 의외로 배반자가 많이 나오지는 않았다. 조선의 역모는 군주는 부정하되 나라는 인정하는 것이 대부분이었다. 조선을 폐기처분하고 새로운 왕조를 세우겠다고 거병한 사례는 거의 없었다. 반대파를 제거하고 실권을 장악하기 위해 모의하는 과정에서 정통성을 가진 왕족을 왕으로 추대하는 것을 배반이나 반역이라고 하기는 어렵지 않은가.

대부분의 역모는 정치적인 견해가 이해와 다르기 때문에 벌어진 갈등이었다. 그것이 실패하면 역모와 반란, 성공하면 반정反正으로 기록될 따름이었다. 후금에게 항복한 강홍립이나, 반란이 실패하자 후금으로 넘어가 적에게 협조했던 이괄李适의 잔당들을 배반자의 범주에 넣을 수도 있겠다. 그러나 강홍립의 행위는 배반으로 보기 어려운데다, 이괄의 명분은 '광해군의 부당한 폐위' 였으니, 그들 역시 배반자로 규정하기는 어렵다. 하지만 배반자도 분명히 존재했다.

대신들이 의논드렸다. 먼저 이산해李山海는 의논드리기를,

"전날 헌의獻議할 때 이미 대략 진달했었습니다. 지금 사형을 결정하는

여부는 상의 재결에 달려 있습니다."

하고, 이항복은 의논드리기를,

"이미 그 사람이 진범이 아닌지 의심스럽다면 사형을 결정하기는 어렵습니다. 그러나 그들을 물리치자니 할 말이 없고, 어디에 안치시키자니 장소가 없으며, 가두어 두자니 끝이 없고, 살려 두자니 명목이 없으니 부득불 제거할 수밖에 없습니다. 상이 재결하실 뿐입니다."

하고, 이덕형은 의논드리기를,

(중략)

"두 왜인을 처치하는 일에 대해 전번 헌의하라는 명령이 있었을 때 신의 망령된 생각으로는 이 두 왜인을 죽이지 않는 것으로 대처하여 양산梁山·김해金海 사이에 풀어주어 살게 하고서는, 왜노倭奴들에게 소문내기를 '능을 파헤친 왜적이라고 하나 사실이 분명치 않다. 죽여도 상관은 없겠지만 살려둔다'고 한다면 그 말이 반드시 왜노의 소문에 들어갈 것입니다. 전날 왜노가 사화동沙火同을 붙잡아 보낸 것으로 인해 신사信使를 보내자 그들은 우리나라가 그들에게 속은 것을 비웃기까지 하였습니다. 지금 앞에 아뢴 조항과 같이 조처한다면 그들의 비웃음을 모면할 뿐만 아니라 훗날 협박하려 드는 단서마저도 막을 수 있을 것입니다."

하였다.

—〈선조실록〉 39년(1606, 병오년) 12월 18일

위의 내용은 임진왜란 기간 중에 발생한 '능침도굴 사건'에 대한 것이다. 도성을 점령했던 왜적들이 9대 성종과 계비 정현왕후의 능인 선릉과

12대 중종의 능인 정릉을 파헤치고 시신을 욕보인 것은 엄청난 충격이었다. 전쟁이 끝난 다음 도요토미 히데요시豊臣秀吉의 뒤를 이은 도쿠가와 이에야스德川家康 정권이 '우리는 전쟁을 일으킨 도요토미 정권과는 아무런 관련이 없다' 며 화해의 제스처를 보내게 된다. 이때 조선에서 내건 선결과제 가운데는 감히 능침을 도굴한 자들을 보내라는 조건이 포함될 정도였다.

도쿠가와 정권은 가짜 범인 2명을 색출하여 압송하는 성의를 보였다. 그들을 사형에 처해야 마땅하다는 이산해의 주장에 대해 이덕형이 반대의견을 개진하였는데, 그때 배반자 사화동의 존재가 부각되었다. 선왕들의 능묘를 훼손하여 국제적인 이슈를 제공한 범인들과 함께 논해질 정도라면 사화동의 비중은 결코 만만치 않을 것이다. 그는 대체 무슨 짓을 저질렀던 것인가?

사화동의 존재와 그가 저질렀던 배반행위가 보고된 것은 선조 22년인 1588년 11월 17일이었다.

> 전라도좌수영진무全羅道左水營鎭撫 김개동金介同과 이언세李彦世 등이 지난해 봄 손죽도損竹島 싸움에서 왜노倭奴에게 잡혀가 남번국南蕃國에 전매轉賣되었다가 중국 지역으로 도망쳐 조사를 받고 북경北京으로 이송되었는데, 이번에 사은사 유전柳琠이 돌아오는 길에 딸려 보내왔다. 김개동 등이 다음과 같이 말하였다.
> "사화동이란 자는 우리나라 진도珍島 사람으로 왜노에게 잡혀가 온갖 충성을 다한 자인데, 저에게 이르기를 '이곳은 풍속과 인심이 매우 좋아서

거주할 만하니, 너희는 두려워하지 말라. 조선은 부역이 매우 고되고 대소大小의 전복全鰒을 한정 없이 징수하여 감당할 길이 없으니, 이곳에 그대로 거주하라. 지난 연초年初에 마도馬島 가리포加里浦를 침범하려다가 바람이 불순하여 손죽도損竹島에 정박하였는데, 이는 내가 인도해 준 것이다' 하였습니다. 그가 거주하는 섬 이름은 오도五島로 둘레가 며칠 길이 되고 인구가 꽉 들어차 하나의 큰 고을과 같았습니다. 우리나라 사람으로 생포된 자들이 많았고 배 500여 척이 있었는데……."

1588년이면 임진왜란이 일어나기 4년 전이다. 그때 왜구가 전라도의 손죽도를 비롯한 여러 곳을 침범하여 피해가 자못 극심했다. 당시 전라좌수영 소속의 하사관급인 김개동과 이언세가 왜구와 싸우다가 포로가 되었는데, 이때 왜구를 안내했던 자가 바로 사화동이었던 것이다. 실록에는 사화동은 진도의 백성이었으며 반민叛民, 또는 도망자로 기록되어 있다. 특이하게도 역사적인 비중에 비하여 신상명세 등의 개인정보가 거의 알려진 것이 없다.

올 봄에 또 큰 도적이 흥양興陽 제도諸島에 와서 정박하고서 우리의 방비가 없는 틈을 타고 살상하고 사로잡아간 것이 매우 많으므로 과부와 고아의 원한이 하늘에 사무쳤다. 다행하게도 귀순한 사람을 인하여 향도嚮導가 된 자를 물어보았더니 우리나라의 도망자 사화동이라 하였다. 사화동은 너희 나라의 관대冠帶를 착용하고 영총榮寵을 성대히 누리고 있다 하니, 한 섬의 도적에 그치지 않는다는 것이 분명하다.

〈선조수정실록〉에 기록된 사화동은 일본의 관대를 착용하고 우대를 받고 있는 등 영화를 누리는 모습이 역력하다.

사화동의 존재가 알려지게 된 것은 포로가 된 김개동과 이언세가 탈출하였기 때문이다. 사화동이 안내하여 남부 해안지역을 노략질하고 김개동과 이언세를 포로로 잡은 왜구들은 규슈九州 인근의 해적집단이며, 괴수는 고지마 쥰겐五島純玄이었다. 왜구들에게 붙잡혀 마카오澳門의 노예시장으로 끌려가 인신매매를 당했던 두 사람은 극적으로 탈출했다. 마침 명나라에 사신으로 왔던 유전이 그들을 데리고 귀국하였는데, 그 과정에서 사화동에 대한 전모가 드러나게 된 것이다.

그러나 그런 배반자가 있다는 것을 알게 된 외에 특별한 조치가 내려지지 않았다. 곧 정여립이 반역하였다는 기축옥사己丑獄死의 파문이 전국을 강타하였기 때문이다. 기축옥사가 일단락된 이후에도 그리 관심을 두려하지 않았는데, 사화동을 이슈화시킨 것은 조선에 와 있던 일본의 사신들이었다.

일본은 이미 기축옥사 이전부터 사신을 파견하여 국교를 회복할 것을 집요하게 요청하고 있었다. 조선으로서는 아쉬울 것이 없었기 때문에 무성의하게 대했다. 그러다가 기축옥사 이후 다시 일본 사신들이 국교를 요청하자, 그것에 대해 논의하기에 이르렀다. 갑자기 무엇 때문에 일본이 국교 재개를 요청하는 것인가.

사신들의 명분은 '도요토미 히데요시라는 영웅이 일본을 통일하고 조선과 친교를 맺기 원한다' 는 것이었다. 그런데 놀랍게도 그들은 도요토미 히데요시가 보낸 정식 사신이 아니라 쓰시마對馬島의 중신들이었다. 그들이 사신을 사칭하고 국교 재개를 청하게 된 절박한 이유가 있었다.

히데요시가 일본을 통일하게 되자 쓰시마도 중신을 보내어 충성을 맹세하였다. 그런데 히데요시가 천만뜻밖의 명령을 내렸다.

"너희들이 조선과 밀접하다 하니, 조선국왕을 잘 타일러 왕자나 대신을 인질로 보내도록 하라"

쓰시마는 대대로 조선에 칭신稱臣하여 쓰시마 도주島主의 직첩과 필수적인 혜택을 받고 있는 형편에 왕을 타일러 인질을 보내라는 것은 감히 꿈에서조차 생각하기 어려웠다. 히데요시가 내뱉은 말을 그대로 전했다가는 조선과의 관계가 끊어질 것이었고, 만일 히데요시의 명령을 거부했다가는 당장 쑥밭이 될 판이었다.

쓰시마는 '조선으로 하여금 조공을 바치도록 하겠다. 그러면 충분히 체면이 서지 않겠느냐' 고 하였다. 히데요시가 조선의 사정을 전혀 모르고 있는 것에 착안하여 조공을 비치는 것으로 날조하려 한 것인데, 전혀 통하지 않았다. 오히려 한술 더 떠 조선의 국왕을 데려오라며 펄펄 뛰는 것이 아닌가?

절체절명의 위기에 빠진 쓰시마로서는 가짜 사신을 파견하여 조선에 국교를 청할 수밖에 없었다. 일단 조선이 통신사를 파견해주기만 하면 항복하러 온 것으로 선전하면 될 것이었다. 사실 히데요시의 의도도 바로 그것이었다. 쓰시마의 사신들이 집요하게 요청하면서 '만일 성사되지 않으면 전쟁이 날지도 모른다' 며 은근히 위협하자 조선도 대책 숙의에 들어가게 되었다. 그 결과 일본의 내정을 탐지하기 위해 사신을 파견할 필요가 있는 것으로 방향을 잡았다. 그렇게 방향을 정한 조선은 사신을 보낼 명분을 위해서 몇 가지 조건을 제시하게 되었다.

조선에 피해를 입힌 악질적 왜구 두목들을 체포하여 압송할 것
조선 백성으로서 왜구에게 빌붙어 갖은 패악을 저지른 역적 사화동을 소환할 것
왜구들이 잡아간 백성들을 돌려보낼 것

백성들을 돌려보내는 것은 당연히 요구할 수 있는 사항인 것에 비해 왜구 두목을 체포하여 압송하는 것은 상당한 난항이 예상되었다. 거기에 왜구 사회에서 큰 비중을 차지하고 있는 사화동을 소환하라고 하였으니, 조선이 제시한 것은 상당히 무리가 따르는 것이었다.

그런데 조건은 즉각 수락되었다. 일본 측은 즉시 100명이 넘는 백성들을 소환하고, 악질로 소문난 왜구 두목들을 잡아 보냈다. 물론 사형수들로 꾸민 가짜였지만, 보냈다는 자체가 중요한 것이었다.

일본국 평수길平秀吉 · 평의지平義智 · 현소玄蘇 등이 본국의 포로 김대기金大璣 · 공대원孔大元 등 116인을 쇄환刷還하고 또 반민 사화동 및 정해년(1587, 선조 20년)의 적왜賊倭 긴시요라緊時要羅, 삼보라三甫羅, 망고시라望古時

羅 등3인을 포박하여 보내며 말하기를,

"입구(入寇, 왜구가 침입한 것)한 일은 우리는 모르는 것이고, 곧 귀국의 반민 사화동이 오도의 왜인을 유인하여 변보邊堡를 약탈한 것이므로 지금 잡아 보내어 귀국의 처치를 기다립니다."

하고, 이어 우리 사자가 나라에 와서 수호해 주기를 간청하였다. 상이 인정전에 나아가 병위兵威를 크게 진열시키고 그들의 헌납을 받았다. 사화동을 힐문한 다음 성 밖에서 목 베고 중외中外에 교서를 반포하니, 중외가 진하進賀하였다. 평의지 등에게 상을 주고 내구마內廐馬 1필을 하사하였다. 다시 인정전에 나아가 왜사倭使를 인견하여 연회를 베풀어 주었는데, 평의지 등이 모두 전에 올라 술잔을 올리고서 파하였다.

— 〈선조수정실록〉 22년(1589, 기축년) 7월 1일

이번 거래에서 가장 딱하게 된 것은 사화동이었다. 크게 우대받다가 졸지에 포박되어 끌려간 사화동의 운명은 결정적이었다. 왜구 두목들과 함께 압송된 사화동은 처참한 죽임을 당하게 되었다. 조선과의 국교 재개라는 큰 틀에서 보면 사화동의 가치는 미미했다. 동족도 아닌 사화동을 아끼다가 불벼락을 맞을 이유는 어디에도 없었다. 실록에는 사화동의 행위를 '주인의 발을 물어뜯은 것' 으로 표현할 정도였다. 꽁꽁 묶여 끌려가는 사화동은 감히 주인을 물어뜯었다가 몽둥이 앞에 매달린 개의 신세나 조금도 다르지 않았다.

물론 사화동이 저지른 죄는 도저히 용납될 수 없으며 응분의 대가를

받는 것은 당연한 귀결이다. 그런데 사화동은 무엇 때문에 배반자가 되었을까? 진도에 사는 조선인 사화동이 어쩌다가 조국을 배반하고 외교적 거래대상이 되었는지 궁금하다.

그런데 사화동에 대해서 알려진 것은 전혀 없다. 어쩔 수 없이 추정에 의지한다면, 양인良人의 출신성분을 가졌을 개연성이 높고 어업에 종사하였을 가능성이 크다. 양인이라는 것은 성을 가졌다는 것에서 착안한 것인데, 천예賤隸 출신이 제멋대로 성을 사칭했을 수도 있겠다. 하지만 그럴 경우에 굳이 드문 성씨인 사沙씨를 사칭할 이유가 없다.

그리고 실록에 사화동이 손죽도를 침범한 왜구들의 길 안내를 맡았다고 되어 있는데, 이는 거기까지 가보았다는 말이 된다. 별로 먼 거리가 아니지만 당시에는 이동하기가 쉽지 않았던데다, 행정과 군사구역으로 구분해도 진도는 전라우도全羅右道이며 손죽도는 전라좌도全羅左道다. 진도에 살았던 사화동이 길 안내가 가능할 정도로 다른 지역을 알고 있었다는 것은 생선 같은 어물을 거래하기 위해 이동했을 개연성을 시사하고 있으며, 그를 이해하는 중요한 단서가 될 수 있다.

또한 실록에 나타나는 사화동은 의외로 발이 넓고 대담하다. 일본이 그에게 책임을 전가하려 그렇게 표현했을 가능성이 크지만 그만큼 행동반경이 넓었다는 의미이다.

이를 종합하면 어업이나 장사를 하는 집의 외거노비外居奴婢 출신일 가능성도 완전히 배제할 수는 없겠다. 그러나 성을 가진 것과 실록에 나타난 행적을 미루어 양민으로서 비교적 이동이 자유로운 어업에 관련된 직업을 가졌던 것이 확실한 것 같다.

어업에 종사했을 것이라는 추정은 진도가 섬인 것을 감안하면 너무 당연하지 않느냐는 지적이 제기될 수 있다. 그러나 진도는 우리나라에서 세 번째로 큰 섬이다. 섬으로서 어업이 필수적이었겠지만, 농지가 많았으니 농업에 종사하는 사람도 적지 않았을 것이다. 만일 그가 진도의 내륙에서 농업에 종사했다면 오도에서 발견되기는 어렵다. 그랬었다면 왜구가 상륙하여 납치해야 할 것인데, 당시에 왜구가 진도를 범접했다는 기록이 없다. 즉 이와 같은 정황으로 보면 바다에서 왜구를 만났다고 보는 것이 타당하다.

사화동이 어업에 종사했다는 결정적인 증거는 그가 포로들에게 "조선은 부역이 매우 고되고 대소의 전복을 한정 없이 징수하여 감당할 길이 없으니, 이곳에 그대로 거주하라."고 말한 것이다. 여기에서 사화동이 조선에서 겪었던 생업의 형태와 가혹한 착취가 분명히 드러난다.

왜구들을 어떻게 만나게 되었는지는 알 수 없지만, 인간 이하의 만행을 예사로 저지르던 왜구의 소굴을 스스로의 의지로 찾아가지는 않았을 것이다. 생계를 유지하기 위해 바다로 나갔다가 왜구를 만나지 않았다면 돌풍 등의 자연적 재해를 만나 오도로 표류했을 가능성이 크다. 실제로 풍랑을 만난 어부들이 일본 북단이나 오키나와 지역에 표류한 기록이 있으며 《표해록漂海錄》 등의 저술이 그것을 입증하고 있다.

마지막으로 추정할 것은 어째서 자발적으로 왜구에게 협조하게 되었느냐는 점이다. 그것이야말로 사화동이 목숨을 잃게 되는 원인으로 작용하게 되는데, 왜구에게 잡혀온 사람들이 적지 않았음에도 불구하고 유독

사화동만 배반했다는 것은 이상하다.

그것은 가족이 전혀 나타나지 않는다는 점에서 생각해볼 수 있다. 사화동의 가족이 있었더라면 그의 죄상으로 미루어 볼 때 함께 연좌되어 처벌당해야 마땅하지 않겠는가. 그럼에도 불구하고 전혀 기록에 나타나지 않는 것은 어떤 이유로 인해 가족을 잃게 되었을 가능성을 보여준다. 배반할 당시 총각이었더라도 부모는 있었을 것인데, 그들의 존재가 전혀 나타나지 않는 것은 사화동이 저지른 배신행위의 원인에 접근할 수 있는 단서가 되기에 충분할 것 같다.

사화동의 가족을 잃게 만든 범인은 바로 조선이 아닐까. 당시는 양민들이 원한을 품게 될 요소가 넘치도록 충분했던 시기였다. 기본적인 의무인 세금과 부역부터 만만치 않았던데다, 토호土豪들의 횡포가 극에 달했다. 실질적 지배권을 행사하는 토호들은 사사로이 세금을 걷는 것은 물론, 땅을 늘리기 위해 강제로 백성들을 동원하여 개간하기를 예사로 하였다. 토호들의 횡포에 견디지 못하여 땅을 빼앗기고 소작이 되거나 천민으로 전락하는 행태가 부지기수였지만, 민초들은 어디에도 고통을 호소할 수 없었다.

제도와 장치가 없는 것은 아니었다. 그러나 백성을 돌보라고 국가가 파견한 목민관牧民官들이 오히려 토호와 야합하여 수탈을 가중하기 일쑤였고, 토호들은 거침없이 백성을 쥐어짰으며 심지어는 바닷가의 바위에까지 기득권을 행사하기에 이르렀다. 바위에 붙은 해초를 뜯어 쑨 죽으로나마 연명하던 민초들에게는 죽으라는 소리나 진배없었다.

거기에 병역의 의무까지 걸머져야 했다. 그런 상황에서 가장이 군대를 다녀오면 어떻게 되겠는가. 보인保人으로 편입되어 금품을 납입하는 것으로 병역 의무를 대치할 능력이 되지 못하는 자들은 군대로 가야 했다. 군대를 갔다가 돌아오니 가족이 굶어 죽었거나 굶주림을 견디지 못하여 흩어져버린 참상이 예사로 벌어졌던 세상이었다.

그런 세상에 살았던 백성들이 어찌 원한을 가지지 않을 수 있겠는가. 임진왜란이 일어났을 때 곳곳에서 일본군을 환영했던 것이 조금도 이상하지 않다.

사화동도 그런 일을 당했다고 가정해 보자. 실제로 그는 가혹한 세금과 부역에 대한 폐단을 말하지 않았던가. 토호들의 횡포가 극에 달한 무렵에 죽지 않을 정도로 연명하다가 군대를 다녀오니 가족이 굶어 죽었거나, 거지가 되어 떠도는 바람에 생사조차 알지 못할 지경이 되었다면 어떤 심정이겠는가.

하지만 무지렁이 백성으로서는 반역이나 기타의 수단으로 저항한다는 것은 꿈에서조차 언감생심이다. 어차피 저항하거나 도피할 수 없는 이상에는 현실을 받아들일 수밖에 없다. 자신조차 굶어 죽지 않기 위해서는 바다에 나가 고기를 잡아야 했을 것이다. 묵묵히 분노를 삭이며 그물질을 하고 해초를 따던 어느 날, 고기를 잡기 위해 바다에 나갔던 사화동은 단조롭고 고통스럽게 반복되던 삶과 결별할 수 있는 극적인 계기를 만나게 된 것이다.

이것이 사화동이 배반자로 전향했던 인과의 전말로 추정되는데, 여하튼 왜구들과 마주쳤다면 노예로 팔리기 십상이다. 그것을 면하고 인생역전을 할 수 있으려면 몸값을 상쇄하고도 남을 가치가 있어야 할 것이다.

> 왜구 두목들이 사을포동(沙乙蒲同, 사화동)의 꾀를 받아들여 무리를 모아 작폐作弊했다고 하였는데 그 말들이 다 한결같으며, 또 그 얼굴을 직접 보았거나 그 성명을 환히 아는 자도 있었다.

실록에 사화동의 가치가 압축되어 있다. 왜구 두목들이 그의 꾀를 받아들여 움직였다고 할 정도라면 보통 두뇌가 뛰어난 자가 아니다. 두뇌가 뛰어난 사화동은 얼마 지나지 않아 일본어를 배웠을 것이다. 왜구들에게 통역과 동시에 인근 지역에 대한 지리와 방어력 등의 정보까지 알고 있는 사람이 필요했다. 그런 와중에 포로로 잡힌 사화동을 발견한 것이다. 통역이 가능하고, 뱃길에도 밝아 길 안내까지 맡을 수 있는데다, 작전까지 짤 수 있었으니 어찌 왜구들이 대우하지 않을 수가 있겠는가. 그러나 그것은 조국에 대한 최악의 배신이었다.

조선의 백성으로 태어나 왜구의 일원으로 편입된 사화동의 인생역정은 참으로 드라마틱하다. 무력한 조선의 백성이 왜구를 만났다면 최악의 횡액橫厄이겠지만, 오히려 사화동에게는 기회로 다가왔다. 그는 더 이상 국가의 이름을 빌린 강도들에게 착취당할 필요가 없었다. 아니 오히려 그들에게 보복할 수 있게 된 것이다. 게다가 가족이 없었으니 아주 홀가분하게 배반을 결심할 수 있지 않았을까. 이후 저지른 죄상은 도저히 용납되기 어려운 것이었으나 원인을 제공한 것은 그의 조국이 아니었던가. 그럭저럭 먹고살 만큼만이라도 쥐어줬더라면 사화동은 역사에 배반자의 오명을 남기지는 않았을 것이다.

추신 | 1

진정한 배반자

사화동의 존재를 알린 김개동과 이언세가 포로가 된 이유는 어이없게도 아군 때문이었다. 왜적이 손죽도를 침공하자 전라도의 병력이 출격하게 되었는데, 당시 두 사람은 전라좌수영 예하 녹도鹿島 소속의 수군이었다. 그들의 지휘관인 녹도만호鹿島萬戶 이대원李大源은 매우 용맹하여 이전부터 공이 많았다.

이대원의 직속상관은 전라좌수사 심암沈岩이라는 자였는데, 심암이 싸우지도 않은 주제에 공을 독차지하려 했으나 이대원이 반발하여 뜻을 이루지 못했다. 심암은 그것에 앙심을 품고 보복할 기회를 노렸다.

다시 왜구가 침략하여 손죽도 앞바다에서 전투가 벌어지자 이대원이 가장 앞서 나가 싸웠는데, 중과부적으로 몹시 위태로웠다. 이대원과 장병들은 애타게 구원을 바랐지만 심암이 구원하라는 명령을 내리지 않았을 뿐더러, 오히려 함대를 물리고 말았다.

고립무원의 이대원은 끝까지 싸웠으나 비통하게 전사하였으며, 100여 명의 장병들도 대부분 전사하거나 포로가 되고 말았으니 참으로 기가 막힐 노릇이다. 심암은 이적행위를 저질러 용맹한 장병들을 패몰敗沒시켜 놓고도 오히려 이대원에게 누명을 뒤집어 씌웠다가 나중에 발각되어 극형에 처해지는데, 조선에는 그런 자들이 드물지 않았다. 심암 같은 자들이야말로 진정한 배반자라고 해야 할 것이다.

세태비화 03

우리가 몰랐던 조선의 세태들

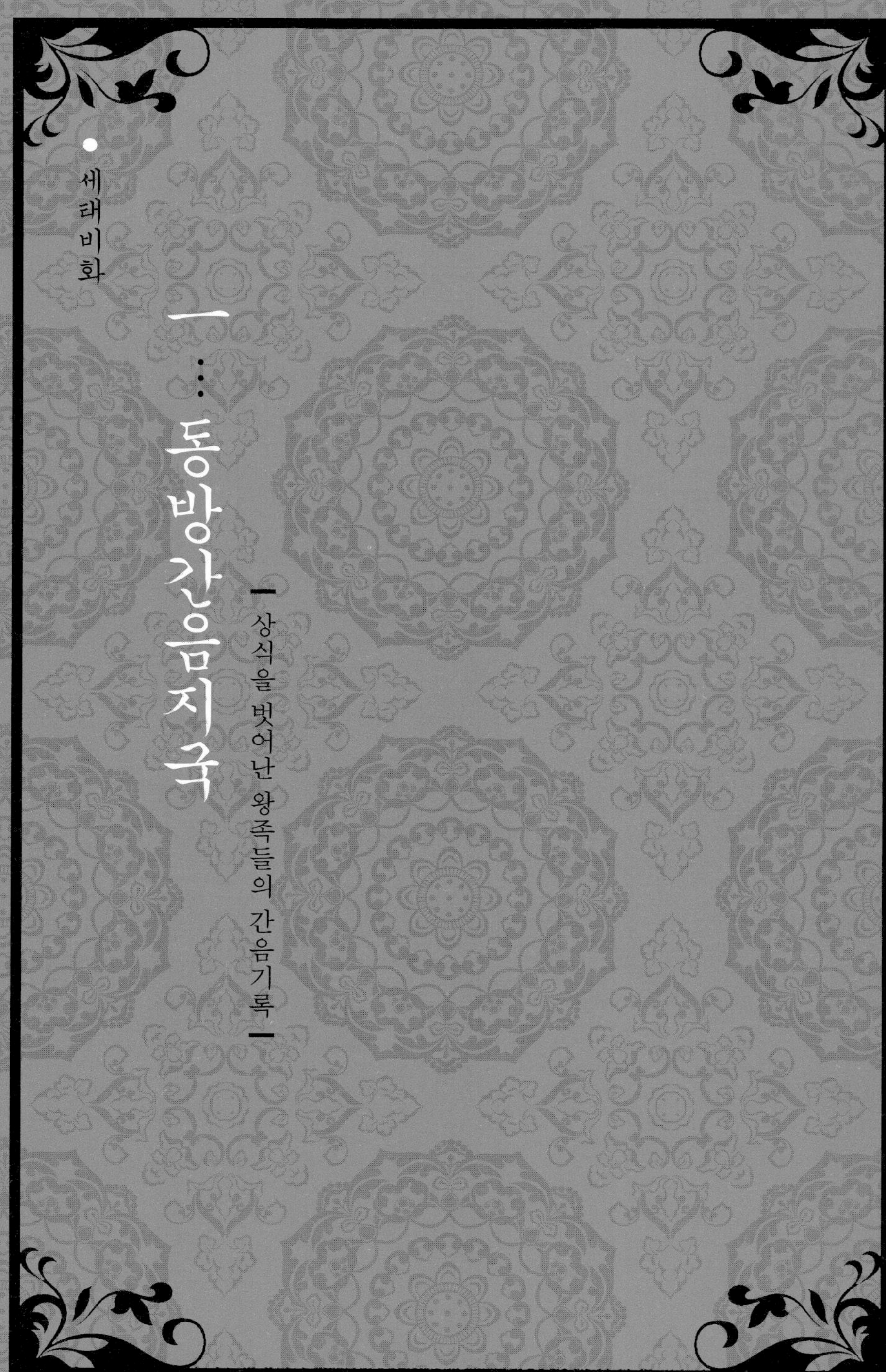

세태비화

一 … 동방간음지국

상식을 벗어난 왕족들의 간음기록

익히 알다시피 조선은 유교 이념을 국시로 하는 국가다. 성현의 가르침에 따라 사람의 도리를 지키는 것을 당연시하였다. 삼강오륜三綱五倫에 도리가 집약되어 있으며, 그것을 어기게 되면 강상綱常이라 하여 엄하게 다스렸다. 특히 이성 간에 대해서는 남녀칠세부동석男女七歲不同席으로 상징되는 엄격함이 있었으니 풍기가 문란할 일이 거의 없었을 것 같다.

그러나 실상은 전혀 그렇지 않았다. 오히려 지금보다 훨씬 못한 경우가 많았다. 각종 성범죄가 만연하였으며, 놀랍게도 상을 당하고도 버젓이 기생을 끼고 놀아나는 자들이 적지 않았다. 그뿐 아니라 백성들에게 모범이 되어야 할 양반들이 아무런 거리낌도 없이 간음과 간통을 일삼았다.

국가에서는 그것을 범간율犯奸律로 다스렸다. 화간和姦은 장 80대, 남편이 있는 여자를 간음하면 장 90대, 조간(勺姦, 꾀어서 간통함)은 장 100대, 강간한 자는 교형에 처하였다. 범간하다가 적벌되면 엄중하게 처벌을 당하였는데도 사건은 끊이지 않았다.

가장 문제가 되는 것은 국상범간國喪犯奸이었다. 국상이 나면 근신하여 무겁게 처신해야 했는데도 기생과 동침하거나 간음을 저지르는 자들이 적지 않게 나타났다. 그것을 따로 국상범간률國喪犯奸律로 엄중하게 처벌하였으나, 역시 근절되지 않았다. 뿐만 아니라 왕족들끼리 기생을 놓고 다투거나 국상 기간 중에 간음을 일삼기도 했다. 아름다운 관기를 놓고 고관대작들이 백주대로에서 발정 난 짐승처럼 싸우거나 수하들을 동원하여 패싸움을 일삼는 것도 드물지 않았다. 실록에서 간음에 대한 부분을 읽다 보면 조선의 실록이 아니라 예절과 법도라고는 전혀 알지 못하는 야만족의 기록을 읽는 것 같은 착각마저 들 지경이다.

상식을 벗어난 왕족들의 간음 기록을 그리 어렵지 않게 찾을 수 있다. 특히 양녕대군讓寧大君이 아들의 첩을 빼앗은 사건이 주목할 만하다. 아버지가 아들의 첩을 빼앗다니, 그것도 가장 점잖아야 할 임금의 형님이 그랬다면 믿기 어려운 노릇이다. 그 양녕대군이 세자 시절에는 부왕 태종의 형으로서 상왕이었던 정종이 아끼던 기생 초궁장楚宮粧을 가까이 한 것도 비교적 잘 알려진 사실이다. 실록에는 양녕대군이 누군지 모르고 사통하였다는데, 아무렴 자신의 백부인 정종을 모시던 초궁장을 모를 리가 있겠는가. 그리고 연산군은 큰어머니인 월산대군月山大君 부인 박씨를 강간하였으며, 광해군은 부왕의 후궁이던 김개시金介屎를 가까이 두었다. 왕실부터가 이 모양이니 여염에서의 범간이 끊이지 않은 것도 당연하다 하겠다.

이번에는 할 말을 잃게 만드는 사건을 소개하겠다.

의정부, 육조판서와 경연당상, 승지, 홍문관, 예문관에게 장악원掌樂院에서 달구경을 하게하고, 주악酒樂을 내려 주었다.

사신史臣이 논하기를,

"임금이 근신近臣을 우대하여, 은례恩禮가 심히 융성하였다. 이날 밤에 여러 신하가 회음會飮하였는데, 마침 검은 구름이 달을 가리어 어두컴컴하고 밝지 아니하니, 승지 조극치曹克治가 기생을 데리고 청사廳事에서 음행淫行하였다. 무부武夫의 광망狂妄함이 이와 같았다."

하였다.

— 〈성종실록〉 20년(1489, 기유년) 8월 15일

때는 성종이 8월 보름날에 고관들을 불러 달구경을 하면서 술과 음악을 내려 노고를 달래주는 자리였다. 그런데 사관이 조극치가 기생을 데리고 음란한 짓을 하였다고 비판하고 있다. 음행이란 바로 성관계를 맺었다는 것이다. 아무리 날이 어두컴컴했더라도 왕이 지척에 있는 자리라는 것을 생각하면 꿈에서조차 벌어지기 어려운 일이었다. 그럼에도 불구하고 조극치는 당당하게 기생을 간음했다. 더욱 놀라운 점은 조극치가 아무런 처벌도 당하지 않았다는 것이다. 조극치는 같은 달 24일에 통정대부좌승지通政大夫左承旨로 보임되었다. 승진이라고는 할 수 없어도 계속 자리를 지킬 수 있게 된 것이다. 왕 앞에서 불경을 저지른 조극치를 극형에 처하기는커녕, 오히려 직속비서인 좌승지로 발령하여 가까이 둔 것이다.

사헌장령 이보흠李甫欽이 본부의 의논을 가지고 아뢰기를,

"이석장李石杖이 아비의 첩 보금寶今을 간통하여 여러 증거가 명백한데 스스로 말하기를 그 아비보다 먼저 상간相奸하였다 하고, 함께 전옥典獄에

갇히자 서로 더불어 옥사를 꾀하여 드디어 오래된 옥사가 되었는데, 일이 강상에 관계되니, 청컨대 예전 예에 의하여 의금부에 내리어 대간과 함께 국문하소서."

하였다.

(중략)

이석장은 영중추원사 이순몽李順蒙의 기생첩의 아들인데, 이순몽이 황음荒淫하여 법도가 없어 가법家法이 패하고 무너져 이에 이르렀다.

—〈단종실록〉 **즉위년**(1452, 임신3년) **6월 24일**

이석장이 옥중에서 죽었는데, 이석장은 이순몽의 얼자(孼子, 기생의 아들)였다. 아비의 첩을 간음하여 아이를 낳았다가 일이 발각되어 감옥에 갇히었는데, 또 옥중에 있으면서 매양 측간에 가서 서로 간통하였다. 그 여자가 아이를 배어서 일이 발각되니, 장杖을 때려서 죽였다. 뒤에 여자가 두 아이를 낳았는데, 하나는 먼저 나오고 하나는 다만 손 하나만 나오다가 낳지 못하고 함께 옥중에서 죽으니, 사람들이 말하기를,

"천도天道는 어김이 없다."

하였다.

—〈단종실록〉 **1년**(1453, 계유년) **6월 25일**

이순몽은 백주에 길거리의 나무 그늘에서 기생과 섹스를 벌였던 자다. 그리하여 실록에 '황음하다' 고 기록되었는데, 이순몽의 아들 이석장은 아비의 첩인 보금과 사통하였다. 혐의 사실을 끝까지 부인하다가 보금

과 함께 의금부의 전옥에 갇히게 되었는데도 계속 사통하여 자식까지 낳게 만들었으니, 과연 그 아비에 그 아들이요, 청출어람青出於藍이라 하지 않을 수 없다.

"상당후上黨侯 이저李佇가 처제 방석의 기생첩 효도孝道를 취하였는데, 이것은 그 아비 이거이李居易가 일찍이 관계한 여자이다. 부자간에 한 여자를 간음하여 천상天常을 더럽히고 어지럽혔으니, 이것은 논핵하지 않을 수 없다."

—〈정종실록〉 1년(1399, 기묘년) 5월 16일

"석철의 무고誣告가 이미 드러났으나, 석철은 전에 장형 80도를 받고 영구히 충군充軍되었다. 이제 무고한 죄가 장형 20도를 더하는 데 불과할 뿐이나, 또 내가 들은즉, 증인이 아비의 기생첩을 간통하고, 종비終非가 형부 석철을 간음했다 하니, 경중京中의 사대부 집이 많은데 유독 이 유가柳家의 추잡한 소문만이 있는 것이 아니니, 그 고모와 조카 간에 서로 간통한 것을 또한 어찌 의심하지 않겠는가.

—〈세종실록〉 18년(1436, 병진년) 6월 1일

의금부에서 아뢰기를,

"김극괴가 그 어미 황씨黃氏의 노비와 전지田地의 별급문권別給文券을 위조하여 형 김극유를 무인誣引한 죄는 율이 결장 100대와 유 3천 리에 해당합니다."

하여, 그대로 따르고 의주義州에 유배하도록 하였다. 사신이 논평하기를,

"김극괴는 재물을 도둑질할 뿐만 아니라 아비의 첩이 낳은 자녀를 간음하였고, 또 장인의 첩을 간통하였으니, 그 더러운 행실은 이르지 아니하는 바가 없었다. 비록 동복이라고 하더라도 집안에서 사람으로 대접하지 아니하였다."

하였다.

—〈성종실록〉 24년(1493년) 10월 25일

이유녕李幼寧은 변형량卞亨良의 청탁을 듣고, 부자가 서로 간음하였다는 일을 말하여 남을 큰 죄에 빠뜨리려 하였습니다. 신 등이 율문 범간 조항을 살펴보니 '부父, 조祖의 첩을 간음한 자는 베인다' 하고, 또 무고 조항에는 '무고한 사람은 이미 결정된 것은 반좌反坐시키고, 미결인 것은 장 100대, 유 3천 리에 역役 3년을 더한다' 고 하였습니다. 지금 형량이 실정을 알면서도 유녕에게 청탁을 받고 사람을 죽을죄에 무고했으니, 무고한 사람이 죽지는 않았지만, 원정原情으로 중벌에 처해야 합니다.

—〈연산군일기〉 10년(1504, 갑자년) 윤4월 11일

대간이 고안정高安正 등의 일을 아뢰었다. 간원이 또 아뢰기를,

"배철보裵哲輔는 그의 아비가 성주星州에 살 때에 그 고을 기생을 간음하여 자식 3~4명을 낳았고, 또 노비 정안正案에 모두 배철보의 아비로 아비를 삼은 것은 온 고을 사람들이 다 아는 일인데, 배철보가 그 아비가 낳은 딸을 첩으로 기생을 삼았으니, 이것이 이른바 추행입니다. 전일에 이미

행이(行移, 공문으로 보고함)하여 추문하였고, 이 일은 죄가 대벽(大辟, 사형)에 관계되는데, 배철보가 성주星州의 수석 품관品官이고 또 그때 소임이 유곡찰방幽谷察訪이어서 중간에 억지로 중지한 것이니, 이 사람은 사판仕版에 끼일 수 없습니다."

하였다.

—〈중종실록〉 7년(1512, 임신년) 8월 14일

"김씨가 천금을 아비와 서로 간음했다고 고발한 것은 을해년과 병자년 무렵의 일인데, 그때에 금부가 추문하여 무고한 것임이 알려져 김씨가 반좌되었던 것을 나도 알고 있다. 대저 입거한 사람은 까닭 없이 서울로 올 수 없는 법이고, 의모義母가 전실 자식을 해치려는 짓은 전에도 있었다. 친고내좌의 법은 보통 때의 모자간 일에 있어서는 가하지만, 이는 그렇지 않다. 이번에 추문을 끝내지 않고 갑자기 배소로 돌려보낸다면 물의가 형조에 미치게 될 것이니, 천금이 발명한 말 및 절린切隣들이 공술한 말을 증거로 김씨를 추문하여 사실을 따져보라."

—〈중종실록〉 23년(1528년) 7월 26일

간원이 아뢰기를,

"제릉참봉齊陵參奉 이빈정李賓廷은 아비의 첩을 간음하였는데, 그 아비가 죽자 정처를 소박하고 늘 아비의 첩의 집에 살면서 공공연히 간음하였습니다. 추문이 드러나 동리에서 시끄럽게 되자 그 아비의 첩을 시켜 살던 집을 팔고 다른 동네로 이사하여 함께 살았는데, 얼마 안 되어 다시 추문이 드러나 또 팔고 딴 곳으로 이사하기를 세 번이나 하였습니다. 그래서 그의 집안사람과 마을사람들이 모두 통분해 하지 않는 자가 없습니다. 그런데 그 첩은 집안에서 편안히 죽었으니 이미 밝은 세상에서 형벌을 잃은 격이 되었습니다. 그리고 극악한 자로 하여금 이미 천주(天誅, 천벌)를 면하고 도리어 사판에 끼이게 하였으니 매우 놀랍습니다. 빈정을 의금부에 내려 철저히 추궁하여 치죄하게 하고, 전조銓曹에 명령하여 보거保擧한 사람을 추고하여 잘못 천거한 죄를 다스리게 하소서."

하니, 아뢴 대로 하라고 답하였다. 그 후에 빈정이 형을 받다가 형장 아래서 죽었다.

— 〈명종실록〉 9년(1554, 갑인년) 5월 26일

대관臺官이 아뢰었다.

"해남에 살던 고故 군수 윤홍중尹弘中의 아들이 아비의 첩을 간음하고 칼을 뽑아 아비를 쫓아냈습니다. 그 죄악은 하루도 천지 사이에 살려 둘 수 없는 것이니 나추拿推하게 하소서."

윤홍중의 아들이 아비의 첩을 간음하였다는 것은 이러하다. 윤홍중의 집에 윤홍중이 간통한 계집종이 있었는데 그 아들이 간음하였으나 윤홍중은 몰랐다. 윤홍중이 해남의 살던 곳에서 영광靈光으로 옮겨갈 때에 처자도 따라갔는데, 나주羅州에 이르러 그 아들이 계집종을 데리고 달아났으므로 윤홍중이 비로소 제 아들이 짐승 같은 짓을 한 것을 알았다. 이때부터 아비와 아들이 서로 의절했는데, 윤홍중이 늘 남에게 '내가 이미 아들과 의절했으니, 우리 부모의 종사는 아우의 아들에게 맡기겠다' 하니, 그 아들이 칼을 갈면서 공공연히 '적사嫡嗣를 빼앗아 남에게 준 자와 남의 종사를 받은 자는 다 이 칼로 보복하겠다' 하였으므로, 윤홍중이 두려워서 10년 동안 피하고 서로 만나지 않았다.

— **〈선조실록〉 6년**(1573, 계유년) **9월 16일**

아비의 첩이 낳은 이복의 남매를 간음하고 장인의 첩까지 간통한 자가 있는데다, 역시 아비가 종과 사통하여 낳은 딸을 기생으로 삼아 동침하는 자도 있었다. 심지어는 장모와 고모를 간음하는 등의 사건까지 발생할 정도였다. 그런 짓을 저질렀다가 적발되면 사형감이다. 그럼에도 불구하고 적지 않게 눈에 띄며, 〈승정원일기承政院日記〉에 기록된 것과 드러나지 않은 것을 합치면 얼마나 집계될 것인지 차마 두렵다.

동방예의지국과 남녀칠세부동석으로 대표되는 조선에서 그런 일이 벌어졌다는 것은 정말 충격적이다. 특히 아비의 첩을 아들이 물려받아 데리고 사는 것은 현재의 관념으로도 용납하기 어렵지 않은가. 삼강에서도 부위자강父爲子綱이 있으며 오륜에도 부자유친父子有親이 엄연하거늘, 부자가 그런 식으로 친하게 된다는 것은 있을 수 없는 일이다. 언제나 도리를 강조하고 실행하기를 교육하였음에도 불구하고 최악의 강상 사건이 끊이지 않았으니, 동방예의지국이라는 칭호를 '동방간음지국東方姦淫之國'으로 바꿔야 할 판이다.

잠시 조선 시대에 일상적으로 존재했던 첩에 대해 알아보자. 첩과 소실少室은 다르다. 언뜻 보기에는 같은 의미로 보이지만, 분명히 구분되는 위치에 있다. 소실은 정실正室에 반대되는 개념이 아니라 종속적인 개념이다. 조선 시대의 결혼, 특히 반가班家의 결혼에서 당사자들의 의견이 반영되는 경우는 거의 없다고 보아야 한다. 자식들의 결혼을 통해 집안과 집안이 연결되는 구조인데, 그렇다면 가급적 많은 접점을 두는 게 좋을 것이다. 유력한 집안과 혼사를 맺고 싶은데, 이미 그 집 아들이 정실부인을 맞았다면 어떻게 하겠는가. 그럴 때는 서녀를 유용하게 활용할 수 있다. 그런 이유로 서녀를 소실로 주는 것은 엄연한 결혼으로 보아야 한다. 정식의 왕후를 둔 왕이 후궁을 들이는 것과 같다고 보면 된다. 후궁 소생의 왕자들도 군君의 호칭을 받고 왕실의 족보인 선원계보璿源系譜에 오를 수 있는 것처럼, 소실 소생의 자식들도 족보에 이름을 올릴 수 있다. 비록 서녀라고 해도 실세 대감들의 딸들은 인기가 상종가였다. 소실이라도 좋으니 대감댁의 사위가 되고 싶어 목을 빼고 기다리는 자들이 부지기수였을 것이다.

문제는 '아버지를 아버지라 부를 수 없고 형을 형이라 부를 수 없는' 자식을 낳은 여성들이다. 흔히 화초첩花草妾이라고도 하는 첩은 집안끼리의 필요에 의하지 않고 개인적인 용도에서 들이는 것이다. 첩이 되는 여성들은 기생이나 비녀(婢女, 계집종)가 대부분인데, 뛰어난 외모가 필수적이었을 것이다. 절대다수의 남자들은 여자의 외모와 몸매에 혹하기 마련이며, 양반이라고 해서 다르지는 않을 터이다. 그렇게 해서 첩이 된 여성들은 성적인 서비스를 제공할 의무가 있었다.

기생이라면 그러려니 하겠지만 본래부터 그 집안의 종이었던 비녀의 입장은 그렇지 못하다. 주인이 따로 살림을 내어주어 고된 노역에서 벗어날 수 있어 좋겠지만, 언제 경제적 지원이 끊기게 될지 알 수 없는 노릇이었다. 내일 당장이라도 주인이 죽거나 몸을 쓰지 못하게 되면 어떻게 되겠는가. 재물을 모았을 기생 출신들은 다른 남자를 찾아 나가버리면 그만이겠으나, 비녀들에게 그럴 자유가 있을 리 만무하다.

그러다가 나이가 들어 쓸모가 없어지면 버려지는 신세가 될 게 뻔하다. 천수를 다하는 것은 그래도 행운이라고 할 수 있다. 본처들이 질투하여 잔혹하게 보복하기 일쑤였으며, 차마 입에 담기조차 두려울 정도로 처참한 시신들의 대부분은 보복당한 비첩들이었다. 비첩들에게 가해진 보복의 기록을 읽노라면 물을 떠온 계집종의 손목을 남편이 만졌다고 해서 작두로 손목을 잘라 접시에 담아낸 것쯤은 그리 잔혹하다는 느낌조차 들지 않을 지경이다.

관아에 매인 공노비들의 처지도 절박하기는 마찬가지였다. 지방관들은 아름다운 관비官婢를 차지하기 위해 규정을 어기고 이임離任할 때 데리고 가기도 하였으며, 심지어는 죽은 것으로 처리하여 차지하기도 했다. 살아 있는 사람이 서류상으로는 시체가 되어 땅속에 묻혀 있는 것이다. 그러다가 싫증이 나면 어떻게 되겠는가. 비루먹은 짐승 내치듯 떨쳐버리면 그것으로 끝이다. 이미 죽은 것으로 되어 있기 때문에 예전에 소속된 관청으로 돌아갈 수 없게 된 관비들의 최후가 어땠을지는 굳이 말할 필요가 없을 것이다. 그런 인면수심人面獸心의 행태가 만연했던 나라가 바로 조선이었으니, 유교국가라는 이름이 무색할 지경이다.

각설하고, 아비와 아들이 같은 첩을 공유한 사건 가운데서도 특이한 것을 하나 소개하겠다. 태종 12년(1412년) 12월 11일에 보고된 박저생朴抵生 사건이 바로 그것인데, 아들이 아비의 첩을 물려받는 일반적인 형태가 아니라, 먼저 아비가 아들의 첩을 데려갔으니 더욱 기가 막힌다. 게다가 아비가 죽은 이후 다시 아들이 첩을 환수하여 간음하였다. 아비와 아들이 함께 간음한 비첩의 이름은 파독波獨이다.

이 사건이 처음부터 강상으로 고발된 것은 아니었다. 본래는 의붓아들인 박저생과 계모 곽씨郭氏 간에 벌어진 송사였다. 송사의 과정이 예외적으로 오래 걸렸는데, 편파수사의 냄새가 짙게 풍겼다. 박저생의 아우 박강생朴剛生이 의정부 관리로 있는데다, '수사를 맡은 사헌부의 김질 등도 박강생의 연고 때문에 박저생을 편들어 곽씨를 엄하게 고문하니, 듣는 사람들이 분개하였다' 는 내용의 기록이 있는 것으로 보아 부정이 개입된 것이 분명하다. 계모 곽씨로서는 조정의 연줄이 든든한데다 뇌물까지 뿌려대는 박저생을 이길 가망이 없어 보였다.

사건이 극적으로 반전된 것은 신문고 덕택이었다. 곽씨 소생의 아들 박눌생朴訥生이 신문고를 쳐서 억울함을 하소연하자, 태종이 처음부터 다시 수사하라고 명했다. 게다가 곽씨가 박저생이 저지른 간음 사건을 폭로하게 되니, 사건은 새로운 국면으로 접어들었다. 곽씨가 석방되고 수사를 담당했던 김질 등의 관리들이 엄중하게 처벌당했다. 파문은 그것으로 끝나지 않았다. 당시 사헌부의 수장이었던 전 대사헌 허응許應 등의 고관들까지 유배를 당하는 등 크게 책임을 추궁당했다.

2월에 이르러 사헌부과 사간원, 형조에서 아뢰었다.

"신 등이 박저생의 옥사를 상국詳鞫하오니, 박저생이 처음에 파독을 첩으로 삼았으나, 그 아비 박침朴忱이 중간에 범간하였고, 박침이 죽자 박저생이 다시 첩으로 삼았으니, 부자가 공간共奸한 정상이 명백합니다. 곽씨로 말하면 규문閨門의 추한 것을 양설(揚說, 공공연하게 말하다)함으로써 그 남편의 죄악을 드러내게 하였고, 파독으로 말하면 아비와 아들의 첩이 되기를 달게 여겨 거부하지 않았으니, 엎드려 바라건대, 일일이 율에 의하여 논죄하소서."

명하여 각각 한 등을 감하여, 박저생은 장 100대에 유 3천 리를, 곽씨는 장 90대에 도 2년 반을, 파독은 장 100대에 여죄는 수속收贖하게 하였다. 이에 박저생의 아들이 격고하여 아뢰기를,

"신의 아비가 비록 스스로 밝힐 수는 없다 하더라도, 여러 번 대유大宥를 거쳤으니 죄를 면할 만합니다."

하여, 의정부에 내려 의논하게 하였었다. 의정부와 육조에서 아뢰었다.

"안율按律하건대, '조祖, 부父의 첩을 간음하면 참斬한다' 하였으니, 박저생의 죄는 마땅히 이 형벌을 받아야 하며, 인륜의 대변大變을 용서함은 옳지 못합니다."

이에 임금이 말하였다.

"이 계집종은 본시 박저생의 첩인데 그 아비가 간음을 행했으나, 이 계집종이 실지로 고하지 아니하였다. 그 아비가 죽은 뒤에 박저생이 재간再奸하였어도 아비의 연고 때문에 그 아들을 고하지 아니하였다. 이제 직접 아비의 첩을 간음한 것으로 여겨 참함은 그것이 '죄가 의심나거든 오직 가볍게 벌을 주라' 는 뜻에 있어 어떻겠는가? 다시 의논하여 아뢰도록 하라."

또 삼성(三省, 사헌부, 사간원, 형조)의 장관을 불러 말하였다.

"박저생의 죄는 진실로 죽여야 마땅하나, 자복한 공초를 받지 않고 법에 처치함은 혐의됨이 없겠는가?"

형조판서 김희선金希善이 아뢰었다.

"사증辭證이 명백하여 의심할 만한 것이 없습니다. 박저생으로 말하면, 이미 율이 사형에 해당함을 알고 있으니, 어찌 기꺼이 스스로 결초決招를 바치겠습니까? 원컨대 율에 의하여 논죄하소서."

박저생의 아우 박강생과 박신생이 의정부에 투첩投牒하여 삼성에서 형의 죄를 오결誤決했다고 호소하니, 삼성에서는 박강생 등이 말을 꾸며 망령되게 고하여 해당 관서를 능욕하였다 하여 아전을 보내어 두 사람과 곽씨의 집을 수직守直하게 하였다. 임금이 삼성 장무掌務를 불러 묻기를,

"너희들은 어찌하여 곽씨가 지아비의 죄악을 들어냈다고 하는가?"

하니, 대답하기를,

"의자義子를 해하고자 하다가 남편의 죄악을 드러냈기 때문입니다."

하였다. 임금이,

"곽씨는 본시 의자를 죄주고자 하였을 뿐이요, 처음부터 남편의 죄악을 드러낸 것은 아니었다. 박강생과 박신생의 죄는 어떤가?"

하니, 대답하였다.

"박저생의 죄를 국문한 지 수년이 되었는데, 박강생 등은 그간 한마디 말도 없다가 이제 결단을 내리자 오결이라 칭하니, 어찌 그것이 사실이겠습니까?"

임금이 말하였다.

"이 앞서는 형의 죄가 미결 중이라 추국에 여유를 가져도 좋았지만, 지금은 사죄死罪에 처했으니, 형제의 정으로써 어찌 일의 시비를 헤아린 뒤에 변명하겠는가? 이제 모두 석방하게 하라."

이윽고 박저생이 옥중으로부터 도피하여, 이름을 바꾸어 생원 박의朴義라 하고, 밀양군密陽郡에 이르러 또다시 전 언양감무彦陽監務 장효례張孝禮와 재산을 다투었다. 지군사知郡事 우균禹均이 발각하고 힐문하니, 박저생이 스스로 말하였다.

"거년去年 가을에 도피하였을 때, 형조에서 포布 240필을 징수하였으니, 내 사죄는 이미 속贖되었다."

관찰사가 체포하여 아뢰니, 사헌부에서 상언하였다.

"박저생은 그저 마음을 고치지 아니하고, 이름을 바꾸어서 이익을 다투었으니, 율에 의하여 시행하되, 무부無父 내란의 죄로 바르게 하소서."

임금이 그대로 따랐다. 이윽고 박저생이 또 다시 옥중에서 도피하였는데, 유지를 거쳐서 나왔다. 유사攸司에서 또 치죄하고자 하였으나, 유지를 거쳤으므로 대벽을 면하고 울주蔚州에 부처되었다. 또 김화현金化縣에 도망하여 숨었다가 그 현 사람과 밭을 다투어 불의를 자행하였다. 그 현 사람의 아내가 달려가 헌사憲司에 고하매, 이문移文하여 구집拘執, 구속집행하니, 박저생이 자살하였다.

—〈태종실록〉 12년(1412, 임진년) 12월 11일

수사가 잘못되었으니 처음부터 다시 하라는 태종의 명에 따라 사헌부와 사간원, 형조가 총동원되어 면밀히 수사한 결과가 제출되었다. 태종은

박저생이 아비의 첩을 간음한 사실이 인정되나 사형을 감면하여 장 100대에 유 3천 리, 고자질로 의붓아들을 해하려 한 곽씨는 장 90대에 도 2년 반을, 파독은 장 100대에 여죄를 알아내게 하였다. 일단 사형에 해당하는 죄를 지은 박저생이 목숨을 구했으니 승리했다고 할 수 있을 것 같다.

그런데 이번에는 박저생의 아들이 신문고를 쳤다. 그는 자신의 아비가 피치 못할 사정으로 밝히지 못한 것이 적지 않고, 이미 여러 차례나 크게 고초를 겪었으니 죄를 면해주어야 한다고 주장했다. 그에 따라 사건은 다시 반전될 기미를 보였다. 그러나 신문고를 친 효과를 얻지 못했다. 오히려 의정부와 육조에서 박저생은 죗값을 치러야 한다며 강하게 나왔다. 그에 따라 장형과 유형으로 끝날 것이 가중처벌로 틀어지게 되었으니 차라리 신문고를 치지 않음만 못하게 된 것이었다.

놀랍게도 박저생은 하옥되었다가 탈옥하기를 반복하였다. 한 번도 아니고 두 번씩이나 탈옥하였다는 것은 믿기 어렵지만, 뇌물을 쓰지 않고서는 불가능했을 것이다. 특히 형조에서 포 240필을 징수하였다는 것을 보라. 중기 이후의 군포가 2필이었다는 것을 볼 때 실로 대단한 거액을 지불한 것이다. 또 박저생의 죄가 납속이 가능하지 않았음에도 납속하였다고 주장하고 다닌 것을 보면 뇌물이 효험을 보았다는 것과 함께 탈옥이 가능한 이유를 짐작할 수 있다.

세 번째로 체포당한 박저생이 자살하는 것으로 사건은 끝났지만 아주 개운치 않은 뒷맛을 남겼다. 사건 자체가 차마 입에 담기도 추잡한 것인데다, 가장 엄정하여야 할 사헌부가 편파적인 수사를 하였다가 줄줄이 철퇴를 맞기까지 했다. 게다가 사형 죄를 저지른 자가 두 번이나 유유히 탈옥하였으니, 어찌 뇌물수수의 의혹이 없을 것인가. 또한 박저생 같은 자가 자살했다는 것을 보면 타살의 의혹도 배제할 수 없다. 그에게 뇌물을 받아먹은 관리들이 입을 막기 위해서 손을 쓸 수도 있었을 것이다.

박저생 사건의 가장 큰 피해자는 파독이 아닐까. 아무렴 파독이 스스로 원해서 부자와 간음을 저질렀겠는가. 생사여탈을 쥐고 있는 주인들의 요구를 거부하기 어려웠을 것이다. 비녀였던 파독이 첩의 역할까지 겸해야 했던 것은 남다른 미모 때문이었을 터인데, 아비와 아들과 동침하여 물의를 일으킨 첩들의 전부는 파독 같은 비첩들이었다. 파독 사건에서 절박한 처지에 놓인 비첩들의 심정이 여과 없이 드러난다. 자신을 보호해 주고 먹여줄 수 있는 사람이면 아비든 아들이든 아무런 상관이 없을 것이다. 먹을 것을 구하기 위해서 모든 것을 바쳐야 하는 바닥의 삶에게 무슨 인간의 도리가 필요하겠는가.

죽부인竹夫人도 아비가 쓰던 것을 자식이 사용하지 못하게 하던 조선에서 저질러진 추악한 사건들은 유교국가 조선이 구조적으로 가질 수밖에 없는 모순을 상징한다. 태종은 파독에 대해서는 가급적 관대하게 처리하고자 했다. 종의 입장에서 주인에게 항거하기 어려웠을 것이니, 비록 부자와 간음했더라도 가볍게 처리하는 것이 좋겠다고 판단한 것 같다. 태종이 파독을 너그럽게 다루라고 명한 것을 보면 그 역시 명군明君임에 틀림없다.

세태비화

二 … 대낮에 귀신이 횡행하다

— 왕을 놀라게 한 괴이한 사건들 —

특이한 자연현상에 대해 과학적 검증수단을 가지지 못했던 조선 시대에는 괴이하게 여겨진 사건이 많았다. 요즘도 흰 까치나 하얀 사슴이 태어나면 길조라고 하지 않는가. 머리가 하나에 몸이 둘인 송아지 같은 기형의 짐승들은 지금에야 큰 이슈가 되기 어렵지만 과거에는 그렇지 않았으리라. 또한 일곱 살 먹은 여자아이가 아기를 낳았다는 등의 이야기는 상당히 괴이한데, 기록에 의하면 몸이 이미 어른 같았다고 하였으니, 역시 그리 기이한 사건은 아니다.

그런데 실록에서는 귀신이나 도깨비 등의 초자연적인 존재에 의한 사건들이 종종 눈에 띈다. 조선 시대에 나타난 귀신들은 대낮에 나타나는가 하면, 밥을 달라고 해서 먹기까지 한다. 또한 무덤이나 음산한 흉가에 거주하지 않고 사람과 함께 거주하는데다, 버젓이 식사까지 하고 있으니 그것이 오히려 괴이하다. 성종 시대에 그런 귀신이 출현했다는 기록이 있으며 다른 시대에도 흡사한 사건이 보고되고 있다.

대사간 구강具康이 상소하였는데, 대략 이르기를,

"전 좌랑佐郎 김기서金基敍가 현재 양주楊州의 평구리平邱里에 있는데, 귀신의 협박을 받아 오다가 심지어는 호군護軍 홍우섭洪遇燮, 진사進士 유관柳輨과 함께 삼헌관三獻官을 맡고 전 직각 김매순金邁淳이 제문을 지은 다음 단을 쌓고 제사를 지냈다고 합니다. 그 귀신은 자칭 고려 말엽의 청로장군淸虜將軍 정득양鄭得揚의 혼령이라고 하는데, 밤에도 오고 낮에도 나타나 술과 고기를 달라고 하면서 황당하고 요사스러운 말을 한다고 합니다. 그런데 어떻게 정정당당한 장군의 혼령이 괴이한 도깨비의 미친 짓을 할 수 있겠습니까? 이는 틀림없이 허명을 빌려 사람을 속이는 것입니다. 모습을 흉내 내고 얼굴을 바꾼 분장한 사람이 아닐 경우 바로 목석木石의 요귀일 것이니, 정귀正鬼가 아님이 분명합니다."

하였다.

—**순조 22년**(1822, 임오년) **4월 8일**

귀신이 사람을 협박하는 것 자체가 놀라운 일인데, 생전의 신분까지 밝혔으니 더욱 괴이쩍다. 게다가 밤과 낮을 가리지 않고 나타나 술과 고기를 달라고 하였다니, 참으로 황당한 귀신이 아닐 수 없다. 이에 대해 대사간 구강은 정정당당한 고려장군의 혼령이 도깨비 짓을 할 수 있겠냐는 의문을 제기하는데, 정귀가 아니라며 귀신일 가능성도 배제하지 않는다.

그렇다면 정귀는 무엇이고 요귀는 무엇인가? 정귀는 인간의 혼령을 말하는 것 같고, 목석의 요귀는 자연에서 생성된 귀신을 통칭하는 것으로 보인다. 아무튼 정귀든 요귀든 귀신이기 때문에 사람의 영역에 나타나선 안 될 존재들이다. 그럼에도 불구하고 느닷없이 출현하여 사람을 놀라게 하거나 심지어는 협박까지 하고 있다.

자칭 고려의 장군이었다는 귀신에게 협박당한 사람들은 좌랑, 호군을 지내고 진사에 합격한 당대의 엘리트다. 그런 사람들이 귀신을 위한 사당을 짓고 제사를 지냈다는 보고를 받은 순조도 어이가 없었을 것이다. 조선은 함부로 사당을 지어 미신을 섬기는 것을 금하고 있다. 사사로이 귀신을 위한 사당을 짓는 것을 음사淫祀라고 하였고, 거기에 제사를 지내는 것은 정도가 아니라 하여 처벌 대상이었다. 일단 그들을 체포하여 의금부에 하옥시켰는데, 따지고 보면 그들은 귀신에게 협박당하고 금품을 갈취당한 피해자였으니 웃지 못할 일이다.

그런데 피해자들은 자신에게 나타나 협박한 것이 정말 귀신인 줄 알았을까? 주지했다시피 그들은 하나같이 엘리트들이다. 그런 사람들이 귀신에게 협박당해 적지 않은 돈을 들여 사당을 짓고 술과 고기를 대접했다는 것은 충분히 미심쩍을 수 있다. 사회지도층인 그들은 함부로 사당을 짓고 제사를 드렸다가는 어떤 처벌을 당하게 될지 잘 알고 있었을 것이다. 실제로도 의금부에 끌려갔으며 유배와 벌금형을 당하였으니 피해가 이만저만이 아니다. 그럼에도 불구하고 귀신이 시키는 대로 하였다면 의문이 들 수밖에 없다.

그러나 지금도 그런 사례가 드물지 않게 나타나고 있다. 사이비 종교의 신자들은 자신들의 교주를 신으로 믿으며 모든 재산을 아낌없이 바친다. 심지어는 교주의 명령에 따라 살인까지도 서슴지 않으면서도 전혀 죄의식을 느끼지 않기도 한다. 밖에서 보기에는 교주가 신도들을 이용해 이득을 챙기는 것이 너무나 빤하게 보이지만, 일단 혹한 자들은 아무리 타이르고 충고해도 전혀 통하지 않는다. 오직 교주의 말이 진실이니 사회의 법규나 인간의 도리는 단호히 거부하고 배격할 것에 지나지 않을 따름이다. 비록 사이비 종교가 아니더라도 맹신과 광신의 교도들은 어느 시대에나 존재했다.

중요한 일을 앞두고 역술인들을 찾아 점을 보거나 부적을 쓰는 것은 지금도 흔한 일이다. 자녀들을 좋은 대학에 붙게 해주겠다거나 사업을 성공하게 해주겠다는 등의 사기에 걸려 거액을 날리는 사람들 가운데는 '배울 만큼 배운 사람' 들이 적지 않다. 영조 시대에 귀신을 섬겼다가 곤욕을 치른 전 좌랑 김기서 등의 세 사람도 그런 케이스가 아니었을까.

그리 대수롭지 않게 마무리될 것 같았던 귀신 사건은 유생들이 물고 늘어지는 바람에 다시 화제가 되었다. 김기서 등이 사당에 지어 바친 제문에 그들이 섬기는 귀신을 정몽주鄭夢周와 길재吉再에 비교한 것이 문제가 되었기 때문이다. 제문에는 정몽주와 길재가 학문과 경륜에 비해 역사에 그리 명성을 떨치지 못하였다는데, 그들의 귀신이 또한 그렇다는 내용이 있었다. 정몽주는 죽음으로 지조를 지켜 선비의 표상이 되었으며, 조선의 정신을 구성하는 주요 성분인 성리학의 비조로 추앙받은 인물이다. 그런 정몽주를 폄훼하고 정체도 분명하지 않은 고려 귀신과 대등하게 놓았으니 어찌 뒤탈이 없겠는가. 감히 입에 담기조차 어려운 불경을 저지른 김기서 등을 크게 징치하라는 유생들의 상소에 순조는 내가 알아서 할 테니 그쯤 하라고 적당히 다독였다.

그렇다고 해도 이 사건은 큰 이슈를 제기하거나 파장을 남길 만한 성격은 아니었을 것이다. 귀신이나 도깨비 사건처럼 황당하거나 괴이한 사건이 발생하는 것은 당시의 상황과 밀접한 관계가 있다. 기근이 들었을 때 식인의 소문이 나돌거나 정국이 흉흉한 시기에 무서운 도적이나 강도들이 횡행하더라는 것과 같은 맥락이다. 그렇다면 이 시대에 무슨 일이 일어났는지 알아볼 필요가 있다.

순조 시대에 벌어진 대표적인 사건으로는 천주교 박해와 홍경래洪景來의 반란을 들 수 있다. 순조 1년인 1801년에 일어난 신유박해辛酉迫害에 이어 순조 15년에는 을해박해乙亥迫害가 있었다. 크리스트 교도의 박해는 기존의 가치관과 새로운 신앙의 갈등에 의한 필연적 결과였으나, 그것을 이용해 정권을 잡고자 하는 당쟁의 연장이기도 했다. 비록 정치적으로 이용당하기는 하였어도, 사랑과 평등을 기본으로 하는 크리스트교의 교리는 기존의 유교적 가치관과 정면으로 대립되어 충격과 혼란을 일으켰을 것이다.

홍경래의 난이 가져온 충격도 대단했다. 이전의 반란들이 대부분 정치적인 갈등에서 비롯되어 주도권 쟁탈이 목적이었던 데 비해, 홍경래가 추구하는 것은 전혀 달랐다. 비록 진압되었지만 도탄에 빠진 민중을 구한다는 전혀 새로운 명분으로 봉기했던 홍경래의 난은 민중과 기득권 모두에게 큰 충격을 주었다. 세상이 극히 뒤숭숭했을 것은 자명한 이치다.

또한 정권의 주체가 바뀌는 시기라는 것도 주목할 만하다. 안동 김씨의 등장으로 지긋지긋하게 오래 끌었던 당파싸움이 종식되던 시기였던 것이다. 그러나 주도권을 잡은 자들이 바뀌었을 뿐 '삶의 질' 은 전혀 변화가 없었다. 그런 격변기에 말기적인 증상까지 겹친 당시의 조선 사회에서 귀신놀음이 나타나지 않는다면 오히려 그것이 이상하지 않을까.

김기서 등이 모셨다는 귀신이 고려의 충신을 표방한 것으로 보아서는 주체성 확립의 대상을 고려로 삼았을 가능성이 농후하다. 특히 주목할 것은 그들이 지은 제문에서 정몽주와 길재가 명예를 빛내지 못했다고 한 것이다. 이렇게 어지러운 세상일수록 성리학에 기반을 둔 질서가 유지되어야 할 것인데, 전혀 제어력을 발휘하지 못하면서 당쟁에만 열을 올리는 권력자들에 대한 실망과 비판이 제문의 형태로 나타난 것 같다.

모든 정황으로 보아서 김기서 등에게 나타났다는 귀신은 실체가 없는 것이 분명하다. 유생들이 문제 삼은 것도 귀신 자체가 아니라 그들이 지었던 제문이었던 것처럼, 귀신과 도깨비는 실제로 존재하지 않았을 것이다. 조사하는 과정에서 그렇게 편집되었을 것이며, 당시는 그것이 받아들여질 수 있는 세상이었다.

다음은 정귀가 아닌 목석의 요귀에 의한 사건을 다루도록 하자. 자연에서 생성된 요귀 가운데 대표적인 것이 구미호와 도깨비일 것이다. 구미호는 정체성이 분명하여 새삼 말할 필요가 없다. 구미호와 쌍벽을 이루며 요귀의 세계를 양분하는 도깨비는 이매망량魑魅魍魎으로 표현된다. 이매망량은 물에 사는 이매와 산에서 암약하는 망량을 합친 것이다. 도깨비로 통칭되는 것들은 주로 사람을 홀려서 기진맥진하게 만들거나 흙 같은 것을 뿌려 혼비백산하게 한다. 실록에도 도깨비에 의한 소동이 기록되어 있는바, 정조 시대에 궁궐에서 발생한 것이 대표적인 사례이다.

정조가 즉위한 지 1년 만의 일이다. 아무도 없는 경희궁의 복도에 요망한 발자국 소리가 울려 퍼지더니 급기야 정조가 있는 곳인 존현각尊賢閣의 천정에까지 기척이 들렸다. 괴이한 행태는 그것으로 그치지 않았다. 어좌의 한복판쯤의 지붕에 와서는 기와조각과 모래를 던지고 쟁그랑거리는 소리를 내는 등 형용할 수 없이 두려웠다.

이때 정조는 당황하지 않고 한참 동안 고요히 들어 보며 진짜 도둑이 들었는지를 살폈다. 그리고는 은밀히 몸을 빼어 환시宦侍와 액정서掖庭署의 관리들을 불러 횃불을 들고 지붕 위를 수색하도록 했었는데, 기와 쪽과 자갈, 모래와 흙이 이리저리 흩어져 있고 마치 사람이 차다가 밟다가 한 것처럼 되어 있었다. 그것으로 보아 도깨비가 아니라 사람이 한 짓임이 틀림없었다.

누군가가 그런 소동을 벌인 것은 필시 정조를 해치려는 목적에서였다. 정조의 부친인 사도세자를 모함하여 죽인 노론은 정조의 즉위를 결사반대했다. 정조가 어렸을 때부터 죄인의 아들은 임금이 될 수 없다는 '죄인지자 불위군왕罪人之子 不爲君王'의 흉악한 괘서가 여기저기 나붙었다. 이는 영조가 즉위한 다음 경종을 독살했다는 모함을 당한 것과 동일한 사안이었으며, 유포시킨 자들 역시 동일한 자들이었다.

아들을 죄인으로 죽게 했던 영조는 손자까지 잃을 수는 없었다. 죄인의 자식이라는 공격을 피하기 위해 아버지까지 바꾸어야 했다. 영조는 정조를 어려서 죽은 효장세자의 아들로 입적시키는 편법을 써서 죄인의 아들이라는 약점을 가려주었지만, 노론이 그것으로 포기할 리가 만무했다. 천신만고 끝에 즉위했어도 사도세자의 아들인 이상에는 언제 비명에 갈지 몰랐다. 대궐 내에 자객이 들어오기도 여러 차례였다는 것은 그리 비밀스럽지도 않은 이야기다.

만일 당시 정조가 침착하지 못하여 우왕좌왕했다가는 다른 곳에 매복한 자객에게 당했을 확률이 컸다. 다행히 피했다고 하더라도 심약한 사람이었으면 공포에 질려 오금을 펴지 못했을 것이다.

도깨비 사건은 머지않아 진상이 밝혀졌다.

> 제적諸賊들이 복주伏誅되었다. 지난달에 존현각에서 적변이 생긴 이후에 여러 차례 신칙하여 기찰譏察하도록 했었으나 오래도록 잡아내지 못했다. 이날 밤에 경추문 수포군守鋪軍 김춘득金春得과 김세징金世徵 등이 서로 어울리어 몸을 포개고 누웠는데, 누가 나지막한 목소리로 2, 3차례 수포군을 부르자 김세징이 응하려고 했다. 김춘득은 이때에 나이가 17세였는데, 시급히 제지하기를,
>
> "부르는 음성이 이상하니 아직은 응하지 말고 다만 동정을 살펴보자."
>
> 하였다. 조금 있다가 어느 사람이 곧장 경추문景秋門 북쪽 담장을 향해 가며 장차 몰래 넘어 가려고 하므로, 김춘득 등이 이웃의 수포군 김춘삼金春三·이복재李福才 두 사람을 툭툭 차서 일으키어 함께 추격하여 잡았는데, 병조를 경유하여 포도청으로 보냈고, 포도청에서 그 정절情節을 힐문해 보니 원동임장院洞任掌인 전유기田有起로, 이름을 흥문興文이라고 고친 자였다. 대개 전흥문은 강용휘姜龍輝와 함께 존현각 중류中霤 위에 몰래 들어가 칭란稱亂하려고 도모하다가 실현하지 못했는데, 이번에 또 재차 거사하려다가 마침내 수포군에게 잡힌 것이다. 포도청에서 계문啓聞하자 처음

에는 정국庭鞫하도록 명하였다. 이날 숙장문肅章門에 나아가 김춘득 등을 차등 있게 상을 주고 나서, 전흥문을 친국하자 전흥문이 공초하기를,

"홍술해洪述海의 아들 홍상범洪相範이 몰래 사사(死士, 자객)를 양성하여 반역하려고 도모해 오는데, 호위군관 강용휘姜龍輝가 나는 듯이 효용驍勇하기도 하고 홍상범과 가까운 이웃이기도 하므로 깊이 서로 결탁하여, 좋은 벼슬자리로 꾀며 그가 하려고 하던 일을 해 가도록 시켰습니다. 그런데 신은 여력이 있으면서도 빈궁하여 스스로 꾸려가지 못했기 때문에 강용휘가 신에게 돈 1천 500문文을 주고 여노를 아내로 허급해 주며 일을 같이 해 가기를 요구했기 때문에 신이 과연 승낙을 했었고,

(중략)

날이 또한 저물어서는 약방 맞은편의 문안소問安所에서 강용휘는 어깨로 신을 올려 주고 신은 또한 손으로 강용휘를 끌어 올렸는데, 강용휘가 옷자락을 걷어 매고 모래를 움켜 주고서 함께 옥상으로 올라가다 존현각의 중류에 이르러서는 기왓장을 제치다 모래를 부리다 하여 도깨비짓을 하며 사람들의 시청視聽을 현혹시켜 장차 부도不道한 짓을 이루려고 했었습니다. 그런데 갑자기 대궐 안에서 물 끓듯 하는 소리가 들리고 수색이 매우 다급해졌기 때문에, 신이 강용휘와 처마 밑으로 뛰어내려와 신은 보루각報漏閣 뒤의 풀 속에 엎드려 있다가 날이 새서야 흥원문興元門으로 해서 도망쳐 나오고, 강용휘는 금천교禁川橋로 향하여 수문통水門桶을 제쳐 버리고 빠져 나왔습니다."

하였다.

— **〈정조실록〉 4권, 1년**(1777, 정유년) **8월 11일**

무장한 몸으로 대궐을 넘으려는 자를 잡아 공초하였더니, 전일에 대궐에 들어와 정조를 시해하기 위해 도깨비놀음을 벌인 자였다. 즉시 일당을 체포하고 역모를 엄중하게 처벌하였는데, 이는 도깨비의 실체가 의심받은 좋은 사례라고 하겠다.

왕실과 관련된 도깨비 사건을 또 하나 살펴보자.

> 대비전이 경복궁으로 이어하였다. 대전과 중궁전, 세자빈이 이때 함께 이어하였고, 세자가 제일 나중에 이어하였다.
> 대비가 거처하는 침전에는 대낮에 괴물이 창벽窓壁을 마구 두드리는가 하면 요사한 물건으로 희롱하기도 했다. 상上이 곁에 모시고 있지 않을 때에는 못하는 짓이 없이 마구 난타했으므로 이어한 것이다.
>
> —〈중종실록〉 25년(1530, 경인년) 7월 16일

이번에는 궁궐에서 날뛰는 도깨비 때문에 아예 창덕궁에서 경복궁으로 이어할 지경에 이르렀으니, 사태가 대단히 심각했다. 그런데 당시의 실록에는 경복궁으로 가는 것도 썩 마뜩찮았다고 되어 있다. '경복궁에는 요귀가 산다' 고 하였는데도 그쪽으로 이어할 정도면, 창덕궁에 나타난 도깨비에게 얼마나 시달렸는지 짐작이 간다. 그러나 세상에 어찌 도깨비가 있을 수 있겠는가. 대비전에 나타났다는 괴물은 필시 짐승이었을 것이다. 지금 세상에도 고궁에서 너구리와 족제비가 발견되고 있다. 당시에는 이따금씩 표범이 침범했으며, 심지어는 호랑이까지 나타날 정도였다. 그런 세

상이다 보니 궁궐에 짐승이 들어와 보금자리를 틀어 새끼를 낳는 것은 충분히 있을 수 있는 일이다. 작은 짐승들이라고 해도 깊은 밤에 천정 위를 뛰어다니면 깜짝 놀랄 수 있고 갑자기 짐승이 나타나도 기겁하게 마련이다. 다른 시대라고 해서 그런 일이 전혀 없지는 않았을 것이다. 그런데 왜 중종 시대에는 아예 궁궐까지 옮긴다는 말인가? 그것도 요귀가 살고 있다는 경복궁으로 말이다.

원인은 요물이 나타나 소란을 피웠다는 대비전에 있다. 중종의 모친은 부왕 성종의 세 번째 아내인 정현왕후貞顯王后 윤씨尹氏다. 정현왕후 윤씨 바로 전의 중전은 연산군의 어머니로 잘 알려진 폐비 윤씨가 아닌가. 정현왕후가 대비가 될 수 있었던 것은 아들 중종이 반정을 일으켰기 때문인데, 그때를 전후하여 벌어졌던 사건은 필설로 형용할 수 없을 만큼 끔찍했다. 폐비 윤씨가 사약을 받는 것부터 시작하여 연산군은 즉위한 다음 처참한 짓을 벌였다. 중종이 반정을 하여 연산군을 몰아내었지만, 어좌를 빼앗긴 연산군의 최후 또한 이루 말할 수 없이 처참했다.

그 모든 것을 똑똑히 알고 있는 대비로서는 밤잠을 설치기 일쑤였을 터였다. 게다가 권력투쟁에서 참패한 조광조趙光祖 일파가 사사되는 기묘사화己卯士禍가 벌어졌으며, 너 죽고 내가 사는 아귀다툼의 와중에서 경빈敬嬪 박씨朴氏와 그의 소생 복성군福城君이 역모에 연루되어 죽임을 당하기까지 하였다. 가끔씩 짐승들이 소란을 피울 때마다 대비는 귀신들이 나타날 것만 같은 공포에 질리고 소름이 끼쳐 그만 귀를 틀어막고 싶지 않았을까. 결국 창덕궁을 떠나는 것 외에 다른 선택은 없었을 것이다.

이렇게 접근하면 경복궁에 거주한다는 요귀들의 정체도 어렵지 않게 규명할 수 있다. 조선 초기에 벌어졌던 골육상쟁과 권력투쟁의 참상 때문에 심지어는 개성으로 도성을 옮길 지경이었으니, 어찌 원귀의 공포가 없었겠는가. 당시의 임금들이 불당을 세우고 부처의 은덕에 기댄 것은 그만한 이유가 있는 것이다.

중종이 죽던 날에도 괴변이 나타났다.

> 경성京城에 밤에 소동이 있었다. 중종께서 승하하시던 날에 경중京中 사람들이 스스로 경동驚動하여 뭇사람이 요사한 말을 퍼뜨리기를 '괴물이 밤에 다니는데 지나가는 곳에는 검은 기운이 캄캄하고 뭇 수레가 가는 것 같은 소리가 난다' 하였다. 서로 전하여 미친 듯이 현혹되어 떼를 지어 모여서 함께 떠들고 궐하闕下로부터 네거리까지 징을 치며 쫓으니 소리는 성안을 진동하고 인마人馬가 놀라 피해 다니는데 순졸巡卒이 막을 수 없었다. 이와 같이 3~4일 계속된 후에 그쳤다.
>
> —〈**인종실록**〉 **1년**(1545, 을사년) **7월 2일**

이것 외에도 말처럼 생긴 괴물이 나타나 소동이 벌어졌다고 하였는데, 그만큼 중종의 삶이 간난艱難했던 반증으로 보면 될 것이다.

모든 사례를 검토하면 인간사회에 출현한 귀신과 도깨비는 그 시대 상황이 반영된 사례의 하나로 보아야 할 것이다. 인간사회에 나타난 이상에는 귀신도 인간의 관점을 적용시켜야 마땅하다. 로마에서는 로마의 법을 따르라고 한 명언은 귀신에게도 적용되어야 하지 않겠는가.

귀신과 도깨비 이외에 이해하지 못할 것들이 없지는 않다. 괴수의 출현이 바로 그것이다.

> 공조판서 권충權衷, 총제摠制 이징李澄을 보내어 경사(京師, 명나라의 수도)에 갔으니, 기린麒麟이 나타난 것을 하례하기 위함이었다.
>
> —〈태종실록〉 14년(1414, 갑오년) 윤9월 30일

성인聖人이 세상에 태어날 징조를 알린다는 기린은 사슴의 몸과 말의 발굽에 소의 꼬리를 하고 있다. 머리에는 살로 이루어진 뿔이 돋아 있으며 온몸에 영롱한 비늘이 덮여 있다는 전설의 동물인 기린은 용과 봉황, 거북과 함께 상서로운 영물의 하나이다.

당시 명나라는 3대 황제인 영락제永樂帝의 치세로서 절정의 위세를 과시할 무렵이었으며, 대표적인 사업 가운데 하나가 정화鄭和를 시켜 해외원정을 단행한 것이다. 정화는 아라비아와 아프리카까지 원정하게 되는데, 이때 기린을 가져왔을 것으로 추정된다. 기린을 처음 본 자들은 목이 길어 우아하고 뿔이 달린 모습 등에서 전설의 동물과 흡사하다고 판단하였다. 그것은 영락제에게 좋은 선전도구가 되었을 것이며, 조선은 그것을 축하하기 위해 사신을 보냈다.

그러니까 〈태종실록〉 14년에 나타난 기린 역시 괴수의 범주에 포함시

키기는 어렵다. 그리고 외국에서 들여온 코끼리와 낙타, 공작새 등이 기이하기는 하지만, 그런 짐승들도 괴수라고 할 수 없다.

그러면 실록에 기록된 나타난 괴수를 소개하겠다.

> 평안도에 괴수가 있었는데 앞발은 호랑이 발톱이고, 뒷발은 곰 발바닥이며, 머리는 말과 같고, 코는 산돼지 같으며, 털은 산양 같은데 능히 사람을 물었다. 병사가 발포해 잡아서 가죽을 올려 보내왔다. 임금이 여러 신하들에게 물으니 누구는 얼룩말이라고 했고 누구는 맥貘이라고 하였다.
>
> —〈영조실록〉 23년(1747, 정묘년) 11월 5일

언뜻 보기에도 괴수의 형상에 틀림없다. 고려 말기에 출현했다는 불가사리不可殺伊를 방불케 하는 모양이다. 이런 괴수가 출현할 정도면 뭔가 특별한 사건이 나타날 것도 같은데, 괴수와 연관 지을만한 사건이 별로 눈에 띄지 않는다.

그 이후 역사에는 특이한 것이 보이지 않는다. 다만 한 가지, 여러 짐승이 합체된 것 같은 괴수의 모습에서 영조가 추진했던 탕평책蕩平策이 연상된다. 그 짐승을 생포하지 못하고 죽였다는 것에서 정책의 실패가 예견된다면 지나친 억측과 견강부회牽强附會일까?

그리고 그 짐승이 맥이 아니냐는 의견도 심상치 않다. 예전의 기린이 지금의 기린과는 달랐던 것처럼 당시 사람들이 생각하던 맥 역시 열대지

방에 서식하는 개미핥기처럼 생긴 현실의 짐승이 아니다. 기린처럼 맥도 전설의 동물이다. 기린이 성인의 출현을 알리는 상서로운 동물이었다면, 맥은 악몽을 꾸는 사람에게 나타나 꿈을 먹어치워 정신을 맑게 해주는 치유력을 가졌다. 어쩌다가 맥이 그런 능력을 가질 수 있게 되었는지 알 수 없지만 신비한 영물임에는 틀림없다. 그 짐승을 생포하여 길렀더라면 영조가 눈이 흐려져 사도세자를 죽이는 참화를 벌이지 않았을지도 모르는 일이다. 아들을 죽이고 두고두고 후회했던 영조에게 꼭 필요한 짐승이라 할 것인데, 가죽만 남았으니 애통하기 짝이 없다.

세태비화

三… 조폭의 나라

—조선 최고의 무뢰배 민발—

조폭의 역사는 대단히 유구하다. 경기대 경찰행정학과의 염장호 교수는 '신라의 청소년 무술집단인 화랑花郞이 범죄조직의 기원' 이라고 말하였다. 다른 논문에서는 무신의 난을 일으켜 정권을 장악했던 정중부鄭仲夫를 죽이고 집권한 경대승慶大升의 사조직 도방都房이 조폭의 원류라고도 한다. 그나마 경대승은 좋은 가문 출신의 엘리트였지만, 그가 죽은 다음 정권을 잡았던 이의민李義旼은 일자무식의 조폭 출신이었다. 그래도 최고 권력을 잡은데다 왕을 죽이기까지 하였으니, 그 바닥의 인물들이 비조鼻祖로 섬기기에 충분하다 할 것이다.

당시에는 조폭이라는 말이 없었고 무뢰배無賴輩로 통칭하였으니, 그렇게 표현하기로 하자. 고려 시대부터 정변政變에 무뢰배가 동원된 기록이 적지 않으며, 내전內戰에서도 활약이 두드러졌다. 본래 못된 것은 잘 배우기 마련이라 조선에서도 무뢰배들이 횡행했다. 지금도 정치와 경제 분야에서 조폭이 활개치는 것처럼, 조선 시대에서도 무뢰배의 상당수가 권력자나 대상大商의 하수인으로 활동했다.

대사헌 남재南在 등이 상언上言하였다.

"밭을 손질하는 사람은 반드시 풀을 뽑고, 집을 짓는 사람은 반드시 터를 다지니, 국가를 다스리는 사람도 마땅히 환난을 미연에 없애서 나라의 기틀을 영세永世토록 전해야 될 것입니다. 지난번에 고려 왕조의 후손을 강화와 거제에 나누어두게 하였습니다. 그러나 아직도 주현州縣에 뒤섞여 사는 사람이 있으니, 만일에 무뢰배 가운데 왕씨王氏인 것을 구실로 삼아 난리를 일으키는 사람이 있게 된다면 그들을 보전하는 방책이 못됩니다. 원컨대 모두 강화와 거제에 두어서 미리 방비하게 하소서."

—〈태조실록〉 1년(1392, 임신년) 9월 21일

당시 대사헌 남재 등의 관리들이 국기國基를 바로하기 위해 12개 조목을 건의했는데, 이를 보면 태조 1년 때부터 무뢰배가 나타나고 있다. 그런데 이때 나타난 무뢰배 가운데는 우리가 생각하는 조폭의 범주를 벗어나는 자들이 보인다. '왕씨인 것을 구실로 난리를 일으킨다' 는 것은 바로 반란을 의미한다. 신생국가인 조선이 경계할 정도였다면 반란을 구현할 수 있는 무력과 조직력을 갖춘 것이 분명하다. 유흥가에서 기생하며 백성을 등치는 일반적인 조폭과는 아예 차원이 다르다고 할 것인데, 고려의 무관이나 사병조직과 관련이 있을 것 같다. 국가나 정권이 멸망한 이후 새로운 흐름을 거부하거나 그것에 편승하지 못한 자들이 발생하게 마련이며, 그들이 취할 수 있는 방도는 지극히 제한적이다.

중국에서는 전조前朝에 충성하는 무관들이 반란을 일으키는 경우가 빈발하였는데, 명나라가 멸망한 이후 '반청복명反清復明' 의 기치를 들고 봉기한 정성공鄭成功이 특히 유명하다. 일본에서도 멸망한 쇼군將軍에게 충성하는 소수의 무사들이 죽음으로 항거하였으며, 도요토미 히데요시 가문이 멸망했을 때에도 그에게 충성하는 무사들이 도쿠가와 이에야스 가문과 상당 기간 항쟁한 기록이 있다.

그런 만큼 조선 초기에 등장하는 무뢰배들 가운데 고려 출신인 자들이 포함된 것은 그리 이상할 것이 없다. 고려의 체취가 세월에 흩어지고 조선이 정착됨에 따라 무뢰배들도 시류에 영합하게 되었는데, 법의 적용을 받지 않으려는 본질은 전혀 달라지지 않았다.

> "한漢나라의 제도에 남북군南北軍은 경성의 순찰을 관장하였습니다. 그 체통이 엄하고 호령이 엄한 까닭에 공고함을 유지하여 국가가 편안하였습니다. 대체로 뜻하지 아니한 변變은 의례 모야暮夜에 생기는 까닭에 마땅히 순작(巡綽, 순찰과 경계의 법)을 삼가야 합니다. 날마다 각경各更에 순관이 그 부에 소속된 병졸을 거느리고 맡은바 시간을 순찰하되, 끝나면 바로 흩어져 집으로 돌아가는 까닭에 병졸은 감소되고 군령은 해이해지오니, 금란비환禁亂備患의 법에 있어서 미진합니다. 또 맡은바 시간의 순찰을 끝내고 흩어져 돌아가는 병졸들이 다음 시간의 순찰을 범犯하더라도 수하誰何하지 아니하니, 만약 무뢰배가 함부로 '순찰을 끝내고 돌아가는 병졸이라' 고 말한다 하더라도 또한 식별하기 어렵습니다."
>
> —〈태종실록〉 2년(1402, 임오년) 6월 18일

사간司諫이 올린 여러 시무 조목 가운데 일부인데, 통행이 금지된 도성의 야간순찰의 문제에 대해 아뢰고 있다. 순군들에게 영이 제대로 서지 않

다 보니 자신이 맡은 시간이 끝나면 그냥 집으로 돌아가버리는 일이 빈발했으며, 교대근무자들도 별로 의심하지 않고 통과시키고 있다. 만일 반대파들이 그것을 이용하여 정변을 일으키려고 한다면 치명적인 결함으로 작용할 수 있었으니, 마땅히 경계하여 규율을 엄정히 세우라는 건의이다. '금란비환禁亂備患의 법에 있어서 미진하다'는 것은 바로 그것을 지적하는 것이다.

그런데 만약 무뢰배가 순찰을 끝내고 돌아가는 병졸이라 사칭하더라도 식별하기 어렵다는 부분이 상당히 흥미롭다. 그것은 무뢰배들이 통행금지를 지키지 않았다는 것과 함께, 순군들과 안면을 트고 있다는 증거이기 때문이다. 당시 도성을 순찰하는 병력의 수효가 얼마나 되는지는 모르겠으나 동료들의 얼굴을 모른다는 것은 어불성설이다. 어둡다고 하더라도 횃불을 비쳐보면 금방 알 수 있을 터인데 '근무를 마치고 돌아가는 순군'이라는 거짓이 통할 것 같은가? 그것은 남들의 이목을 의식한 것에 지나지 않는다. 서로 안면을 트고 있기는 하지만 통과시켜 주려면 같은 순군이라는 핑계를 대는 센스쯤은 필요하지 않겠는가.

물론 그런 특혜를 받기 위해서는 소위 '빽'이 든든해야 할 것이다. 통행금지를 어길 수 있는 무뢰배들은 권력자와 밀접한 관계가 있다고 보아도 될 것이다. 높으신 대감님을 알아서 모시는 식객食客이나 통인通人의 신분일 수도 있겠으며, 높은 집의 자제와 그를 따르는 무리일 수도 있겠다. 그렇지 않고서는 거나하게 즐긴 다음 통행금지를 무시하기 어렵기 때문이다.

누구의 수하이든 간에 무뢰배로 살아가기 위해서는 필수적으로 체격과 완력이 뛰어나고 무술도 상당한 수준으로 연마해야 했다. 그렇지 못하면 시정에서 양민들 등이나 치는 왈짜나 잡배가 될 수밖에 없지 않겠는가. 낮과 밤을 가리지 않고 횡행하며 폭력을 휘둘러 재물을 빼앗고 부녀자를 겁간하는 무뢰배와 시정에 기생하는 왈짜는 지금의 조폭과 양아치보다 훨씬 차이가 크다고 해야 할 것 같다.

무뢰배에 대한 다른 기록을 보자.

지사간원사 김학지金學知 등이 상소하기를,

"유감동 여인의 추악함도 처음에는 이렇게까지 심하지 않았는데, 김여달에게 강포한 짓을 당하여 이렇게 된 것입니다. 이전에도 부녀들이 강포한 자에게 몸을 더럽힌 사건이 간간이 있었지만 모두 시정과 민간의 미천한 무리뿐이었는데, 지금 여달은 어두운 밤을 타서 무뢰배와 결당結黨하여 거리와 마을을 휩쓸고 다니다가, 유감동 여인을 만나 그가 조사朝士의 아내인 줄을 알면서도 순찰을 핑계하고는 위협과 공갈을 가하여 구석진 곳으로 끌고 가서 밤새도록 희롱했습니다. 이것을 보더라도 유감동이 처음에는 순종하지 않는 것을 강제로 포학한 짓을 행한 것이 명백하니, 어찌 미천한 무리들이 간통한 것처럼 가볍게 논죄할 수 있겠습니까. 여달의 강포한 짓이 이와 같았으니, 이미 드러난 것은 비록 이 한 가지일 뿐이지마는 겉으로 나타나지 않은 남몰래 저지른 나쁜 행위도 역시 많을 것입니다."

하였다.

—〈세종실록〉 9년(1427, 정미년) 9월 29일

앞에 소개했던 유감동 사건의 일부인데, 사간원의 김학지가 세종에게 상언한 것에 의하면 김여달은 볼 것도 없이 무뢰배다. 어두운 밤에 거리와 마을을 휩쓸고 유감동을 강간한데다 조정의 관원을 사칭하였으니 보통 큰 죄가 아니다. 김학지는 또한 김여달의 여죄가 적지 않을 것이니 엄밀히 수사하여 크게 처벌할 것을 주청하고 있다. 무뢰배들이 어떤 짓을 자행하는지 잘 나타나는 대목이라 하겠는데, 언뜻 보기에도 중형을 면하기 어렵다. 제대로 처벌하면 최소한 사형이다.

"여달은 완악頑惡한 짓이 더욱 심하니 만약 처음 간통한 것이 사죄赦罪 전에 범한 것이라 하여 이를 극형에 처할 수 없다면, 유감동의 예例에 의거하여 변방 고을에 정역定役하여 영원히 돌아오지 못하게 한다면 형벌이 죄에 합당하게 되어 인륜에 매우 다행할 것입니다."

김여달의 죄는 극형에 해당했지만, 의외로 가벼운 처벌에 그치고 말았다. 최초의 판결은 곤장 100대에 유 3천 리의 중형이었으나, 최종 판결은 유배 없이 곤장 80대로 경감되고 말았다. 이처럼 무뢰배에 대한 기록은 적지 않지만, 그들이 실제로 처벌당했다는 기록은 별로 없으니 참으로 개탄할 노릇이다. 그런 무뢰배들이 무슨 짓을 못하겠는가. 심지어는 자객을 보내어 고관을 암살하려고까지 했다.

주강晝講을 행하였다. 훈련대장 장붕익張鵬翼이 특진관特進官으로 입시하자, 임금이 자객에 대한 일을 물으니, 장붕익이 대답하기를,

"잠결에 창밖의 사람 그림자를 보고서 칼을 들고 나가니, 사람이 칼을 가지고 대청마루 위에 섰다가 이내 뛰어서 뜰 아래로 내려가므로 함께 칼날을 맞대고 교전하여 외문外門까지 옮겨 갔었는데, 그 자가 몸을 솟구쳐 담에 뛰어 올라 달아났습니다."

하였다.

—〈영조실록〉 9년(1733, 계축년) 5월 12일

장붕익은 영조 연간인 1725년부터 1735년 기간 중에 포도대장을 지냈는데, 이때 검계劍契라는 무뢰배 조직이 크게 문제를 일으켰다. 검계는 비밀결사 형태의 전국구 조폭으로, 살인과 약탈을 서슴지 않았으며, 공공연히 자신들의 존재를 드러내어 백성들을 공포로 몰아넣었다. 검계를 그냥 두면 안 된다는 대간의 상소가 빗발치자 영조가 당시 포도대장이었던 장붕익에게 소탕할 것을 명하였다. 어명을 받은 장붕익은 마치 빗자루로 쓸어내듯 검계를 소탕했다. 철저히 색출하여 두목급은 참수하고 행동대원들도 불구로 만들어버리자, 마침내 검계가 붕괴했다.

검계뿐 아니라 다른 무뢰배들까지 장붕익의 이름만 듣고도 오줌을 지리며 도망갈 정도였다고 하니, 얼마나 잔혹하게 소탕했는지 짐작이 간다. 그런 장붕익에게 자객을 보낸 자들이 누구라는 것은 굳이 깊이 생각할 것도 없지 않겠는가. 나라의 고관까지 서슴없이 암살하려 드는 무뢰배들은 지금의 마피아에 비겨도 손색이 없을 것 같다.

이번에는 약간 특이한 기록 하나를 소개하겠다.

사헌부가 아뢰기를,

"경상도 군적경차관軍籍敬差官 정이주鄭以周는 시행하고 조치하는 일이 전도顚到된 것이 많습니다. 유생들에게는 본래부터 지난날에 읽어 온 글을 시험 보이는 법이 있는데, 반드시 보기 드문 글을 끄집어내어 심오한 뜻을 강하게 하여서 고의로 대답할 수 없게 하여 탈락시킨 사람이 4분의 1이나 되었습니다. 또 무뢰배인 서얼 동생을 데리고 가서 부서를 감독하는 권한을 맡기니 동생이 이를 기화奇貨로 여겨 농간을 부려 갖가지로 뇌물을 취하였습니다. 익명서匿名書로 사족士族들을 공동恐動하기도 했는데 뇌물을 바치는 자는 화를 면하고 뇌물을 바치지 않으면 억울한 일을 당하였습니다."

하였다.

—〈선조실록〉 7년(1574, 갑술년) 3월 15일

군적경차관이라는 직책은 지방의 군역 상황을 직접 점검하여 중앙에 보고하는 직책이다. 조세와 군역은 나라를 유지하는 가장 중요한 요소라고 할 것이니, 조정에서 경차관을 직접 보내 살피는 것은 당연하다. 그런데 그렇게 중요한 직책을 맡은 정이주라는 자가 무뢰배 노릇을 하는 배다른 동생에게 업무를 맡긴 것이다. 그렇지 않아도 불법으로 먹고사는 무뢰배가 오죽했겠는가. 직접 왕에게까지 보고되었다면 비리의 형태와 규모를 미루어 짐작할 수 있겠다.

심지어는 공신의 반열에까지 오른 무뢰배들도 있었다. 공신이 되면 최고의 부와 명예를 갖출 수 있는데다, 본인과 자식들이 사형에 해당하는 죄를 지어도 사면되는 등의 특권까지 겸비하여 모두가 선망했다. 목숨을 바쳐도 얻기 어려운 공신의 반열에 무뢰배들이 포함되었다면 믿기 어려울지 모르겠지만, 실록이 이를 증명해주고 있다.

수양대군이 일으킨 계유정난癸酉靖難이 성공하자 논공행상으로 정난공신靖難功臣이 책록되는데, 이때 녹권錄券을 받은 43명 중에는 무사들도 포함되었다. 1등 공신이 되고 나중에 좌의정까지 오르는 홍달손洪達孫이야 본래 무반이었다고 해도, 2등으로 좌, 우의정은 물론 영의정까지 역임한 홍윤성洪允成은 무뢰배 세계에서도 알아주는 주먹이었다. 홍윤성과 같은 2등에 책록되어 크게 출세한 양정楊汀도 무신武臣으로 칼과 주먹이 앞서는 자였다.

물론 홍윤성과 양정 같은 사람들이 무뢰배로 전업하지는 않았을 것이다. 그들도 배울 만큼 배웠을 것인데, 혈기가 뻗치는 젊은 시절에 무뢰배들과 어울렸을 개연성은 충분하다. 그때의 인연으로 무사들을 천거할 수 있었지만, 말이 좋아 무사였지 쓸 만한 병력이 부족했던 수양대군에게 무뢰배를 알선해 준 것에 지나지 않았을 것이다.

자타가 공인하는 무뢰배 출신으로 공신의 반열에 오른 행운아는 민발閔發이라는 자였다.

고령군高靈君 신숙주申叔舟, 영성군寧城君 최항崔恒, 인산군仁山君 홍윤성洪允成, 좌찬성 김국광金國光, 호조판서 노사신盧思愼, 이조판서 성임成任을 불러 술자리를 베풀었는데, 마침 중추부지사中樞府知事 민발閔發이 충주로부터 와서 알현하였다.

(중략)

임금이 민발에게 이르기를,

"너는 글書을 아느냐?"

하니, 대답하기를,

"모릅니다."

하므로, 임금이 말하기를,

"네가 글을 알지 못하고서 어찌 뭇 것衆을 다스림이 적은 것寡과 같음을 알겠느냐? 오자吳子를 읽었느냐?"

하니, 대답하기를,

"숙독熟讀한 곳은 대강 압니다."

하니, 묻기를

"대학大學을 읽었느냐?"

하니, 대답하기를,

"못 읽었습니다."

하였다. 신숙주가 말하기를,

"민발은 시위侍衛하여 서울에 올 때에 대학을 시복矢服에 꽂고, 또 읽었습니다."

하니, 민발이 말하기를,

"익히지 아니하여 읽는 대로 잊었습니다."

하였다.

— **〈세조실록〉 14년**(1468, 무자년) **2월 4일**

세조를 도와 3등 공신에 봉해진 민발은 놀랍게도 글을 알지 못했다. '글을 아느냐' 는 세조의 질문에 대해 본인 스스로가 '모릅니다' 라고 명쾌하게(?) 대답하였으니 더 이상의 의문은 필요 없을 것이다. 학문의 기본이라고 할 수 있는 《오자》와 《대학》을 모르는 것은 당연한 노릇이라고 하겠는데, 세조가 짓궂게 계속 물어보자 신숙주가 대신 변명할 정도였다. 그러나 민발은 이때에도 '읽는 대로 잊었다' 며 스스로 부정하고 있다. 그런 민발이 무과에 급제하고 벼슬을 받았다는 것은 무척이나 신기할 노릇이다. 세조도 신기하였는지 짐짓 말했다.

"그렇다면 네가 무거武擧 때에 강講한 것은 무슨 글이냐?"

하니, 대답하기를,

"신의 등제登第는 명령이었습니다."

하므로, 신숙주가 말하기를,

"민발이 무거 때에 대학을 잘못 읽어 시관試官 등이 불통不通이라 하니, 민발이 크게 말하기를, '성상께서 일찍이 나한테 이와 같이 가르쳤고 신숙주도 나에게 또한 이와 같이 가르쳤는데, 시관은 도리어 의심하여 조통粗通으로 두는가?' 하여, 이로 인하여 등제하였으니, 과연 민발이 말한 것처럼 명령이었습니다."

하였다.

조통과 불통은 과거의 성적을 매기는 등급이다. 순純, 통通, 약통略通, 조통粗通, 불통不通의 다섯 등급인데, 지금의 수우미양가로 생각해도 될 것 같다. 이때 민발이 합격한 무과는 급제하여 벼슬을 하고 있는 관리들의 능력을 검증하기 위해 실시하는 중시重試였다. 그때 시험관이 민발에게 최악의 점수인 불통을 주고 말았다. 글을 몰랐으니 당연한 결과라고 할 것인데, 민발은 오히려 크게 노하여 항의했다. 말도 안 되는 억지지만 세조가 아끼는 공신의 억지는 통했다. 그래서 겨우 합격점을 받을 수 있었던 것인데, 언뜻 보기에도 부정의 혐의가 짙다. '세조와 신숙주가 가르쳤다'는 민발의 주장은 미리 문제가 유출됐을 가능성도 담고 있다. 자신을 도와 공신에까지 봉해진 민발이 낙방하여 망신당하는 것을 원치 않았을 세조로서는 충분히 취할 수 있는 조치다. 그럼에도 불구하고 제대로 읽지 못해(외우지 못해) 최악의 성적을 받은데다, 부정이 개입된 사실을 제 입으로 토설하고 있으니 그저 기가 막힐 따름이다. 그런 자가 무뢰배가 아니었다면 오히려 그것이 더욱 이상하지 않겠는가. 실록에도 '민발은 얼굴이 흉악하고 목소리가 거칠어, 용맹하나 의리가 없었다'고 하였는바, 아주 제대로 된 무뢰배라는 것이 명확하게 입증된다.

> 민발과 최적崔適이 일찍이 세조에게 입시하였을 적에 세조가 최적에게 묻기를,
>
> "민발이 글을 아는가?"
>
> 하니, 대답하기를,
>
> "민발이 어렸을 때에 그 집의 종이 밖에 나들이하느라고 포망(捕亡, 천례賤隷가 나루를 건너자면 제 주인의 서간書簡으로 증명을 삼으며, 그것이 없으면 잡아서 고하는데, 이것을 속칭 포망이라 한다)을 써 주기를 청하였습니다. 그러나 민발이 쓰

지 못하므로 속여서 말하기를, '오늘은 기일忌日이니, 포망을 쓸 수 없다' 하였습니다."

하였다.

—〈예종실록〉 1년(1469, 기축년) 8월 16일

예종 시대까지 민발이 글을 몰라 실수하자 좌우에서 실소했던 기록이 남아 있다. 비록 무식한 무뢰배였기는 해도 이시애의 난을 진압한 공으로 적개공신敵愾功臣까지 겸하였으며, 여산군驪山君의 칭호를 받는 등 대단한 영예를 누렸다. 게다가 성종 무렵에는 정승까지 역임하고 천수를 다하였지만, 여전히 하는 짓은 적수를 찾기 어려울 정도였다.

사헌부 대사헌 이서장李恕長 등이 올린 차자箚子에 이르기를,

"삼가 듣건대 임원준任元濬과 민발이 이덕량李德良의 집에서 서로 헐뜯었다고 합니다. 헐뜯고 욕하는 일은 거리의 백성들이나 하는 일이고, 사대부들은 부끄럽게 여기고서 하지 않는데, 하물며 재상이겠습니까? 지금 임원준과 민발은 그 벼슬이 1품에 이르렀으므로 마땅히 말과 행동을 신중히 해야 할 것인데도 여러 사람이 있는 자리에서 성을 내어 '너'라고 부르면서 욕하였으니, 스스로 그 위의威儀를 손상하였을 뿐만 아니라 특히 조정의 체모를 잃게 하였습니다. 어찌 다만 장기를 두다가 그렇게 된 것일 뿐이겠습니까? 반드시 싸움의 실마리가 있었기 때문일 것이니, 추국하지 않을 수 없습니다. 바라건대 철저히 조사하여 죄를 주어서 서로 다투는 폐풍을 막도록 하소서."

하니, 임금이 전교하기를,

"술자리에서 있은 일이니, 따질 것이 못된다."

하였다.

그날 임원준은 그 아들 임사홍任士洪과 함께 먼저 이덕량의 집에 갔었는데, 많은 손님이 자리를 메웠다. 민발이 뒤에 도착하자 임원준이 민발을 맞이하면서 말하기를,

"저 인색한 놈, 인색한 놈! "

하였다. 민발이 성내어 눈을 부릅뜨고 물러서며 말하기를,

"네가 장기를 둔다고 핑계 대고서 나의 전답을 빼앗으려 하다가 실패하기는 하였지만, 네가 간사하고 탐욕스럽기가 짝이 없는 놈인데, 오히려 나를 인색한 놈이라고 하느냐?"

하고, 주먹을 날려서 때리려고 하므로 이덕량이 타일러서 말렸다. 임원준은 부끄럽고 무안하여 한 마디 말도 못하였고, 임사홍은 놀라서 땀이 비 오듯 하였다.

— 〈성종실록〉 6년(1475, 을미년) 4월 3일

임원준은 과장科場에서 글을 대신 지었고, 이용李瑢의 집에서 약을 훔쳤으며, 또 민발과 더불어 신의 처부妻父 이덕량의 집에 이르러 바둑을 두다가 '너'라고 일컬으면서 서로 싸웠기 때문에 배척하여 간사하고 탐탁하다고 지목하는 것입니다."

하였다.

— 〈성종실록〉 9년(1478, 무술년) 4월 30일

아무리 보아도 재상은커녕 시정잡배라고밖에 할 수 없는 치졸한 처신이다. 그러나 이것은 아무것도 아니다.

세조 시절에는 왕족에다 공신의 자손인 이석산李石山이라는 사람이 자신의 첩과 간통하였다 하여 죽여버렸는데, 칼로 난자하고 눈알을 뽑았으며 성기를 잘라내는 등 극도로 잔혹했다. 정황과 증거와 너무나 뚜렷하여 변명의 여지가 없었으나 세조가 적극적으로 두둔하는 바람에 형벌을 피해갈 수 있었다.

세조의 총애를 등에 업은 민발이 얼마나 광패狂悖했는지 잘 보여주는 증거가 또 있다.

> 잔치가 파하자, 윤봉 등이 중문 밖에서 배송하였다. 거가車駕가 종루 아래에 이르러, 종친들에게 명하여 말을 타게 하고, 근시近侍와 더불어 말하려 할 때, 겸사복兼司僕 민발이 임영대군臨瀛大君의 말을 막고 들어가지 못하게 하니, 임금이 민발을 불러 제지하였으나 민발이 듣지 않았다. 임금이 굳이 명하여 제지한 뒤에야 곧 그치니, 임금이 말하기를,
> "네가 바야흐로 명을 굳게 거역하였으니 너의 죄가 크다."
> 하니, 민발이 자기가 옳다고 굳이 고집하며 언사에 불손함이 많았다. 임금이 민발의 손을 잡고 반복하여 개유開諭하니, 민발이 취한 체하며 광화문 안에 이르렀다. 호군護軍 황석생黃石生에게 명하여, 민발에게 장 몇 대를 치게 하고 묻기를,
> "네가 오히려 명을 어긴 잘못을 깨닫지 못하겠느냐?"
> 하니, 민발이 오히려 취한 체하고 자오自悟하지 못한 자갈이 하며, 경솔하

게 아뢰기를,

"조효문曹孝門이 신으로 하여금 이구(李璆, 임영대군)를 붙들어 내라고 하였으니, 신은 참으로 죄가 없습니다."

하였다. 임금이 말하기를,

"네가 다른 사람을 무고하여 끌어대느냐? 비록 조효문이 너를 시켰더라도 내가 그치기를 재삼再三하였어도 따르지 않음은 어찌 함인가?"

하고, 또 명하여 장을 치게 하고, 드디어 의금부에 하옥하였다. 임금이 말하기를,

"민발은 완악頑惡하기 짝이 없다. 일찍이 대죄를 범하였으나, 내 그 재주를 아껴 상서하여 구활救活하였고, 또 이석산을 죽여서 온 나라가 다투어 죄 주기를 청하였어도 내가 허락하지 아니하였었다. 이제 개전改悛하지 않음이 이 같으니, 만약 유주幼主를 만났다면 무엇을 꺼리겠느냐? 저자에서 참함이 마땅하다."

하였다.

—〈세조실록〉 2년(1456, 병자년) 4월 20일

때는 중국 사신이 와서 연회를 베푸는 자리였다. 사신은 앞에 소개한 윤봉이었는데, 윤봉이 전한 황제의 조칙詔勅은 세조가 단종을 몰아내고 즉위한 것에 대해 정당성을 부여하고 조선의 왕으로 승인한다는 내용이었다. 조카를 몰아내고 즉위하였기 때문에 명나라가 승인하지 않을 것을 우려했던 세조로서는 참으로 감격스러웠을 것이다.

그런데 윤봉을 위시한 칙사들을 융숭하게 대접하고 궁궐로 돌아오는

길에 민발이 큰 문제를 일으키고 말았다. 당시 민발은 국왕의 경호원에 해당하는 겸사복이었는데, 놀랍게도 임영대군을 들어가지 못하게 막았다. 임영대군은 세종의 넷째 아들로서 세조의 친동생이 되는 사람이다. 그런 임영대군이 일개 경호원에 지나지 않는 민발에게 궁궐의 출입을 가로막혔으니 어찌 놀랍지 않겠는가? 세조가 불러도 듣지 않았으며 직접 명을 내려서야 비로소 따랐을 정도였다. 그래도 민발이 잘못이 없다고 억지를 부리자 세조가 손을 잡고 타이르는 기가 막힌 광경이 연출되었다. 계속 민발이 잘못을 인정하지 않고 취한 척하며 사태를 벗어나려 들자 결국 곤장을 맞기에 이르렀다. 계속해서 조효문이 시킨 대로 했을 뿐이라며 변명하려 들자 마침내 세조가 폭발했다.

상상하기조차 어려운 광패를 태연히 저지른데다, 그 과정에서 이석산을 죽인 범인이라는 사실이 낱낱이 드러났으니 민발은 무뢰배 가운데서도 최고라고 해도 손색이 없을 것이다.

세태비화

四 … 급제하고 맞아 죽다

— 과거 급제의 대가 면신례 —

대과大科의 급제는 가문의 영광이다. 가문의 명예를 드높이고 벼슬에 나가 고생스러웠던 노력의 대가를 넘치도록 보상받을 수 있으니 어찌 기쁘지 않겠는가. 그렇게 경사스러운 일에 잔치가 빠질 수 없다. 축하의 출발은 방군榜軍들의 난입으로 시작한다. 왈짜나 한가락하는 자들로 이루어진 방군들이 급제자의 집에 난입하여 급제를 알리고 한바탕 난리를 치면 떡 벌어지게 상을 차려주고 따로 술값도 집어주었다. 물론 그것으로 끝나지 않는다. 친지와 이웃들을 초청하여 크게 한턱내는 것은 자식의 등과登科를 자랑하기 위함이라 돈을 쓰면서도 오히려 즐거울 터였다.

급제한 신참들은 갑과甲科, 을과乙科, 병과丙科의 석차에 따라 진로가 갈렸다. 수석인 장원과 2등 방안榜眼, 3등 탐화探花의 갑과 3명은 실직을 받을 수 있지만, 나머지들은 임시직으로 시작해야 했다. 급제자들은 성균관成均館, 승문원承文院, 교서관校書館, 예문관藝文館 등으로 갔다. 이것을 분관分館이라고 하는데, 분관한 곳의 선배들에게 신고식을 치러야 했다. 사람 사는 곳에서는 어디나 통과의례가 있기 마련인데, 조선의 급제자들이 통과해야 할 신고식은 가혹하기 짝이 없었다.

급제하여 처음 관직에 나선 사람을 신래新來라고 했다. 신래라고 불리는 신참이 배치받은 관청의 일원이 되기 위해서는 먼저 인사를 드려야 했다. 급제한 것을 자랑하기 위해 어사화御史花를 꽂고 말을 타는 유가遊街도 선배들의 허락이 있어야 할 수 있었다. 유가할 때는 정승을 만나도 말에서 내리지 않을 수 있었지만, 해당 관청의 선배를 만나면 즉시 말에서 내려 인사를 해야 할 정도로 위계질서가 엄격했다. 일일이 선배들을 찾아뵙고 인사를 드리는 것만 해도 적지 않은 고초였는데, 나중에 치를 것에 비하면 그야말로 조족지혈에 지나지 않았다. 선배들과 공식적으로 처음 대면하여 인사하는 것을 허참례許參禮라고 하며, 허참례를 무사히 통과해야 비로소 정식으로 인사하는 면신례免新禮를 치를 수 있었다. 신래가 면신례까지 통과해야 비로소 같은 일원으로 받아들여지게 되는데, 면신례 이전 단계인 허참례부터 상상을 초월하는 고통이 수반되었다.

"겨우 신관新官이 되어 발이 관문官門에 미치기도 전에 먼저 주효酒肴를 그 집에서 가져오는데 많은 경우는 10여 회나 되니 이를 징구徵求라 하고, 또 억지로 직숙(直宿, 숙직)하도록 하여 혹은 열흘이나 한 달까지 연속되는데 이를 초도初度라 부르니, 신관의 고통은 다 논할 수가 없었습니다. 그 생기省記는 어전에서 아뢰는 것인데, 번번이 한 사람의 이름으로써 서계書啓하니 무례함이 이보다 심한 것이 없으며, 또 행례行禮하도록 핍박하여 그들로 하여금 술과 안주를 많이 준비하도록 합니다. 이를 면신免新이라 하는데, 이것이 뜻대로 되지 않으면 배척하고 소외하여 좌석의 끝자리에도 참예하지 못하게 하므로 차라리 자기의 재산을 망치더라도 꼭 풍성하게 많이 준비하게 됩니다. 본디부터 궁핍한 사람은 이를 보고 마음이 취하여 투속投屬할 희망이 끊어져 무용한 처지에서 마치게 되니 이것이 무슨 풍속이옵니까. 그 근원은 대개 육조의 낭관郎官과 사관四館에서부터 시작되었는데, 육조 중에서는 이, 병조가 으뜸이고, 사관 중에서는 예문관이 더욱 심하옵니다. 감찰은 또한 예사의 관원이 아닌데도 법령을 불구하고 새로 소속된 사람을 침해하는 것이 근래에 더욱 심하니, 임관되지 않고자 하는 사람도 있게 됩니다. 대개 전조前朝의 쇠망한 세상의 풍속이 본조本朝에 전해 내려와서 마침내 폐풍이 되었으니, 진실로 위에 있는 사람이 마음을 단단히 먹고 뜻을 비상하게 가져 기강을 크게 진작하지 않는다면 능히 제거할 수가 없을 것입니다."

— 〈**연산군일기**〉 **6년**(1500, 경신년) **8월 29일**

신래는 허참례에서 술과 음식을 마련하여 인사를 드리게 된다. 이것을 징구라고 하는데, 그 준비가 실로 만만치 않았다. 대접은 3·5·7·9의 형식에 맞춰야만 했다. 그러니까 처음에 술이 세 병이면 육류도 세 그릇으로 내야 하고 떡도 셋, 생선도 셋 등으로 모든 음식을 숫자에 맞춰 준비해야 하는 것이다. 그런 식으로 대접을 하려면 5단계에 가서는 모든 것이 다섯 가지가 될 것이며, 7단계에서는 역시 그만큼 늘어나야 한다. 그렇게 9단계까지 치르기 위해서는 음식을 100가지나 준비해야 하며, 무려 10차례까지 반복하려면 비용이 상상을 초월할 것은 불문가지다.

게다가 현직에 있는 사람들은 물론, 이미 퇴임한 선배들까지 모두 불러 대접해야 했으니 신래가 져야 할 부담은 이루 말할 수 없었다. 이래가지고는 신래의 집이 부자가 아닌 다음에야 허리가 휘지 않고 견뎌낼 재간이 없다. 그러나 지금까지 이어진 관례를 피할 수 없었다. 그랬다가는 자리를 주지 않는 등의 후환이 따르기 마련이다.

그야말로 뼈를 깎는 각고의 노력 끝에 허참례를 통과하고 나면, 비로소 면신례를 치를 수 있다. 면신례는 기생이 있는 좋은 술집에서 치르기 마련이라 많은 비용이 들었다. 그러나 무엇보다 그때 가해지는 폭행과 인격모독은 다시 한 번 상상을 초월했다. 여럿이 작당하여 신래를 괴롭히는데, 얼굴에 똥이나 돼지우리에 퍼낸 오물과 오줌 같은 것을 바르는 것은 예사였다. 옷을 벗기고 성기에 먹물을 바르거나 더러운 것을 먹이기까지 하였다. 심지어는 시궁창에 집어넣고 개가 흘레붙는 시늉까지 시켰으며, 옷을 잡아 찢고 연못에 밀어 넣기까지 하였다. 그것만 해도 견디기 어려운 모욕이었는데, 무거운 기둥을 들게 하거나 계속 술을 마시게 하였다. 제대로 들지 못하거나 선배들이 준 술을 받아 마시지 못하면 집단으로 구타하는 것도 서슴지 않았다. 심지어는 발바닥에 말굽을 박기까지 하는 잔혹한 폭행에 불구가 되거나 죽어나가기도 했다.

지평持平 유성원柳誠源이 아뢰기를,

"국가에서 이미 삼관三館에서 새로 온 사람들을 침학侵虐하는 것을 금하게 하였는데, 지금 들으니 신급제新及第 정윤화鄭允和가 승문원에 차임差任되어 침학을 당하여 병을 얻어서 죽었다고 합니다. 신 등은 처음에 이를 탄핵하고자 하였으나, 그러나 풍문공사風聞工事일 것 같아서 감히 함부로 하지 못하였습니다. 청컨대, 모름지기 국문하소서."

하니, 전지傳旨하였다.

"승문원의 경우는 탄핵함이 마땅하다."

—〈단종실록〉 1년(1453, 계유년) 6월 8일

사헌부에서 아뢰기를,

"행승문원박사行承文院博士 강폭姜幅, 신자교申子橋, 저작著作 윤필상尹弼商, 정자正字 권징權徵, 신의경辛義卿, 부정자副正字 권제權悌 등이 새로 급제한 정윤화 등 10인으로 하여금 술과 안주를 준비하여 이바지하게 하고, 희롱하고 침핍侵逼하였는데, 정윤화가 본디 종기병이 있어서, 드디어 피곤함이 극하여 죽기에 이르렀으니, 강폭은 율이 장 100대에 해당하며, 나머지는 한 등을 감하여 장 90대에 해당합니다."

하니, 명하여 강폭과 신자교, 신의경은 태 50대를 쳐서 파직하고, 윤필상과 권제는 공신의 아들이기 때문에 단지 파직만 하였다.

—〈단종실록〉 1년(1453, 계유년) 9월 19일

미래가 창창한 젊은 인재가 가혹한 면신례를 견디지 못해 죽고 말았다. 가해자들이야 곤장 맞고 파직당하면 그만이겠지만, 죽은 사람은 다시 살아날 수 없지 않은가. 조정에서도 그런 폐단을 없애기 위해 조치를 취하기에 이르렀다.

간원이 아뢰기를,

"신래를 침학하는 것은 나라에 정법定法이 있는데도 사람들은 법을 두려워하지 않고 날로 더욱 심해져서 떳떳한 관습으로 되었으니, 지금 통절히 개혁하지 않는다면 폐단을 구제하기 어려울 것입니다. 승문원, 성균관, 교서관에서는 2~3일 후에 허참례를 행하고 4~5일 후에 면신례를 행하는데, 그 사이에 연회를 요구하는 폐단을 일체 혁파하여 영원한 항식恒式으로 삼고 법을 범하는 자는 법에 따라 치죄할 것이며 기타 내금위內禁衛, 별시위別侍衛, 우림위羽林衛, 겸사복兼司僕, 제사습독諸司習讀 등의 금군과 새로 배속된 인원이 있는 곳에서 신래를 침학하는 사례가 있으면 모두 법에 따라 치죄하소서."

하니, 그대로 윤허한다고 답하였다.

—〈명종실록〉 8년(1553, 계축년) 윤3월 11일

이미 여러 차례나 면신례를 금지하라는 명령이 내려졌으니 금지되어야 할 것인데도 면신례는 사라지지 않았다. 오히려 숭어가 뛰니까 망둥이도 뛴다는 격으로 급격히 번져나갔다.

각사에서 면신례로 주찬酒饌을 책징責徵하는 폐단을 논하여 아뢰었다.

"일체 금단하고 만일 전의 습관을 답습하는 자가 있으면 각각 그 관장을 무겁게 죄를 주소서. 이서배(吏胥背, 서리胥吏) 한 사람이 면신하는 데에 걸핏하면 백금百金을 낭비하고 있으니, 역시 법부로 하여금 통렬히 금단을 가하게 하소서."

—〈현종개수실록〉 2년(1661, 신축년) 3월 4일

하급 관청에 배치된 말단관리들도 면신례를 행하고 있으며, 정식 관리도 아닌 서리들까지도 엄청난 금액의 면신례를 요구받고 있다. 또한 금군뿐 아니라 지방의 병영에서까지 면신의 핑계를 대어 금품을 걷는 사례가 빈발하였으니, 어찌 규율이 엄정할 수 있겠는가.

허참례와 면신례 같은 가혹한 신고식이 사라지지 않는 것은 '그들만의 리그'에 반드시 필요한 통과의례였기 때문이다. 본래 급부가 큰 조직일수록 배타적이기 마련인데, 가장 들어가기 어려운 조직에서 신참을 쉽게 받아들일 리가 만무하다. 폐단이 극심하여 폐지해야 한다는 상소가 끊이지 않았고, 《경국대전》에도 '신래를 괴롭히는 자는 장 60대에 처한다'는 조항이 있을 정도였지만 누구도 개의치 않았다. 권력의 상층부에 있는 정승과 판서들부터 이제 갓 신참을 면한 자들까지 결코 포기하지 않는 이상 사라지기 어려웠다. 또한 신래들도 법의 규정을 들어 피하려 했다가는 자리를 받지 못하고 따돌림을 당할 게 뻔했기 때문에 할 수 없이 참여할 수밖에 없었다. 기왕 참여할 바에는 긍정적으로 생각해야 했다. 어차피 각오하지 않았는가. 선배들이 가하는 침학은 일종의 성인식과 같은 것으로 생각하고 받아들이면 되는 것이다.

가장 결정적인 것은 그렇게 돈을 쏟아 부어야 함에도 불구하고 그것이 두려워 포기하는 자가 없었다는 점이다. 눈 딱 감고 한 차례만 통과하면 두고두고 얻어먹을 수 있으니 그리 손해 보는 것도 아니지 않은가. 그만큼 투자했으니 뽑는 것은 당연하다는 논리가 자연스럽게 형성될 수 있으며, 그것은 부정과 직간접으로 연결되는 고리가 되었다.

조선 제일의 두뇌로 검증된 그들이 그 바닥 물정을 파악하게 되면, 스스로를 먹이사슬에 편입시키는 것은 그리 어렵지 않았을 것이다. 결국 허참례와 면신례는 특권층이 반드시 갖추어야 할 전유물 가운데 가장 비싼 가격과 메리트를 보유한 것이라고 할 수 있다.

그토록 무서운 면신례를 피해간 사람이 없지는 않았다. 율곡 이이가 바로 그 주인공이다. 22세부터 29세까지 아홉 번 치른 과거에서 모두 장원하여 전무후무한 '구도장원공九度壯元公'의 칭호를 받았던 율곡은 첫 직장으로 승문원에 분관하게 되었다. 당연히 율곡도 면신례를 피할 수 없었는데, 율곡의 명성을 시기한 자들이 대단히 짓궂게 굴었다. 크게 분개한 율곡은 면신례를 거부하였다. 그래도 율곡쯤 되는 사람이니까 거부하고 정면으로 비판할 수 있었겠지만, 그때 일어난 파장의 강도를 상상하기란 그리 어렵지 않다. 퇴계 선생도 '그런 통과의례가 있다는 것을 이미 알고 있거늘 새삼스럽게 거부할 것은 무엇이냐?' 며 핀잔을 주기도 했다.

그런데 이율곡은 왜 면신례를 거부했을까? 정말 부당한 허례허식을 거부할 생각이 있었다면 허참례부터 거부했어야 했다. 하지만 율곡도 허참례는 거부하지 않았다. 이율곡이 반대했던 것은 허참례가 아니라 면신례였다. 돈이 드는 것은 얼마든지 감내할 수 있어도 인격적인 모멸을 참을 수 없었던 것이었다.

"가난한 집안의 아들들은 비록 뛰어난 재주가 있더라도 마침내 들어가 소속할 수가 없는 것은 다른 것이 아니라 새로 온 사람의 행례行禮를 감당하기가 어렵기 때문입니다."

허참례와 면신례를 반대하는 상소는 많은 것을 생각하게 한다. 그런 신고식이 배제되어야 하는 이유로 제기된 것에서 오히려 역설적 기능이 보인다. 어려운 집안의 자식들 가운데도 뛰어난 자질을 가진 자들이 적지 않을 것이다. 그렇지 않아도 살인적인 경쟁에서 조금이라도 생존확률을 높이는 것은 대단히 중요하다. 엄청나게 소용되는 비용이 가난한 실력자들의 참가를 원천봉쇄할 수 있다면 '그들만의 리그'가 더욱 공고해지는 동시에 급제에 다가갈 확률도 그만큼 더 높아질 수 있지 않겠는가. 상식적으로 이해하기 어려운 허례허식은 기득권층의 이득을 더욱 견고하게 구획하는 도구로 기능했을 것이다.

가장 엄정하고 청렴해야 할 관리들의 첫 출발부터 돈으로 도배하게 만드는 조선에서 과연 태평성대가 존재할 수 있었는지 의심이 들지 않을 수 없다. 상식적으로 생각해도 일단 부정을 저지르게 되면 자신이 투자했던 것만큼만 해먹을 리가 만무하지 않겠는가.

참고로 조선 관리들의 녹봉을 보면 그것으로는 도저히 생계를 유지할 수 없는 수준이다. 《경국대전》에 나타난 녹봉 가운데 가장 높은 관리인 정1품관이 겨우 백미 14섬, 현미 48섬, 좁쌀 2섬, 콩 23섬, 보리 10섬, 명주 6필, 베 15필, 저화楮貨 10장을 받았다. 그것도 1년 치가 그 정도였으니, 품위 유지는 그만두고 최저생계를 유지하기에도 어렵다. 출발부터 엄청나게 뜯기고 전혀 생계에 도움이 되지 못하는 녹봉을 감내하기 위해서는 어떻게 해야 할 것인가? 그저 답답할 따름이다.

五 … 병역비리가 판치다

— 제도적 문제로 대두된 조선의 군역 —

잊을 만하면 다시 튀어나오는 반갑지 않은 뉴스 가운데는 병역 비리가 있다. 반드시 이행되어야 할 의무지만, 군대에 가고 싶은 사람은 거의 없을 것이다. 할 수만 있다면 어떻게든 회피하려 들 것인데, 조선도 예외가 아니었다.

조선에서는 16세와 60세까지의 양인 남자에게 병역의 의무를 지웠다. 품계와 녹봉을 받는 갑사와 양반의 자제로 편성된 일부 중앙군을 제외한 대부분의 병력은 징집한 자원으로 충당되었다. 그렇지만 대상자의 전부를 징집하면 농사와 조세가 어려웠기 때문에 교대로 근무하게 하는 한편, 현역으로 입영하는 군사 1명당 2명이나 3명의 보인保人을 두어 입영자의 생계를 돕도록 했다. 보인들은 1년에 베 2필을 납부하여야 했는데, 그것을 군포軍布라고 하였다.

그러나 법이나 규정이 제대로 지켜지기는 어렵다. 병역을 피해야 할 이유는 그때나 지금이나 그리 다르지 않겠지만, 조선 시대는 지금과 비교할 수 없을 정도로 절박했다. 인력이 거의 전부였던 그 시대에 가장 중요한 노동력인 남자의 부재는 생계에 큰 타격이었다. 게다가 당시의 군대는 지금보다 죽거나 다칠 확률이 훨씬 컸다. 그에 비해 사회보장이나 연금보험 등의 제도적 안전장치는 아예 개념조차 없었으니, 어떻게든 군대에 가지 않을 방도를 찾았을 터이다. 지금도 병역비리가 적지 않게 적발되는 형편인데 조선 시대에는 오죽 하였겠는가.

도관찰사 박경朴經이 도당都堂에 글을 올렸다.

"기선군騎船軍이 여러 달 계속하여 배를 타서 남기嵐氣와 장기瘴氣의 독毒으로 인하여, 혹은 기한飢寒에 쪼들림으로 인하여 몸이 지치고 힘이 다하였습니다. 하루 이틀 동안 곤히 누워 있으면, 온역瘟疫이라 하여 서로 전염될까 두려워하여, 죽음을 면할 수 있는 자도 치료를 가하지 않고 혹은 섬에 버리고, 혹은 바닷물에 던져서 요사夭死하게 하여 원망을 일으키고 화기和氣를 상하게 하오니, 참으로 탄식할 일입니다. 비록 배에 익숙한 자라도 많이 죽게 만들고 각 고을로 하여금 그 액수를 보충하여 세우게 하오니, 폐해가 또한 적지 않습니다.

(중략)

수군 만호萬戶, 천호千戶가 자기가 관할하는 군적 가운데에서 부강富强한 자는 사사로이 방환放還하여 주고 많은 뇌물을 받고, 오직 빈한한 사람과 늙은이, 어린이로서 머물러 방수防戍하게 합니다. 적병을 만나면 스스로 파리하고 약하여 당해내기 어려운 것을 알기 때문에, 바다가 컴컴하다느니, 바람이 역풍이라느니 하여 고의로 피하고 싸우지 않사오니, 이 때문에 전함의 이름은 있어도 전함의 실상은 없는 것입니다. 원하옵건대, 무시無時로 점검하게 하여, 그 주장主將이 비록 한 사람의 군사라도 사사로

이 고의로 놓아주는 자는 마땅히 법으로 의논하소서."

도당에서 계문啓聞하니, 임금이 윤허하였다.

—〈태조실록〉 7년(1398, 무인년) 2월 16일

경기우도관찰사 박경이 군대의 문제와 폐단에 대해 상소했다. 배를 타고 복무하다가 병에 걸리면 치료하기는커녕, 바다에 던져 죽이기까지 하였다고 하니 놀랍기 짝이 없다. 그리고 여유가 되는 자들이 뇌물을 바쳐 빠져나가고, 힘없는 자들과 노약자들로 군대가 구성되는 바람에 적을 만나면 싸우기도 전에 무너질 수밖에 없다고 하였으니, 이미 태조 시대부터 군역의 비리가 드러나고 있다.

병조에서 계하기를,

"각품各品의 진언陳言 가운데의 한 조항에, 전에는 매 3년마다 한 번씩 군적을 고칠 때, 다만 나이가 늙었거나 유고有故한 자만을 수정하여 고쳤을 뿐이었으므로, 선군船軍으로서 배타기에 익숙한 자와 시위侍衛, 진패鎭牌로서 활쏘기와 말타기에 능숙한 자는 조금이라도 그럴 만한 사고가 없으면 다 본래의 역을 그대로 계속하게 하였습니다. 그러나 지금은 그렇지 않으니, 군적을 개수할 즈음에 수령이 스스로 친히 집무하지 않고 아전들에게 맡기므로, 비록 원래부터 정해진 선군이나 시위, 진패일지라도, 부강하여 뇌물을 주면 헐역(歇役, 군역을 마치다)으로 옮겨버립니다. 그런 까닭에 다만 빈천하고 호소할 곳 없는 무리들이 대신 그 고통을 받게 될 뿐 아니라, 또 배타기와 활쏘기와 말타기에 익숙한 군사를 잃게 됩니다. 사람들이 말하기를 '군적을 고치는 일은 곧 교활한 아전의 뇌물을 낚는 매개이며, 궁한 백성의 화난禍難을 사게 되는 계제階梯다'라고 합니다. 백성들이 유리하여 살 곳을 잃는 것과, 화기를 손상하여 재해를 불러오는 것이 이것에 연유되지 않는 것이 없습니다."

하였다.

— 〈세종실록〉 10년(1428, 무신년) 윤4월 8일

세종 때 보고된 내용은 병역비리가 이미 심각한 제도적 문제로 대두되었다는 것이 여실히 드러난다. 군적의 관리는 국방부에 해당하는 중앙의 병조에서 하게 되어 있는바, 3년에 한 번씩 군적을 개수하는 과정에서 뇌물을 받고 군역을 마친 것으로 해주는 부정이 남발하고 있는 것이다.

이때도 피해와 고통을 당하는 부류는 역시 '빈천하고 호소할 곳 없는 무리들'이다. 나라를 지키려고 제정한 병역의무가 오히려 백성을 피폐하게 하고 전투력을 저하시키는 결정적 요인이 되었으니 어찌 통탄하지 않겠는가. 가장 위대한 임금으로 추앙받았던 세종 시대에도 조선 후기의 대표적 가렴주구인 황구첨정黃口簽丁, 백골징포白骨徵布, 족징族徵, 인징隣徵 등의 조짐이 비치고 있다.

뇌물에 의한 병역비리에 대한 비일비재한 사건 중 두 가지 정도만 소개하겠다.

의정부에서 형조의 정문呈文에 의거하여 아뢰기를,

"차효주車孝輖는 일찍이 죄를 범하여 장을 때리고 평안도 창성부昌城府의 충군充軍으로 보내었는데, 차효주가 압송하는 사람에게 뇌물을 주고 도망하였으니, 청컨대 끝까지 찾아서 만일 용납해 숨긴 자가 있거든 법률에 의해 죄를 논하소서."

하니, 그대로 따랐다.

—〈단종실록〉 **즉위년**(1452, 임신년) **윤9월 2일**

서원 배무생裵武生이 특별히 충군을 면하였다. 무생은 위장청衛將廳의 서원으로서 뇌물을 받고 사정을 쓰다가 일이 발각되어 구속되었으니, 법적으로는 마땅히 충군되어야 하는데 영건도감營建都監에 베를 80필 납부하였다. 때문에 이러한 명이 있게 된 것이다.

—〈광해군일기〉 **14년**(1622, 임술년) **2월 16일**

병역의무를 면제받은 특권층이라고 해도 죄를 지으면 곤장을 맞고 강제로 군대에 보내졌다. 단종 때의 사건은 죄를 지어 군대에 충군된 자가 뇌물을 바치고 도주했던 내용이며, 광해군 시절은 충군되어야 할 죄를 저지른 자가 벌금을 내고 죄를 면한 것이다.

엄정하게 시행되어야 할 터인데도 뇌물을 주고 도주하고 있으니 뭐라고 할 말이 없다. 그리고 벌금을 내고 충군을 사면받은 자가 낸 금품이 어디 본인의 것이겠는가? 뇌물로 받은 것의 일부를 토해냈을 것이며, 사면받은 이후에는 다시 모으는 데 열중했을 것이 분명하다.

게다가 후기에는 경제력을 가진 양인들이 갖가지 방법을 통해 군역을 빠져나갔는데, 특히 향교鄕校가 인기였다. 지금의 대학생이나 대학원생에게 징집을 연기해주는 것처럼, 향교에 입학하여 교생校生으로 적을 두는 기간에는 병역면제의 특혜를 주었다. 그러다 보니 지방교육기관의 기능이 온전히 유지될 수 없었다. 그에 따라 향교는 병역면제를 받기 위한 곳으로 전락하게 되었다.

이미 인조仁祖 시대에 전국의 교생 수가 4만 명을 넘었으니 후기에는 오죽했겠는가. 그렇게 되자 원래 병역면제의 특권을 가진 양반들이 자제를 향교에 보내기를 꺼리게 되었으며, 그것은 다시 향교의 수준을 떨어뜨리는 악순환으로 작용했다.

조정에서도 향교의 폐단을 잘 알고 있었다. 글도 읽을 줄 모르는 무식한 자들이 병역을 피할 목적으로 향교에 적을 두는 폐단을 없애기 위해 시험을 치르게 하였다. 낙강충군법落講充軍法이 바로 그것인데, 시험에 낙방하면 군대로 끌고 가겠다는 것을 강제한 법률이었다.

그러나 경제력이 부족한 양반의 자제들이 어쩔 수 없이 향교에 다니는 케이스가 적지 않은데다, 병역의 면제 여부 자체가 양반을 입증하는 도구가 되어버린 세상이어서 반발이 매우 심했다. 결국 낙강충군법은 시행 6개월 만에 폐지되었다.

후기로 갈수록 양반이 늘어나는 바람에 남아 있는 계층이 당하는 괴로움은 상상을 초월했다. 군역의 부담이 워낙 무겁다 보니 양인의 신분을 포기하고 세도가나 힘 있는 양반의 노비가 되는 사례가 잦았다. 살인적인 조세와 병역의 의무에서 벗어나 굶어 죽지 않을 정도나마 먹고 살 수 있는 길은 그것이 유일했다.

> "신역이 가벼운 자는 백 가지 계략을 내어 뚫고 들어가 몸을 마치도록 편안하게 지내고 신역이 무거운 자는 거의가 침탈을 입어 가산을 탕진하고 유리표박流離漂泊하다 죽으니, 성명聖明의 세대에 백성을 통제하는 법이 어찌 이럴 수가 있겠습니까."

영조 3년에 우윤右尹 이정제가 상소한 글에서 병역의 폐단과 고통이 절절하게 나타난다. 당시 이정제는 군포를 2필로 받아 백성의 부담을 줄이자고 하였는바, 이전의 제도가 붕괴된 것이 여실히 드러난다. 병역을 면제받는 대신 금품을 납부하도록 하는 방군수포放軍收布와 대신 다른 사람을 세워 납부하게 하는 대역납포代役納布도 이미 성행하고 있었다.

나라가 평안할 때 여유분의 병력에 대해서 당시 통화로 사용되던 삼베를 바치고 병역을 면제하던 방군수포는 1537년의 군적수포법軍籍收布法으로 공식화가 되었는데, 폐단이 자못 극심하였다. 반드시 필요한 병력자원까지 방군수포로 대치시켜 금품을 받는 것은 물론, 자원이 될 수 없는 늙은이와 어린아이까지 적용하여 받아내었다. 심지어는 죽은 사람까지 장부에 올라가 있는 실정이었다.

부정한 수단을 통해 걷은 베의 수량은 실로 막대하였지만, 그것이 제대로 국고에 충당될 리가 만무했다. 수포와 납포는 방납防納과 함께 지방수령들의 배를 불리는 좋은 수단이 되었으며, 권력과의 연결고리를 통해 윗선으로 상납되어 대감들의 좋은 부수입이 될 따름이었다.

병역비리와 세금비리는 워낙 견고하게 착생着生한 것이라 파헤칠 엄두조차 나지 않았다. 오죽했으면 율곡 이이 선생까지 집중포화를 당했겠는가. 율곡 선생이 시무육조時務六條와 함께 십만양병十萬養兵을 주창한 것은 극도로 부패한 국정을 쇄신하기 위함이었다.

다른 신료들은 이런 태평성대에 무슨 십만 대군이 필요하냐며 반대하였고, 심지어 '병兵은 흉凶이다' 라는 극한의 반론까지 제기되었다. 그들이 반대한 것은 당시가 태평성대였거나 백성들의 고통을 막아주기 위해서가 아니라 먹이사슬을 보호하기 위함이었다.

십만양병론의 본질은 각종 비리가 위험수위에까지 도달했다는 것을 절감한 율곡이 병역비리부터 수술해야 한다는 의지를 표명한 것이었다. 더 이상 나라가 망가지지 않기 위해서는 수탈의 도구로만 사용되는 군역제도를 타파하여 탐관오리들의 먹이사슬을 끊어야만 했다. 병역비리를 척결하면 그것과 샴쌍둥이처럼 붙어 있는 세금비리도 수술할 수 있게 될 것이었다. 쇄신의 명분으로 제기된 것이 십만양병이었는데, 집중포화를 당한 나머지 출범도 하기 전에 침몰하고 말았다.

또한 다산 정약용은 유배지인 강진에서 차마 눈뜨고 볼 수 없는 비극을 목격하기에 이르렀다.

어떤 백성이 아들을 낳았는데, 낳자마자 군적에 오르게 되어 아전이 군포 명목으로 소를 끌고 간 것이었다. 그러자 기가 막힌 백성이 '내가 이것 때문에 이런 곤욕을 치른다' 며 부르짖고는 칼로 자신의 물건을 잘라버렸다. 기겁한 아내가 피가 뚝뚝 흐르는 남편의 물건을 주워들고 관청을 찾아가서 울기도 하고 하소연도 하였다. 그러나 문지기는 도리어 호통을 치면서 쫓아버리는 것이 아닌가.

병역비리 때문에 단란한 가정이 풍비박산 되는 광경을 목격한 정약용은 그 모습을 〈애절양哀絶陽〉이라는 처절한 시로 남겼다.

갈밭마을 젊은 아낙 길게 울부짖는 소리 蘆田少婦哭聲長
관문 앞에 달려가 통곡하다 하늘 보고 울부짖네 哭向縣門號穹蒼
출정 나간 지아비 돌아오지 못하는 일 있다 해도 夫征不復尙可有
사내가 제 물건 잘랐단 소리 들어본 적 없네 自古未聞男絶陽
시아버지 삼년상 벌써 지나고 갓난아기 배냇물도 안 말랐는데 舅喪已縞兒未澡
이 집 삼대 이름 군적에 모두 실렸네 三代名簽在軍保
억울한 하소연하려 해도 관가 문지기는 호랑이 같고 薄言往愬虎守閽
이정은 으르렁대며 외양간 소마저 끌고 갔다네 里正咆哮牛去早
남편이 칼 들고 들어가더니 피가 방에 흥건하네 磨刀入房血滿席
스스로 부르짖길, 아이 낳은 죄로구나! 自恨生兒遭窘厄
(생략)

갓 태어난 아기에게 군포를 물렸으니 황구첨정이요, 이미 죽어 삼년상까지 치른 시아버지까지 군적에 올라 있으니 백골징포다. 하나만 해도 견디기 어려운 가렴주구가 둘이나 겹친데다, 소까지 빼앗겼으니 어떻게 먹고살라는 말인가? 가장 큰 축복이 되어야 할 아기의 탄생이 집안을 거덜

내고 멀쩡한 사내를 성불구자로 만드는 횡액이 되었으니, 어찌 말세가 아니겠는가.

추신 1

미국의 병역비리

미국 역시 징병제를 실시했을 무렵에는 병역비리가 끊이지 않았다. 지금의 사회지도층 인사들의 상당수가 베트남으로 끌려가는 것을 피하기 위해 유학을 가는 등의 편법을 동원한 것은 잘 알려진 사실이다. 클린턴 전 대통령도 대학생들에게 주는 연기혜택을 이용하여 기피하였으며, 조지 부시 현 대통령 역시 주방위군에 복무하는 편법을 사용하여 베트남에 가지 않을 수 있었다.

그렇지만 전임의 대통령들은 그렇지 않았던 모양이다. 레이건은 예비역 중위로 제2차 세계대전에 참전하였으며, 케네디는 어뢰정의 정장艇長으로 참전하여 훈장까지 받았다. 그리고 부시 대통령의 부친인 부시도 해군조종사로 참전하였다가 일본군의 포화에 격추되어 간신히 구출된 기록이 있다. 흥미로운 것은 부시가 격추당한 지역의 일본군들이 식인食人을 했다는 것인데, 만일 부시의 부친이 거기서 횡액을 당했다면 세계 역사가 바뀌었을 것이다.

레이건이나 케네디, 부시 같은 사람은 참전할 당시 무명이어서 존재감이 없었겠지만, 그야말로 세계사에 한 획을 그은 엄청난 스타가 참전한 기록이 있다. '록큰롤의 제왕' 엘비스 프레슬리가 바로 그 주인공이다. 당시 23세의 애송이(?)에 지나지 않았던 그는 군대를 다녀온 다음 한층 원숙해지고 팬들의 아낌없는 사랑을 받게 되었다. 비록 전투병과가 아니었더라도 떳떳하게 병역의무를 마쳤다는 자부심은 대단했을 것이다.

세태비화

六… 조선에도 학력위조가 있었을까

— 직첩을 위조해 면천된 사람들 —

> 2007년에 발생한 학력위조 사건의 충격파가 각계각층을 강타했다. 심지어 정권의 도덕성에까지 의문이 제기될 정도였다.

그렇다면 조선에도 학력을 위조하여 이득을 챙긴 사건이 있었을까? 현재의 학력위조는 외국이나 국내의 유명대학에 적을 두었거나 졸업했다고 사칭한 형태다. 그런데 조선에는 대학교 자체가 없던데다 외국에 나가 유학한 자들도 없었으니, 학위통과 논문이나 대학졸업장 등의 인증서와 유사한 것을 위조하여 사칭할 여건 자체가 되지 못한다. 공신의 자손이나 세도가의 덕을 볼 수 없는 자들이 출세하는 길은 오직 과거에 합격하는 것밖에 없었다.

그러나 관직을 받아 가문을 빛낼 수 있는 대과의 급제자는 조선 역사를 통틀어 1만 4천 600여 명밖에 되지 않았다. 처음 실시한 태조 원년(1392년)부터 과거제도가 폐지된 갑오경장甲午更張에 이르기까지를 대충 계산하여 500년으로 잡으면 1년에 겨우 30명에도 미치지 못했다. 그야말로 살인적인 경쟁률을 통과해야 하는 대과가 어려우면 소과라도 합격하여 진사進士와 생원生員을 따내 양반의 자격을 확보해야 했는데, 소과 역시 절대 녹록하지 않았다.

성균관成均館도 대과의 합격을 전제로 하여 입학생을 받았지만, 성균관에 다녔다는 인증서나 졸업장을 주지 않는다. 성균관뿐 아니라 서원 등의 명문사학이나 지방대학에 비길 수 있는 향교들도 졸업을 입증할 서류를 발부하지 않았다. 졸업장이 없으면 오히려 사칭하기 쉽지 않겠느냐는 주장이 있을 수 있다. 그러나 급제자가 아닌 이상 그런 주장은 스스로의 얼굴에 먹칠하는 것에 지나지 않는다. 그래 봤자 '급제도 하지 못한 주제에 입만 살았다' 는 빈정거림만 돌아올 따름이다.

혹시라도 성균관이나 유명서원 출신이라고 사칭하는 자가 나타날 수도 있다. 처음에는 통할지 모르겠지만 조선처럼 학맥을 중요하게 여기는 나라에서 머지않아 꼬리가 잡히기 십상이다. 그 바닥이 그리 넓지 않은데다 이리저리 얽힌 인간관계 때문에 가짜라는 것을 금방 들통날 게 뻔했다. 그런 자들이 발각되면 국법에 의해 처리되기 이전에 관계자들에게 죽을 지경으로 징치당할 것이다.

모든 것을 보았을 때 조선에서 학력을 사칭하기 어렵다는 결론에 이를 수 있다. 앞서 말했다시피 오직 과거가 유일한 출세의 기회였던 조선에서는 과거에 급제했다는 증명이 유일한 인증도구였다. 대과의 합격자에게 내려지는 홍패紅牌와 이후 실직을 받게 되었을 때 품계나 직책을 임명하는 사령장辭令狀인 고신(告身, 직첩職牒)이 바로 그것이다. 홍패와 고신의 소유자야말로 조선이 유일하게 인증하는 학력의 소유자라고 할 수 있다.

그런데 놀랍게도 그것을 위조하는 자들이 나타났다.

형조에 전지하기를,

"유석숭劉石祟, 현상玄商, 김부金夫, 문자련文自連, 홍인우洪仁祐, 강성우姜成雨 등은 제포선군諸浦船軍의 해령직海領職의 고신을 위조하였으니, 아울러 국문하게 하라."

하였다.

—〈세조실록〉 14년(1468, 무자년) 1월 26일

병조에서 아뢰기를,

"정병正兵 송지득宋智得이 병조의 인장이 찍힌 문서를 얻어, 깨어진 표주박을 써서 준각鐫刻해서 고신을 위조하였으니, 율을 살펴보건대, 죄가 참형에 해당합니다. 만약 위조하려다 이루지 못한 자는 1등을 감하여 장 100대, 유 3천 리에 처해야 하는데, 범한 자는 사유 전에 있습니다. 그러나 사유 전이라 하여 논죄하지 않는다면 악한 자를 징계할 길이 없어져 간위姦僞가 날로 늘어날 것이니, 청컨대 사유 전을 논하지 말고 전 가족을 의주義州로 옮기소서."

하니, 인획印畫을 증감한 것을 논하지 말고 참형에 처하게 하였다.

—〈예종실록〉 1년(1469, 기축년) 5월 12일

자제를 데리고 귀화한 이자청李自青이 정원政院에 나와서 고발했다.

"정병 최수운崔守雲이 국인國印을 위조해서 고신을 만들어 사람들에게 주었다."

전교하기를,

"형조로 하여금 추열推閱하게 하라."

하였다.

— 〈중종실록〉 21년(1526, 병술년) 12월 6일

간교한 백성 김보환金普煥 등이 홍패를 물에 불린 종이로 본을 떠서 패 하나를 위조하고 또 나무조각으로 예조의 인장을 위조해 새긴 일이 발각되었다. 형조가 아뢰니 전교하기를,

"삼가 선조先朝의 수교를 상고하건대, 어보御寶를 위조하였더라도 전자획이 분명하지 않거나 위조한 물건을 압수하여 바치지 못했을 때는 해당 율문을 적용하지 말라고 하교하였다. 종이쪽을 물에 불려 본을 뜬 것이 어찌 전자획이 될 리가 있겠는가. 종이쪽도 역시 찾지 못했으니, 이 두 가지가 이미 하교를 받은 규정에 어긋난다. 위조한 인장 문제는 증거물이 있긴 해도 찍은 흔적과 전자획이 과연 완전히 분명하여 사형에 처하더라도 더 논의할 여지가 없는 범죄인가. 즉시 사리를 따져 회계하라."

하였다.

— 〈정조실록〉 15년(1791, 신해년) 6월 9일

홍패와 고신을 위조하려다 적발된 사안들을 살펴보았는데, 그에 따른 형량은 참형이며, 가족까지 연좌당해 노비로 떨어지게 된다. 위조화폐가 국가경제를 위협하는 것과 동일한 사안이라고 할 수 있겠다.

"우리 동방은 기자가 수봉受封한 이래로 사족士族의 집에는 모두 노비를

두어 대대로 계권契券을 지켜왔으므로, 노비가 주인에 대하여는 군신의 명분이 있어 상하 존비上下尊卑의 구별이 정연하여서 문란함이 없었는데, 장용대壯勇隊 설치 이후부터 노비가 주인을 배반하기 시작하였고, 더욱이 정해년 북정北征의 전역戰役으로 공사 천민이 화살과 쌀을 운반하여 천인의 신분을 면하고 양민이 된 자가 얼마나 되는지 알지 못합니다. 천민이 바꿔어 양인이 되는 것도 이미 분수가 아닌데, 지금은 지나치게 많이 갑사가 되어 의례히 높은 관직에 올라 개중에는 노비와 주인이 동렬에 있는 자도 있고, 개중에는 노비가 오히려 높은 직위에 있는 자도 있으니, 명분이 크게 무너지고 예속이 날로 그릇되고 있습니다. 신 등은 생각하기를, 갑사가 비록 군직이지만 역시 무반이므로 벼슬이 대부大夫에 이르면 그치는데, 의관자제衣冠子弟로 입속入屬한 자가 또한 많으니, 앞으로는 천인의 신분을 면하여 양인이 되는 자는 갑사에 소속됨을 허락하지 말고, 모두 정병 혹은 제사諸司 장인匠人에 예속시키어 명분을 바로잡도록 하소서."

— 〈성종실록〉 4년(1473, 계사년) 8월 4일

또한 성종의 치세에 노비가 면천되는 사례가 많아 문제가 되었다. 특수군의 하나인 장용대의 선발시험에 노비의 응시가 가능하자, 장용대에 들어가 면천하는 노비가 많았다. 그때 면천된 노비들과 예전의 주인이 자주 갈등을 빚었다.

그뿐 아니라 성종 22년(1491년) 1월에 올적합兀狄哈의 여진족 1천여 명이 영안도의 경흥慶興에 침입하자 4월에 북정北征을 논의한 뒤 허종許琮을 도원수로 삼아 두만강 건너의 여진족을 토벌하였는데, 이때 무기와 식량을 수송한 노비와 천민의 다수가 면천되었다. 그들 가운데는 면천한 다음 품계와 녹봉을 받는 갑사가 된 자들이 많은데다, 계속 승진하여 예전의 주인보다 높아지는 사례까지 나타날 지경이었으니, 조정에서 경계하는 것은 당연했다.

홍패와 고신처럼 확고하지는 않으나 유사한 효과를 가지는 것도 있었다. 공명첩과 납속책이 대표적일 것인데, 앞서 말했듯 전쟁에서 공을 세우거나 나라가 어려울 때 미곡을 바치는 자에게 내려지는 것이었다. 공명첩이나 납속첩을 받게 되면 천민은 면천이 가능했고, 양민은 명목상의 벼슬이 주어졌다.

비록 실직이 아니더라도 일단 양반의 대열에 합류하게 되면 세금과 병역, 부역 등의 의무가 면제되었으니, 매우 인기가 좋았다. 특히 천민의 경우 일단 면천을 한 다음 양반으로의 신분세탁이 가능했기 때문에 귀가 솔깃했을 것이다.

그러나 납속은 그리 수월하지 않았다. 조선 초기에 납속을 하려면 곡식을 무려 2천 석이나 바쳐야 했다. 1석을 지금의 10말로 계산해도 200가마라는 엄청난 양이다. 그러므로 역모를 고발하는 등의 공을 세우지 않으면 면천을 허락하지 않겠다는 뜻이나 진배가 없었다. 그런데 놀랍게도 2천 석이나 바치고 면천하겠다는 노비가 나타났다.

전교하기를,

"진천鎭川에 사는 사노비 임복林福이 이제 백성을 진휼賑恤하기 위하여 곡식 2천 석을 바쳤으니, 그 마음이 가상하다. 이제 기근을 당하여 지식이 있는 사람도 바치려 들지 않는데, 천한 종의 몸으로 이를 하였으니, 면천하는 것으로 상을 줌이 어떠하겠는가?"

하니, 승지 등이 아뢰기를,

"이 사람은 본래 면천하여 양민이 되려고 한 것입니다. 비록 국가에는 공이 있더라도 그 주인으로서 본다면 횡역橫逆한 종이 되며, 또 종량從良은 중대한 일이니 쉽게 그 단서를 열어서는 안 됩니다."

하였다.

—〈성종실록〉 16년(1485, 을사년) 7월 24일

성종 시대에 기근이 발생하여 백성을 구휼할 목적으로 납속을 실시한바, 임복이라는 노비가 2천 석을 바친 것이다. 성종은 배운 자들도 꺼리는 납속에 노비의 몸으로 앞장 선 임복을 매우 기특하게 여겼다. 성종이 임복을 불러 원하는 것을 묻자, 그는 아들 네 명의 면천을 바랐다. 이미 많은 노비들이 면천된 것을 우려스럽게 생각하던 신하들이 또 다른 전례가 될 수 있다며 반대하였으나, 성종은 임복의 네 아들을 면천하여 주고 그들의 주인에게는 공노비를 주어 보상하였다.

노비가 면천을 하고 싶은 심정이야 충분히 헤아릴 수 있지만 무슨 수로 2천 석을 마련하였을까? 우리가 알고 있는 노비는 인간 대우와는 거리가 멀고 무제한적인 착취를 당하는 자들인데, 그런 노비가 어떻게 2천 석이나 모아 납속을 할 수 있었는지 불가사의하다.

아마도 임복과 아들들은 주인과 따로 사는 외거노비였을 것이다. 주인댁에 거주하는 솔거노비들이 죽도록 일만 해야 하는 것이 비해, 따로 사는 외거노비는 어느 정도의 경제력을 가질 수 있었다. 임복이 비록 노비였다고 해도 뛰어난 수완을 가졌고 아들들도 성실하게 일하였다면 전혀 불가능한 일은 아니었을 것으로 본다.

선조 시대에 발발한 임진왜란은 면천의 황금기회였다. 유례없는 전쟁에 따라 공명첩이 남발되었으며 성종 시대에 2천 석이나 하던 납속이 무려 100분의 1 이하로 폭락한 것이었다. 전쟁으로 인해 극도로 피폐한 나머지 실시한 고육책으로 인해 면천의 기회가 대폭 늘어났으니, 그것을 이용하여 신분을 세탁한 자들이 적지 않았을 것이다.

그런데 아예 공명첩과 납속첩을 위조할 수 있었다면 어땠을까? 그것을 받아 신분을 바꾸려는 자들이 기꺼이 바친 곡식을 비싸게 내다 팔면 돈 버는 것은 그야말로 땅 짚고 헤엄치기가 아닐 수 없다. 특히 공명첩은 받는 자의 이름을 쓰는 난을 비워두었다가 그때그때 기입했기 때문에 부정이 개입될 요소가 많았다. 실제로 공명첩을 위조하거나 기명記名 부분이 비워진 것을 이용하여 부정을 저지른 자들이 보고되었다.

물론 불법으로 양반에 진입하려는 자를 막기 위한 제도적 장치가 마련되기는 했다.

사헌부가 아뢰기를,

"전 첨정僉正 한여징韓汝徵의 아내 강씨가 본부에 정장하였는데, 그의 반노叛奴인 남숙南琡이 '완琬'이라고 이름을 고쳐 뻔뻔스레 과거에 급제하였다고 했습니다. 신들이 해조의 문서를 가져다 조사해 보니, 그가 문서를 위조하여 천민의 신분을 벗어나 몰래 과거에 급제한 사실이 의심할 나위 없이 분명하였습니다. 그러니 해조로 하여금 법에 따라 삭과削科하도록 하소서."

하였다.

—〈인조실록〉 6년(1628, 무진년) 11월 5일

남완이라는 사람이 과거에 급제하였는데, 알고 보니 그는 종4품의 벼슬을 지낸 한여징의 노비였다가 도망친 남숙이라는 자였다. 이름을 바꾸고 신분을 세탁하여 과거에 급제까지 하였으나, 반노라는 것이 밝혀진 이상 그것으로 끝장이었다. 면천과 고신을 얻는 과정에서 부정이 적발되면 당연히 취소되었으며, 심하면 극형까지 받을 수 있었다. 양반의 기득권을 보호하기 위한 제도적 장치이겠으나, 그것이 제대로 기능하기를 바라는 것은 심히 어리석다 할 것이다.

나중에는 공식적인 시험을 실시하여 양반이 될 기회를 부여하기도 했다. 조선 중기 이후 무과 급제자가 양산된 것이 바로 그것이다. 무과에 급제해도 실직을 받지 못하면 선달先達로 불리게 되는데, 대동강 물을 판 것으로 유명한 봉이 김 선달 덕분에 선달이라는 호칭이 그리 어색하지 않다.

선달이 양산되기 시작한 것은 광해군 무렵부터다. 명나라와 후금과의 전쟁 상황에 대비하기 위해서는 고급 병력자원이 필수적이었다. 그에 따라 광해군 10년인 1618년에는 무과별시武科別試를 치러 3천 200명을 뽑았으며, 이후에는 북벌의 명분으로 엄청난 인원을 뽑았다. 인조 5년인 1627년에는 5천 464명을 선발했고, 숙종 2년인 1676년에는 무려 1만 8천 251명, 거의 2만 명에 달하는 별시급제자가 나왔다.

이런 무과를 일러 만과萬科라고 하였다. 그런 별시가 1년에 한 번은 기본이고 심하면 몇 차례나 치러지기 일쑤였으니, 얼마나 많은 선달들이 배출되었겠는가. 게다가 28명 정도를 기준으로 하던 정식무과마저 수백 명을 예사로 선발하였으니, 배출이 아니라 양산이라고 표현해야 옳을 지경이었다.

전쟁 등의 긴요함이 아니어도 무과별시가 실시되는 명분은 추방秋防이었다. 가을이 되어 여진족들의 약탈로 인해 북방이 소란해질 것에 대비하여 미리 우수한 무사들을 확보하자는 것이다. 그러나 이런 식으로 상상을 초월하는 인원을 뽑았으니, 배경이 좋은 극소수를 제외한 절대다수의 급제자는 임관하지 못하고 선달이 될 수밖에 없었다.

한 번에 몇 만씩이나 양산된 급제자들을 해결하는 방법으로 군포軍布가 제시되었다. 병역을 면제받는 대신 금품을 바치는 것은 조정과 급제자들에게 모두 환영받았다. 급제자들은 무과에 급제했다는 명예를 가질 수 있고, 조정은 적지 않은 세입을 거두게 된 것이다. 후기의 만과는 이런 용도로 실시되었다고 해도 과언이 아니었다. 목적이 그렇다 보니 각 지역마다 몇 명 이상이 응시하도록 배정하기도 했다.

그러니 만과에서 제대로 된 평가가 있을 리 없다. 본래 무과는 강서講書, 경독 등의 이론과 함께 보사步射, 기사騎士, 격구擊毬 등의 실기에서 일정 이상의 득점을 기록해야 했다. 갑사와 시위侍衛 등의 선발에도 실기가 중요시되었지만, 만과는 활 한 번 쏘는 것으로 그만일 정도로 지극히 형식적이었다. 그렇게 쉽게 합격할 수 있다 보니 자격이 되지 않는 자들도 상당수 응시하고 합격할 수 있었다. 만과는 과거에 응시할 수 없는 양인 이하의 자들이 양반으로 변신할 수 있는 좋은 기회였다. 적지 않은 수효의 천민들이 만과를 통해 선달로 변신해 신분을 세탁하고 양반이 되었을 것은 의문의 여지가 없다.

18세기 이후 경제력을 갖춘 백성들이 나타나자 양반들은 큰 위기를 맞았다. 계속 돈을 벌기 위해서 병역을 면제받을 필요가 있었던 백성들이 보다 수월하게 양반으로 편입할 수 있는 방도를 강구하기 시작한 것이었다. 당시는 조선의 르네상스에 해당하는 시기여서 인쇄업이 호황일 무렵이었는데, 족보를 위조해주는 업자들도 짭짤한 재미를 보았다. 양반의 전유물인 족보를 가졌다는 것은 바로 소유자가 양반이라는 것을 입증하는 것이 아닌가? 누가 그랬는지 뻔히 드러나도 돈을 가진 자들을 함부로 건드리기 어려웠다.

그런 사례가 하도 범람하다 보니, 진짜 양반의 문중에서도 그들을 외면할 수 없었다. 여하튼 문중이 늘어나면 세력도 커진다는 명분으로 받아들이기 시작하였는데, 문중에 편입된 가짜들을 소위 별보別譜 또는 별파別派로 구별하여 족보에 수용하기에 이르렀다.

어쩔 수 없었겠지만, 그것은 멸망에 한 발을 들여놓은 것이나 진배없었다. 조선을 조선답게 했던 존재가 바로 양반들이었는데, 기본적인 교양도 갖추지 못한 자들이 너도나도 상향평준화에 동참하였으니, 누가 세금을 내고 병역을 이행한다는 말인가? 기초가 붕괴된 제국은 멸망의 일방통행으로 향하기 마련이다.

갑오개혁으로 모든 것을 해결하려 하였으나, 새로이 작성된 법조문 몇 장을 선포하는 것으로 해결될 문제가 아니었다. 갑오개혁을 통해 신분을 타파한 것은 백성들의 거의 전부가 세금을 내지 않는 신분을 가졌기 때문이었다. 세금을 걷기 위해서는 하향평준화를 시도해야 했는데, 오히려 그나마 남아 있는 계층마저도 합법적으로 양반이 될 수 있는 기회로 사용될 수 있었다.

이후 일제강점기에 호적을 정리하게 되면서부터 성을 가지지 않은 사람이 영영 사라지게 되었으나, 갑오개혁 이전부터 양반과 양반 아닌 자들로 크게 나뉜 신분제도는 심각한 위협에 직면했었다.

지금의 우리는 100퍼센트 양반의 후손이다. 조상이 양반임을 인증하는 족보가 없는 사람은 존재하지 않는다. 그렇다면 조선의 구성원도 전부 양반이었다는 말이 된다. 그것은 모든 병력이 장군으로 충원된 군대와 직원의 전부가 경영자로 구성된 회사와 완전히 동일한 의미다. 생성 자체가 불가능한 성격의 조직이 무려 500여 년이나 유지될 수 있었다는 것은 미스터리에 가깝다. 그리고 조선의 왕족인 전주 이씨의 수효가 압도적인 것은 그렇다고 쳐도 까마득히 오래 전에 멸망한 신라의 왕실인 경주 김씨가 무려 150만 명이 넘는 것도 기이하기는 마찬가지다.

학력위조를 하여 이득을 취한 것은 지탄받아 마땅하다. 그들에게 던져진 돌이 곳곳에서 작은 피라미드를 이루고 있지만, 돌을 던질 수 있는 자격을 갖춘 사람은 그리 많지 않을 것 같다.

숭례문에 대하여

역사의 증거는 건축으로 남는다. 콜로세움 없는 로마는 상상하기 어렵고, 피라미드가 없는 이집트는 미개한 사막의 부족국가로 치부될 수 있다. 만리장성은 중원과 외부를 구획하는 담장 이상의 의미가 포함되어 있으며, 소위 '고대 7대 불가사의' 로 통칭되는 것들의 전부가 건축물이라 해도 과언이 아니다.

그렇게 봤을 때 2008년 2월 10일은 국치일國恥日로 지정되어야 마땅하다. 국보 1호가 사라진 날이 국치일이 아니면 무엇이겠는가. 그것도 전쟁이나 다른 불가항력적인 재해가 아니라는 것에 더욱 기가 막힌다. 모든 국민이 눈을 크게 뜨고 지켜보는데도 숭례문을 구하지 못했으니, 그 심정을 어찌 필설로 형용할 수 있을까. 차라리 피난이라도 갔다가 돌아와 보니 그렇게 되어 있었다면 덜 분할 것 같다.

모두가 뼈대 있는 가문의 후손을 자처하면서도 조상이 남긴 귀한 유산에 그리도 무감각하였을까. 신체발부수지부모身體髮膚受之父母의 도리를 약간이나마 알았더라면 숭례문은 불타지 않았을 것이다. 불길 속에서 몸부림치던 숭례문이 허물어져 내렸을 때야 비로소 저것이 숭례문이라는 이름의 국보 1호라는 사실을 알게 되었으니, 어찌 땅을 치고 통탄하지 않을 수 있겠는가.

거대한 화톳불로 변해버린 숭례문의 모습은 멸망의 춤사위였다. 백제와 고구려가 멸망할 때 필시 저랬으리라. 온 국민이 사흘간 소복하고 방성대곡放聲大哭한 다음 방화범과 관련자를 모조리 능지처참하고 가솔들을 연좌하여 노비로 떨어뜨려도 시원치 않을 것 같다.

그러나 어쩌랴, 정신이 온전치 못했던 자는 우리 자신이었다. 조상에게 물려받아 후세에 전해줄 역사를 소실燒失한 주범은 먹을 것과 입을 것에만 조준된 비루함이었다. 사교육에 쏟아 부은 국민적 노력과 관심의 백분의 일이라도 사용했다면 어찌 오늘의 치욕이 있었겠는가. 손에 쥐어준 유산도 제대로 지키지 못하는 주제에 고구려와 고조선의 역사를 무슨 낯으로 논할 수 있다는 말인가. 방화의 자자형刺字刑이 구형되어 가슴에 주홍글씨를 새길 사람은 바로 우리다.

너무나 비통하고 부끄러워 말조차 나오지 않지만 외양간은 고쳐야만 한다. 어이없게 잃어버린 비중이 너무 크고 무겁지만 그나마 남은 것이라도 지켜야 할 것이다. 지켜야 할 것이 적지 않다는 것이 참으로 다행스럽다. 고통이 희망으로 치환되어 새로운 정신을 발아發芽시키는 모습을 지켜보련다.